I0492188

UNA FÓRMULA PARA REINVENTARSE POS 2020

*EL CAMINO HACIA LA RIQUEZA,
LA ALEGRIA Y EL CAMBIO PERSONAL*

Autor:

Sergio Chiti

Copyright © Sergio Chiti 2021
Todos los derechos reservados

Índice

Dedicatoria

Para mi mayor inspiración y fuerza en la vida para seguir adelante a cada paso, que es mi esposa y socia Natalia; para mis amados hijos, aún niños, Antonella y Emiliano. Espero que este libro sea un compendio que seguir en sus vidas, siento como si lo hubiera escrito para ellos desde el primer día, por eso el amor que le puse y que quiero transmitirles en cada párrafo, para que puedan forjar su destino basado en estas líneas.

Y para todos aquellos luchadores y emprendedores del mundo empresarial. Para todos ellos son estas páginas donde acerco toda mi experiencia basada en errores y aciertos para que el lector encuentre ese sendero de grandeza donde los sueños se hacen realidad.

Sergio Chiti

E-mail: schiti7@gmail.com

Biografía del autor

Nació en 1964, de origen italiano. Estudió en la universidad Licenciatura en Turismo. Casado y con dos hijos. A los 21 años comenzó siendo gerente de ventas de empresas turísticas de prestigio. Desarrolló exposiciones de alto impacto, como la primer Expo fútbol en el mundo en 1999. Fue uno de los pioneros en implementar el sistema *knocking door* con fuerza de ventas en la telefonía celular en Latinoamérica. En los años 2000 estableció empresas distribuidoras de grandes marcas internacionales en países como Argentina, Perú, Costa Rica, El Salvador, México, Panamá, Colombia y España.

Distribuidor súper ventas y número uno de dos grandes multinacionales en México, una de telefonía, la otra americana, de seguridad electrónica, hasta que un intento de secuestro lo llevó a radicarse en España, volviendo a iniciar el mercado de la seguridad para la empresa numero uno de Alemania en ese país. Luego en 2009 se radicó en Panamá y logró conquistar el 15 % del mercado de la telefonía celular entre las cuatro marcas que funcionaban en el país.

En 2011 y 2012, en la apertura del mercado en Costa Rica, fue contratado en exclusividad por la empresa estatal entre doscientas empresas postulantes locales para frenar el ingreso de los dos operadores de comunicaciones nuevos en el contexto de la apertura del mercado en ese país, misión que se logró y donde, entre ambas, pudieron solo llegar al 5 % del mercado ese primer año, gracias a la estrategia implementada por el autor. Dueño de cuatro restaurantes, uno de ellos el primero de cocina histórica en Latino América. Coach empresarial y entrenador de miles de vendedores alrededor del mundo. Asesor de empresas, conferencista, actualmente cuenta con una agencia de marketing integral y actividades hoteleras en Europa.

Prólogo

Este libro resume la experiencia de más de veinte años en el desarrollo de empresas, en organizaciones de venta en ocho países de Latinoamérica y Europa, con empresas mundialmente conocidas, y donde acerco en cada capítulo aquello que considero le ayudará a lograr el objetivo propuesto: llegar a conocer la fórmula para reinventarse económicamente y personalmente, en un mundo muy cambiante en la actualidad, junto a la filosofía que esto conlleva y desde donde partiremos. Es una guía que le ayudará a conseguir el destino que todo ser humano tiene asignado, y que es el de la abundancia en todos los aspectos y sentidos de la vida.

Luego de este 2020 en el que el mundo dio un giro inesperado de 180° es que tenemos que tomar una determinación con vistas al futuro mas cercano, y la decisión debe ser aquí y ahora. Este no es un libro para aquellos que piensen que aún el mundo es ir a la escuela, conseguir un empleo con un salario, endeudarte con las tarjetas y créditos, vacaciones por 2 semanas, pensando en el pago de la hipoteca y jubilarse en última instancia de la vida.

Sabías que grandes inversores consiguieron resultados en las crisis más agudas de la historia, por ejemplo, aquella de 2007 y 8 que es la precedente a esta la que nos compete del 2020.

Siempre nos han contado que hay que emprender cuando las vacas están gordas y ahorrar o contraernos en épocas difíciles. Un amigo mío muy negativo me decía que todo era como la arena movediza, cuanto mas te mueves mas te hundes. Sin embargo, cuando estudias las inversiones de algunas de las personalidades más importantes de la economía, descubres que ellos trabajan justo en tiempos de crisis como peces en el agua.

Decía Warren Buffet que las mejores oportunidades para invertir aparecían en los contextos de crisis económicas. Cuando el caos se apodera, aparecen las grandes oportunidades, por ejemplo, en este contexto donde todo parece estar cerrado y apagado es cuando las grandes corporaciones y multinacionales necesitan vender mas sus productos y ahí entramos nosotros. Al ser consciente de que un contexto como este es la mejor oportunidad para entrar en el sector del emprendimiento es cuando encontraras el norte y el futuro de éxito que nos espera.

Durante la crisis del año 2008, muchísimas personas invirtieron en Real Estate y multiplicaron por tres sus resultados en muy poco tiempo. Después de un 2020 que ha dejado una de las crisis más complicadas de la historia, vuelve a existir un contexto ideal para empezar a jugar en las grandes ligas.

Cuando dentro de unos años la situación se recupere y mires atrás, querrás haber aprovechado esta oportunidad con todas tus fuerzas.

El primer paso para ello es comprender cómo funciona el mercado y descubrir cuál es esa fórmula de inversión que tan buenos resultados ha dado en Estados Unidos y en todos los países donde replique esta formula de emprendimiento, con todas las tácticas del Lobo de Wall Street aplicadas a cualquier producto o servicio que queramos ofrecer. Conseguir tus primeros resultados será cuestión de un mes o dos tan solo. Imagina cambiar el rumbo de tu vida así de drástico.

Disfruta de esta guía para poder actuar con todo el know how. La clave de ser un emprendedor novel está en pasar a la acción, pero en hacerlo de manera inteligente y con los conocimientos básicos que puede darte esta mentoría, para no errar en lo mas mínimo. Este es un programa avanzado, único en el mercado, enfocado en un cambio cultural empresarial mudado hacia la alta rentabilidad y fidelidad de los clientes.

Capacitarse es hacer de una persona desde cero, alguien distinto, que no existía. El mentor eficaz adquiere una connotación diferente que lo convierte en un facilitador del cambio organizacional desarrollando recursos humanos que desarrollan a la vez inversión y rentabilidad de los resultados. Capacitarse es la base del progreso.

Cada capítulo será un paso a paso, una brújula que lo orientará para conseguir el objetivo propuesto. Se trata de una filosofía de vida basada en la experiencia y de una metodología probada para desarrollar estrategias de negocios y alcanzar fortuna alrededor del mundo basada en la propia experiencia empresarial en países con idiosincrasias muy diferentes entre sí, y donde en cada uno de ellos se realizó el mismo sistema de comercialización y se implementó la misma filosofía.

Todo ello condimentado con estrategias que propondré en estas líneas y que fueron implementadas desarrollando organizaciones donde pudimos descifrar los secretos de técnicas combinadas de *network marketing* y de *knocking door*, muy efectivas en comercialización de servicios o productos y que nos llevaron a concretar las metas que nos propusimos en cada ocasión con empresas tan disímiles como la multinacional de seguridad más importante de EE. UU. y a nivel mundial, la empresa de telefonía móvil más importante de Latinoamérica o la número uno de Alemania, conocida mundialmente, o empresas de telecomunicaciones estatales, entre muchas otras, logrando facturaciones en dólares de seis a siete cifras anuales y mensuales.

Expondré conceptos y modalidades operacionales para que lo pueda implementar en su carrera hacia la cúspide. También, en este recorrido, es necesario manejar energías sutiles que actúen en pos de la meta trazada, energías que se movilizan junto a toda una filosofía cuya puesta en marcha comienza por la palabra positiva ejercitada en forma repetitiva, cual mantra basado en el pensamiento que le dio su origen, provocando ese *big bang* en nuestra mente, direccionando esa energía con pasión y precisión, cual arquero a su blanco, para lograr el resultado buscado siempre y qué parte de educar nuestro subconsciente con esos mantras de atracción.

«Mantra» es una palabra que proviene del sánscrito, lengua clásica indoeuropea de las más antiguas documentadas, usada en la actualidad como lengua litúrgica en el hinduismo y en el budismo, además de ser uno de los veintidós idiomas oficiales en la India. Todas las referencias a textos en sánscrito más antiguos que se conservan hasta la actualidad fueron transmitidas oralmente durante siglos, hasta que fueron escritos en la India medieval.

Dicho esto, la palabra sánscrita «mantra» se refiere a sonidos —sílabas, fonemas, palabras o grupos de palabras— que, según algunas creencias, tienen algún poder psicológico o espiritual. «Mantra» proviene de la sumatoria de dos palabras sánscritas, «man», que significa 'mente', y el sufijo «-tra», que se podría traducir literalmente como 'liberar'. En conclusión, mantra es un instrumento para liberar nuestra mente.

En nuestro camino por estos países hemos logrado éxitos basados en esta filosofía. Muchos autores, cuando leemos un libro, nos alientan con sus palabras a mejorar nuestros pensamientos y transformarlos en positivos, tales como: *El poder del ahora*, de Eckhart Tolle; *Manual del triunfador*, de Suryavan Solar, *Pide y se te dará*, de Esther y Jerry Hicks; *Evology*, de Jaume Banchs López; por supuesto, *El secreto* de Rhonda Byrne y toda la serie de *La magia*, *Héroe*, *El poder*, *Usted puede sanar su vida*, de Louise L. Hay; *Descubre tu potencial ilimitado*, de Cynthia Kersey; *La ley de la atracción*, del Dr. Camilo Cruz, y el famoso *Piense y hágase rico* de Napoleón Hill, entre muchos otros.

Mi idea es, en este libro, ir un poco más allá, aportando las fórmulas para que, partiendo de un estado mental positivo, gracias a los mantras del éxito y a las estrategias que expondremos, caminemos paso a paso, desarrollando un esquema para llegar al estado de felicidad que nos brinda el bienestar económico y espiritual.

Hemos logrado con nuestra empresa, con una sola oficina, facturar millones de dólares como distribuidores de telefonía celular con reconocidas compañías y con sistemas de seguridad electrónica con la marca número uno a nivel mundial.

Pioneros en Latinoamérica en aquello de dividir en pequeñas fuerzas de ventas y desplegarlas en diferentes zonas rastrilladas a diario y a las cuales les pusimos sus nombres, producto de mi experiencia en la venta de turismo en los años 80, donde implementé el mismo esquema basado en lograr una mejor *performance* de los vendedores y una organización más compacta y efectiva; para ello, dividí mi fuerza de ventas, compuesta solo de vendedores hasta ese momento, sin jerarquía alguna, en lo que llamé «unidad de fuerza de venta» (UFV), todos ellos jerarquizados en diferentes niveles y premiados según sus logros con premios tangibles e intangibles. Incluimos capacitación y *coach* diario.

Hoy empresas de Latinoamérica hacen *knocking door* con este esquema implementado por nosotros en esos años. Luego le acoplamos toda la experiencia adquirida en la multinacional norteamericana a partir del año 2000 y lo trasladamos al rubro de las compañías de telefonía celular a mediados de los años 90 en Argentina y principios del 2000 en México, las cuales luego lo implementaron en toda Latinoamérica, en algunas ocasiones con relativo éxito y otras con rotundos fracasos de distribuidores que lo quisieron poner en marcha sin saber por dónde empezar o creyendo que era de fácil organización y manejo. Nosotros fuimos parte de esos pioneros.

Este libro fue creado como una guía, un sistema GPS, el mapa del tesoro que seguir para obtener la meta y la riqueza que todo ser humano debe aspirar legítimamente, desarrollando negocios sanos y brindando empleo de calidad a quienes nos ayudan a cumplir nuestros sueños.

Nosotros podemos decir que primero creamos riqueza y luego escribimos cómo llegamos a lograrla basados en una experiencia concreta y sin vueltas, directa al corazón.

Aquel que tiene un ahorro y no sabe qué hacer o hacia dónde ir en su vida o desea emprender un nuevo negocio, es director comercial de una multinacional o está relacionado con el mundo de las ventas, aspiro a que este libro sea su inspiración.

Mi anhelo es que viva este camino desde una nueva perspectiva real, de tal modo que se materialice en dinero contante y sonante. No es mi intención quedarme solo en buenas sugerencias y palabras, que siempre ayudan, pero que no materializan el éxito.

Mi consigna es pasar de la motivación y el proyecto a los hechos concretos para llegar a la cima que cada uno se plantee como individuo y emprendedor.

Yo sé que después de leerlo usted, seguramente, lo intentará, y le garantizo que lo logrará si sigue el mapa que tracé. No tiene que tener mucha experiencia, no tiene que ser un erudito, un profesional, un universitario o disponer de una gran suma de dinero para empezar, lo importante será pasar a la acción.

Lo que yo les aportaré en la primera parte es una filosofía que tener en cuenta en todo el camino; son técnicas y estrategias que seguir probadas para desarrollar todo un proyecto conducente a la riqueza, a la victoria, a la alegría y al dinero, de fácil y rápido aprendizaje, basadas en un cúmulo de experiencias e historias divertidas que le servirán para saber cómo moverse, para sortear escollos, llegar intactos y fácilmente a la victoria en la segunda parte. Dígame usted si no estaría tentado a seguir ese mapa y empezar la búsqueda cuanto antes, ¿verdad que sí?

Concéntrate en tus estrategias

Introducción

«El hombre encuentra a Dios detrás de cada puerta que la ciencia logra abrir».
ALBERT EINSTEIN

Estimados lectores, les habla su guía de viaje, su GPS. Mi nombre no importa mucho, el que importa es usted. Al leer este libro, usted eligió la ruta trazada que lo conducirá a la meta soñada. Estén listos para partir y ajústense los cinturones, pues esta tiene muchas curvas ascendentes y descendentes, será un viaje lleno de adrenalina hasta alcanzar la cima. El que relataré es un largo camino de más de veinte años. Es una historia real acerca de mi experiencia empresarial, donde tuve caídas y subidas, monitoreando los resultados, enmendando errores que repetía como si todo lo aprendido de nada hubiera servido, siempre con una fe ciega, con una pasión ardiente, con una perseverancia a prueba de todo y de todas las personas negativas y envidiosas, que no faltan en el camino.

Si desean subirse a este viaje, será como un juego, el de la vida misma, que comprende las realidades de un inversionista y emprendedor en la búsqueda del tesoro más preciado: lograr la victoria en sus queridos proyectos. Esta historia es adentrarse en el fascinante mundo empresarial y cómo lograr los resultados previstos y soñados. Viajaremos juntos en la dirección correcta, paso a paso, indicando aciertos y errores al caminar por diferentes países, culturas e individuos. Siguiendo esta senda, les garantizo que podrán obtener la felicidad que el dinero, en gran parte, compra, donde debemos comprender también que el éxito es un proceso que inicia desde una posición de alegría del espíritu.

Si cree que el dinero es malo y sucio, debe leer este libro para que sepa las formas en que se puede obtener y después juzgue si estaba en lo correcto. Este es solo un medio de intercambio civilizado que nos permite auto realizarnos en la vida, nos permite disfrutar de cada instante, nos acerca el mundo a nuestras manos al viajar a las ciudades y lugares que jamás imaginamos visitar, nos acerca a la cultura, nos alarga la vida, aleja el estrés, nos permite disfrutar más tiempo en familia. En definitiva, nos regala el tiempo para realizarnos como personas. El tiempo es el bien más preciado que se compra con dinero, ¿o acaso quien es empleado no brinda su tiempo y capacidades a un tercero a cambio de un sueldo fijo mensual, laborando por los sueños de este?

Solo en ventas se obtiene un plus por nuestro tiempo invertido, que es proporcional a nuestro verdadero esfuerzo y se premia realmente muy bien, por lo general. Es un tipo de empleo diferente, es motivador y nos catapulta al éxito personal por la dinámica que encierra en el rubro que sea.

La mayor parte de los millonarios ha pasado por la fase del buen vendedor, luego el buen gerente, para culminar con su propio emprendimiento, que nació de una intuición, ese instinto, ese olfato animal que algunos desarrollan en su vida para captar los guiños que nos brinda el universo mediante mensajes que debemos saber captar gracias al desarrollo de nuestras facultades ocultas en nuestro subconsciente.

Si usted no ha podido alcanzar todas sus metas, lea este libro, pues le mostraré, basado en muchas experiencias propias, que es posible realizarse profesionalmente en un año o dos aplicando una filosofía de vida y una estrategia concreta.

Si es una persona que ha probado de todo y tiene por consigna frases tales como: «El dinero no es para mí, es difícil hacerlo, así como llega se me va» o «solo lo hacen los corruptos, nunca saldré de esta situación, mejor sigo fumando y tomando alcohol para olvidarme de los problemas, total, la vida es así», «la vida se ensañó conmigo, es culpa de mis padres, es culpa de Dios, es culpa de mi poca educación, de que no soy atractivo, de que soy gordo, feo, flaco, estoy resentido con la vida», etc., y siguen un sinfín de excusas para no actuar con coraje ante las circunstancias de la vida, usted es el indicado para seguir leyendo este libro.

Comenzar una nueva vida aplicando simples conceptos y arriesgando nuestro tiempo en un nuevo proyecto con poca inversión que podrá disponer solicitando, por ejemplo, un préstamo o buscando un socio, un inversor al que usted le venda su proyecto, no está nada mal, bien vale la pena para poder experimentar aquella satisfacción que brinda la comodidad y la libertad de acción que nos permite la autorrealización. Los nuestros fueron años de esfuerzo, pero de mucho entusiasmo, y hablo en plural, pues en esta aventura me acompañó mi esposa como socia en todo.

Mi intención es que usted, al terminar de leerlo, sepa cómo hacerlo fácilmente. Si no cree que es fácil, debe leer este libro, pues usted está equivocado. Hacer dinero honestamente es fácil. Y no lo hice solamente una vez y por casualidad o apelando a la suerte, sino que lo repetí en otras oportunidades, otros momentos económicos, con diferentes productos y en diferentes países, como verá a continuación.

Es tan fácil que depende de la intensidad con que usted experimente su sueño para así transformarlo en realidad. Todo lo que pensamos se vuelve nuestra realidad queramos o no, puede ser algo negativo o positivo. Cada pensamiento se materializa indefectiblemente. Un pensamiento es algo material, aunque no lo toquemos. Tiene forma y color, si lo vemos en nuestra mente y lo fortalecemos con fe ciega en nuestro interior, será cuestión de tiempo tocarlo. Así de simple. A mayor intensidad en la realización de nuestro pensamiento, más rápido se obtendrá el resultado buscado.

¿Cuántas veces hemos pensado o, mejor dicho, soñado con obtener una cifra importante que vemos, por lo general, como inalcanzable? A veces creemos que es una ilusión óptica obtener una buena cifra de seis dígitos y, en definitiva, pensamos no estar hechos para obtenerla. A lo mejor pensamos que un millón de dólares es una cifra muy alta para uno y creemos que solamente es para tipos de los centros financieros, de la bolsa de comercio, banqueros, grandes artistas, deportistas, señores relacionados con el poder o simplemente suertudos. Nada más lejos de la realidad. Todo se encuentra más cerca de lo que uno cree.

> *Recordemos algo importante: todo aquello que veamos como inalcanzable es porque creemos que está allá, a lo lejos, e inalcanzable será. Es como el mundo de un ciego; nada ve, pero las cosas allí se encuentran frente a él, pero está anulado para poder verlas. Si con nuestra mente lo acercamos, lo veremos como posible; por ende, más realizable se volverá.*

Si lo vemos mentalmente y lo deseamos con una firme pasión, amor inconmensurable, con seguridad de obtenerlo y consideramos que el camino es el correcto —aunque por momentos se torne zigzagueante o tropecemos en el intento—, nada importa sabiendo que avanzamos; una vez que ya lo atrapamos en nuestra mente, será cuestión de tiempo y organización tener la abundancia en nuestro bolsillo y haber cumplido nuestros sueños.

En solo una frase podría resumir mi libro, nunca te rindas, persevera sin mirar atrás, elimina el miedo mediante la acción constante y no te afanes por el día de mañana, el momento es aquí y ahora.

Lo especial de este libro es que contiene además la filosofía que debemos empezar a tener en nuestra vida, experiencias reales vividas en 8 países como emprendedor y el paso a paso para un cambio radical económico y personal.

Es para todo el que pensó o sintió en este 2020 la necesidad de resetear su vida, es aire fresco, este libro puede cambiar para siempre el destino de quien lo lea y se atreva.

En este año tienes en un mar de deudas, dudas y miedos. Yo también estuve allí. No importa el momento actual, la pandemia, lo importante eres tu y se que mi libro si va a funcionar en tu vida también.

No es un método que se base en la esperanza o la suerte. Si es una fórmula real comprobada por mi persona en mis facturaciones de un millón de dólares al año habiendo empezado desde cero y siempre en culturas muy diferentes entre si, obteniendo los mismos resultados.

Es un libro que no se parece a otros que puedan hablar de la ley de la atracción o motivacionales, mi libro es la conclusión practica de aquellos que nos transmiten el como obtener riqueza a partir de la alegría de nuestro ser integral.

Toda riqueza parte de una idea

Parte I:

Los potenciales del subconsciente y los ciclos del éxito

Capítulo 1:

Romper el pacto con el letargo y tu pasado

«Del mismo modo que no tenemos derecho a consumir riqueza sin producirla, tampoco lo tenemos a consumir felicidad sin producirla».
GEORGE BERNARD SHAW

El 90 % de la población mundial, y tal vez más, tiene hoy la visión nublada. No pueden mirar claramente. No se dan cuenta de que sus problemas son creados por ellos mismos, pues le nubla la visión la contaminación que los envuelve, la cual no es más que la negatividad, la envidia, los malos hábitos, la mentira, entre otros, y que se encuentra entre quienes nos rodean a diario.

Lo que llamas problemas en realidad son solo lecciones, pues la vida es un proceso educativo, una escuela y universidad a la vez, que depende de los desafíos y que abarca desde que nacemos hasta nuestra vejez.

Me baso en estadísticas para desarrollar el concepto de lo que yo llamo ceguera mundial. La distribución de la riqueza, por ejemplo, en la primera potencia del mundo, como lo es EE. UU., es la siguiente: el 10 % de la población acapara el 71 % de la riqueza, mientras que solo el 1 % de la población posee el 38 % de la misma y el 40 % de la población obtiene el 1 % de ese reparto. Según el Instituto Mundial de la Universidad de la ONU, el 85 %

de la riqueza mundial se reparte en el 10 % de la población. Para estar en este selecto grupo se requiere contar con un patrimonio aproximado de sesenta mil dólares y, si tenemos más de quinientos mil dólares, pertenecemos al 1% más rico del planeta. Una vez leí que, si se repartiera toda la riqueza en partes iguales, en poco tiempo la misma volvería a las mismas manos. Nos preguntamos el porqué.

Vemos gente que trabaja de sol a sol para obtener un sueldo que, por lo general, no alcanza. Vemos sociedades destruidas por la pobreza sin esperanzas. Esto es causa y efecto de la negatividad engendrada por los lugares donde nos desarrollamos y sus culturas de la pobreza, que envuelven a cada individuo a cada paso de sus vidas. Las vibraciones en negativo que nos rodean y en las que está inmersa toda la sociedad, evidentemente, son las responsables de esta cárcel mental, pues los números así lo certifican, donde el 10 % de la población mundial vive estable y el resto lo mira en la televisión y en las revistas de los famosos.

Es fácil salir de ese círculo vicioso y liberar nuestra mente, es todo un tema mental, y solo mental, de empezar a vibrar en otra frecuencia, en esa que vibra ese 10 % de la población mundial.

Algunos son problemas reales que nosotros mismos atrajimos a nuestras vidas y, en otras ocasiones, son afanes que creemos que acontecerán y que nunca, en definitiva, suceden.

Ante la falta de resultados positivos en nuestra vida económica, la mejor opción que encuentra parte de ese 90 % es ponerse cómoda cual vegetales, observando cómo el tiempo se escapa lentamente de sus manos, pensando en cobrar un sueldo a fin de mes y que los lleva a la búsqueda de otro y otro empleo para poder juntar un mínimo de dinero que alcanzará solo para subsistir, pagar la hipoteca a treinta años y el auto a otros diez, y el ciclo se repite mes a mes, convirtiéndonos en esclavos de nuestras deudas.

Mi opinión es que la esclavitud no se abolió en el siglo XIX; desde mi punto de vista, tomó otro rumbo más inteligente y más abarcador, que incluiría esta vez a todas las razas del mundo al mismo tiempo.

No se sabe si ese flagelo de aquellos tiempos, que se ha vuelto a repetir, ha aparecido a propósito, como argumentan aquellos que ven conspiraciones por todas partes y que vuelcan en sus *blogs* infinidad de teorías, o se ha dado solamente por una falta de cálculo del mundo financiero que nos gobierna económicamente, a tal punto de hacernos creer que tenemos todo resuelto: casa, auto, vacaciones y la vida en cuotas en vez de la vida loca, como dice la famosa canción.

En mi opinión, ese mundo seguro se ha esfumado ahora en estos tiempos que transcurrimos, así como se había esfumado en la década de los años 30. Nuestra ceguera ha llegado a tal punto que nos hemos dejado llevar por una cultura que nos dice cómo vivir desde jóvenes y cómo debemos preocuparnos por aportar a algún fondo o caja correspondiente para obtener nuestra jubilación al final de nuestras monótonas vidas.

Pareciera que, desde un inicio, nos proyectáramos en no lograr una estabilidad financiera y el progreso económico superlativo que nos merecemos como para no estar pensando en una miserable jubilación pautada por las políticas de turno como medio de salvación en nuestra vejez, como si en todo ese tiempo de vida laboral no aspiráramos más allá que al cobro de un sueldo básico eterno que nos hace sentir seguros, aunque miserables.

Y es por eso que nos inventamos sentimientos negativos que nos traen, asimismo, una serie de enfermedades, sobre todo las espirituales. De esta forma, sellamos nuestro destino por miedo, nos auto convencemos cuando alcanzamos la edad adulta de que todo deberá ser igual, sin mayores sobresaltos, pobres pero seguros, sin riesgo alguno, mediocres pero conformes y otras frases similares o mantras negativos culturales autoimpuestos.

Es tanta la negatividad que encierran ciertas frases que se transforman en mantras negativos que se transmiten de padres a hijos, parasitando nuestras sociedades con conceptos negativos, contaminando las mentes de nuestros jóvenes.

Recuerdo que en España había un mantra negativo que se puede escuchar en los medios de comunicación inclusive, que es el siguiente: «Qué envidia que me da tal persona o situación».

«Envidia» es la palabra preferida para esbozar un sentimiento hacia el prójimo, la cual forma parte del vocabulario diario de la mayoría y que se dice como una palabra inocente cuando no lo es. Qué diferente sería decir «qué alegría me da vuestro progreso, vuestra buena suerte», bendecir al otro y nunca envidiarlo.

La envidia retrasa y posterga a quienes la ejercitan. La razón de que en cada paso encontremos un fracaso responde precisamente a ese tipo de sentimientos. Allí radica el origen, sin duda y por experiencia lo digo, porque lo he visto en infinidad de personas y amigos.

Es un detalle cultural que se debería intentar cambiar, pues es una palabra negativa que parece inocente, pero que esconde mucha desgracia para quien la dice y para quien la recibe. Con esos mantras negativos se van formando nuestros pensamientos, aunque siempre, en cada uno de nosotros, persiste esa chispa que enciende el fuego en algún momento de nuestras vidas y algunos cambiamos si nos lo proponemos.

Así, llegamos a ver que parte de ese 90 % de personas desea un cambio y sabe que es posible; es por ello que muchas veces partidos políticos que hablan de cambio son votados con entusiasmo.

Hoy, algunos percibimos atónitos un gran sector de la población mundial derrotado, inmerso en su comodidad, que yo llamo «la guarida de la tortuga», en la cual es tan grande el caparazón que los cubre, que los protege, que prefieren seguir en esa posición antes de arriesgarse y salir de su letargo.

Yo creo que es porque no saben, nadie les explicó cómo hacerlo o no conocen un mentor que los apoye y ayude a desarrollar su potencial, que todos sin excepción tenemos.

Es allí, en su inacción, donde comienza el resentimiento para con la vida, la sociedad o para con ellos mismos, encerrándose en su mundo de ciegos y compartiendo con otros de su misma condición esos virus contagiosos que se esparcen por el mundo y que matan más gente que la gripe, el sida o el calentamiento global. Estos virus son la comodidad y la indiferencia ante la vida, ante el prójimo y hasta ante la realidad ecológica del mundo en que vivimos. Nada nos importa, ante todo, somos indiferentes.

Ello se traduce también en la falta de pasión por el trabajo que hacen, la falta de compromiso para con su sociedad, en la cual viven, la empresa para la cual trabajan y el planeta que habitan, un sentimiento de desidia los invade, esa misma angustia que no cesa de apretar nuestras gargantas en algún momento de nuestras vidas en que hemos perdido el norte magnético, ese sentimiento de no saber cómo salir del pozo, ese futuro incierto, una vida sin sentido, sin emociones, un camino hacia no sé dónde, y allí empiezan los caminos desesperados que conducen a la droga o al alcoholismo y tantos otros.

En el último extremo, encontramos a aquel que ya se rindió y dice: «Todo me da igual», y otros más místicos, a su manera, prefieren culpar a Dios de todas sus penurias o dicen: «Ojalá, que Dios así lo quiera». Etimológicamente, esta palabra viene del árabe; «oj» es 'querer' y Alá, que es Dios para los musulmanes, y yo siempre me pregunto por qué Dios no lo habría de querer. Y sí, como coinciden todas las religiones, Dios es un Dios de amor que a veces nos pone alguna que otra prueba no para condenarnos, sino para enseñarnos a caminar y a avanzar por el camino del triunfo, hacia la felicidad, mientras seamos humildes de corazón. Esto tampoco lo entendemos, sino que solo lo culpamos.

Cuando en los sermones de cualquier religión se habla de humildad del corazón, siempre tendemos a interpretarlo como pobreza y escasez económica, pero en realidad habla del corazón y la voluntad que debemos tener. Dios no quiere que vivamos mal, amargados, deprimidos, resentidos, ni mucho menos sin sentir amor por nada ni por nadie, ni siquiera por nosotros mismos. Todo esto es causa de las penurias por las que hemos tenido que pasar y que nos infligimos como un castigo autodestructivo que no nos lleva a ninguna parte más que a una vida de fracaso.

Uno de los objetivos de este libro es que exterminemos juntos la negatividad y los pensamientos en ese sentido. Pensar en positivo o en negativo conllevan el mismo esfuerzo, ¿por qué, pues, nos inclinamos por pensar negativamente en ocasiones? Parece algo tonto, pero solo de nosotros depende el cambio, y siempre Dios nos responderá favorablemente.

Todo va a estar bien en tu vida

Capítulo 2:

El porqué debes tu emprender este camino

«Saber tu propósito de vida también asusta».
DANIEL HABIF

En síntesis, si su vida estuvo plagada de malos hábitos empresariales o sociales, olvídese de ellos para siempre.

Es importante para lograr la meta prometida estar en armonía con la ley de las buenas obras. Estas apoyan solo a quienes obran bien. Son leyes que no se ven, pero que allí están, así como la ley de la gravedad, solo existen.

Por ejemplo, si usted no prioriza los pagos a sus empleados a tiempo, evade impuestos o si se dedica a la venta de clientes inexistentes o de mala calidad o fragua documentación, pare eso de una vez y pase la página, ese no es el camino. ¡Cambie ahora! Detrás del cambio aparece el sol, se lo garantizo. Si usted obra mal, las consecuencias serán siempre las mismas. Su fracaso se repetirá una y otra vez.

Una vez, Máximo Pradera dijo estas palabras: «Los cambios más importantes de mi vida se han producido en momentos en los que pensaba que todo estaba perdido». Ejemplos sobran de gente que cambió cuando otros estaban jubilándose, si no, pregunten por Ray Krock, el fundador de McDonald's, que comenzó la cadena de restaurantes a sus cincuenta y dos años, edad en que muchos están pensando en la pensión, o el coronel Sanders, que fundó KFC a los sesenta y cinco.

En mis primeros años como empresario, creí haber aprendido todas las teorías y formas de venta, y fue allí cuando todo cambió. La vida tomó por otros caminos, en los cuales difícilmente pude aplicar lo aprendido, un sinfín de vueltas que me llevaron a pulir el método que les presento en próximos capítulos, basado en mi experiencia a través de varios países metiéndome en la comercialización de diferentes productos, como tarjetas de crédito, alarmas domiciliarias, telefonía celular, turismo, exposiciones, programas de televisión, portales de Internet, postales publicitarias y hasta gastronomía.

Acumulé todas estas experiencias una a una y las fui perfeccionando hasta lograr este material que quiero hoy compartir con ustedes de cómo logré facturar mi primer millón de dólares con una organización de ventas en un año, invirtiendo relativamente muy poco, unos quince mil dólares en su momento, y repetirlo año tras año.

También en este camino conocí en la empresa norteamericana a otros distribuidores, quienes hicieron también ese primer millón y que comenzaron con solo cinco mil dólares prestados y una computadora. Sin embargo, al cabo de un año o dos, ¡habían superado ampliamente sus expectativas en comisiones de venta!

Nuestra mayor inversión será nuestro entusiasmo, además de una pequeña suma. En ocasiones, los CEO nos solicitaron que ayudáramos a otros agentes de la misma compañía, lo cual hicimos con gusto. Algunos pocos aprovecharon en parte lo transmitido y la mayoría quedaron estancados en sus antiguos métodos, caprichosamente sostenidos contra cualquier lógica, y no pudieron obtener el desarrollo que buscaban para su empresa.

El capricho de sostener viejos métodos de venta les hacía fracasar. Otros intentaban y lo lograban, muchos empresarios creían que unas comisiones o sueldos más altos podían hacerles vender más; sin embargo, solo terminaban frustrados y sin ventas, y esos vendedores, que con nosotros tenían muchas ventas, ahí salían haciendo el ridículo debido a la falta de motivación, contención y buenos pagos.

Vimos en todo tiempo y lugar que, en cualquier país donde íbamos a invertir, inmediatamente nos tomaban como distribuidores y en pocos meses dábamos los resultados esperados.

Ello me hizo pensar en que, si tantos directores y empresarios constantemente intentaban copiar nuestros métodos y no les daban resultado, era porque no lo hacían como era debido, pues nosotros no estábamos asesorando ni transmitiendo a los mismos el detalle de nuestra cultura, estructura y métodos por falta de tiempo, pues debíamos dedicarnos a nuestra empresa de lleno.

Entonces fue que sentí que sería importante escribir este libro que transmitiera nuestras técnicas concretas y al detalle, y así pudiera ayudar a otros emprendedores a realizar un proyecto empresarial que sirva para desarrollar una empresa sana desde todo punto de vista, y así cambiar la vida económica de muchas personas.

Porque queremos hacer hincapié en esto de las ventas. Es simple; partamos de la base de que en la vida todo se transforma en una venta. Y las ventas son todo en la vida. Un abogado, un médico, un contable o, en definitiva, cualquier profesional tiene que saber vender sus servicios; aquellos que lo logran superan ampliamente a sus colegas.

Las ventas son emocionales en un 50 % y utilizamos la técnica en el otro 50 %. La suerte no existe; todo lo que nos sucede lo proyectamos previamente en nuestra mente y Dios y las leyes del universo nos lo entregan.

Tomemos en cuenta que para ser un buen empresario debemos ser primero buenos empleados, buenos vendedores, buenos gerentes y buenos en la atención al cliente.

En una segunda instancia, después de haber pasado por otras experiencias previas, un vendedor puede acceder a un ámbito de liderazgo, que es cuando asume la responsabilidad de estar a cargo de un grupo de trabajo. Esta experiencia es como subir el primer escalón u obtener el primer título para llegar a nuestra graduación, que será poder emprender nuestro propio proyecto de empresa.

Si usted no pudo pasar por estas etapas previas como profesional de la venta, ya sea por cualquier circunstancia de la vida laboral, en este libro encontrará una guía para desarrollar una empresa de ventas exitosa igualmente.

Todo en la vida empresarial es por causa y efecto.

Hay parámetros que hay que seguir y que explicaremos para que usted no cometa los errores que hacen de un empresario un perdedor compulsivo.

La causa principal de terminar siempre como perdedor, según mi experiencia, es abandonar el barco antes de tiempo creyendo que se está hundiendo sin siquiera persistir en reparar el daño o corregir el rumbo.

Todo depende de esa amiga que, en ocasiones, dejamos a un lado abandonada y que nos garantiza el camino para alcanzar nuestros objetivos de triunfo, esa muy noble princesa llamada perseverancia.

Haz de tus ideas un engranaje aceitado que funcione

Capítulo 3:

La Princesa Perseverancia y el Ogro del miedo

«No hay ninguna seguridad en esta tierra. Solo oportunidad». GENERAL DOUGLAS MACARTHUR

La princesa es nuestra Dulcinea del *Quijote* y en nuestro caso se llama Perseverancia. Debemos verla así, como princesa, y no como una bruja. Debemos ser caballeros y nunca soltar su mano, ni siquiera en momentos de zozobra.

La abandonamos un paso antes de la victoria final casi siempre, un instante mudo de tiempo donde todo parece haberse perdido y el silencio, junto a la desorientación y el desánimo, prevalecen siempre. Es un segundo antes de pisar el último escalón para abrir la puerta que nos lleva al salón de los triunfadores. Prohibido abandonarla, esa es la primera consigna. La historia de una vida se fragua tropezando y transformando teorías en formas prácticas de abrazar objetivos.

La perseverancia, gran amiga silenciosa de este viaje, nos toma de la mano. No debemos soltarla, así arrecie el viento más fuerte de la tierra, pues luego de la tempestad tenga por seguro que siempre llega el amanecer y el sol brillará; ese momento tan esperado que la vida nos prometió el día en que nacimos.

La vida es un sinfín de pruebas en las cuales, a veces, perdemos, y en otras ganamos, pero si nuestro norte está firme con perseverancia, el viento sopla de popa y las velas totalmente desplegadas, alcanzaremos con seguridad el destino que trazamos en nuestra mente en ese momento mágico de inspiración queriendo abrazar nuestros sueños, y que les aseguro los alcanzaremos si los perseguimos más allá del mar de las circunstancias que nos rodean, sin claudicar, con la seguridad que nos da tener una fe ciega en nuestro proyecto.

Hernán Cortés tuvo que hundir hasta la última nave de su flota porque sus pobres y heroicos, en fin, quinientos españoles quisieron salir corriendo ante el número increíble de guerreros con que contaba el imperio azteca. Cortés quemó sus naves para que nadie retrocediera. Y yo creo que lo hizo, pues él mismo dudaba de que se pudiera tener un resultado tan contundente como el que logró. Creo que lo hizo para acallar sus propios miedos, la historia nos cuenta que gracias a su alianza con unos cincuenta mil indígenas enemigos acérrimos de los aztecas logró su cometido.

Su jugada pareció, en un principio, suicida. Hoy nadie lo recordaría si hubiera partido hacia España con el miedo como carga. Sería solo una anécdota más perdida en el Archivo de Indias de Sevilla. Pero algo debió latirle en su interior de que un suceso impactante acontecería y que la vida le sonreiría. Sabía que con quinientos hombres solo no podría. Su ser sintió como un fuego trepidante que lo arrojó hacia una conquista casi imposible de imaginar.

No solo la de Cortés fue una lucha por la conquista, sino por la supervivencia misma, donde no había lugar para ese incómodo pasajero que es el miedo. Si la perseverancia es princesa, el miedo es el ogro de la obra que se presenta en el teatro de nuestra vida misma.

Así es nuestro juego hoy. Tenemos miedo a la conquista de nuevos horizontes, al qué dirán, a cerrar una venta por el solo hecho de que nos digan que no y sintamos que ese es un misil dirigido directo a nuestra baja o nula autoestima.

Tenemos miedo al fracaso, al dinero, al cambio, a la enfermedad, a la risa, al éxito de los más cercanos a nosotros, pues no sabemos cómo nos afectará su triunfo, miedo a la noche, a la oscuridad y a no saber cómo hacer el dinero. El miedo se derrota con amor, alegría y fe, les digo con firmeza y convicción.

Amor por lo que hacemos, por aquellos que nos rodean, por nuestros clientes, por el proyecto que nos ocupa; sin amor no hay fuerza de cambio, no existiríamos en este mundo desde el momento en que la vida surge del amor entre dos personas.

Y la fe es aquella que mueve montañas, como diría Jesús en su parábola. La fe en nosotros mismos es la primera condición, pues si nosotros no creemos en nuestro potencial, poco podríamos transmitir nuestros objetivos a quienes nos acompañan. En síntesis, fe en la conclusión positiva de nuestros proyectos debemos tener más allá de nuestras fuerzas.

Céntrate en tus sueños

Capítulo 4:

El mago de tu propio éxito

«El 80 % del éxito se basa simplemente en insistir».
WOODY ALLEN

Muchos piensan al ingresar a la universidad, estudiar duro y recibir un pedazo de papel obtendrán el éxito que desean y los recibirán en todos lados con los brazos abiertos. Un papel que dice que somos aptos para lograr la realización personal mediante nuestra profesión. ¿Qué opinan?

Desde pequeños, durante nuestra formación académica, nos empezaron a inculcar y a enseñar una cultura de ciencias e historia, entre otras, que a los fines prácticos no nos sirven para nada en nuestra vida de desarrollo económico y solo suman anécdotas que no sabemos cómo canalizar para nuestra propia experiencia para hacer un destino de abundancia relacionado con el dinero.

Además, los centros de estudio a los cuales nos enviaron nuestros padres se encuentran colmados de profesores con vocación de enseñanza, pero que en sus vidas no experimentaron un tránsito empresarial y no realizaron, por lo general, sus metas económicas, tal vez diría ese famoso 90 % del que hablábamos. Cómo voy a pretender que esas personas muy dignas que nos enseñan un sinfín de cosas importantes, pero lo más importante no, que es la supervivencia económica, el cómo alcanzar la realización económica y el triunfo en lo que nos propongamos o cómo proyectar nuestros sueños y hacerlos realidad con una filosofía de vida que apunte a la felicidad y alegría.

Yo opino que el estudio ayuda en lo básico, pero en los institutos de enseñanza raramente verán a un empresario exitoso enseñando cómo desempeñarnos en la vida económica, que es lo que realmente importa una vez que salimos de los institutos y nos encontramos con una sociedad competitiva y exigente, donde cada quien busca alcanzar el cénit en los negocios o en la profesión, mientras que otros solo aspiran a la supervivencia, esa es la diferencia.

Imaginen un mundo de emprendedores. Imaginen un mundo de vendedores y que todos aplicaran las técnicas de venta a la perfección; desaparecería el hambre y el comercio entre países crecería junto a sus PBI. Si existieran más profesionales de la venta, el estallido social, las huelgas, las marchas sindicales serían cosas del pasado. Si existieran más emprendedores exitosos, empresarios en el rubro de la distribución de productos, las grandes fortunas aumentarían de la mano de un sinfín de empleados felices y realizados.

Acá vamos por el lado práctico, es decir, de darle la forma, el método, la técnica del día a día, los secretos necesarios, en definitiva, todo el saber cómo hacerlo, el saber cómo poner en marcha un proyecto serio para alcanzar niveles de ingresos superiores al millón de dólares al cabo de un año.

Nos alejaremos de la teoría para adentrarnos en el mundo real de los negocios y cómo salir lo menos heridos posible, pero condecorados con la estrella de la abundancia.

Se ha escrito muchísimo acerca del pensamiento positivo, de la autosugestión, de los secretos revelados, hasta existen aquellos que hablan con extraterrestres o algo así y les transmiten sus enseñanzas de cómo obtener todo lo que uno desee, como aquel del matrimonio de Esther y Jerry Hicks, *Pide y se te dará, aprende a manifestar tus deseos*, de Urano. Libros todos ellos que colman mi biblioteca y son muy recomendables, hasta el de los extraterrestres inclusive, pues tiene palabras muy positivas y alentadoras.

Todos ellos comprenden un compendio de enseñanzas importantes para tener en cuenta, pero que, en definitiva, nos dejan un buen sabor en nuestra mente sin indicarnos a ciencia cierta el esquema que seguir, los pasos que desarrollar, dónde conseguir un negocio, qué hacer o cómo hacerlo y desarrollar un esquema empresarial. En definitiva, no es el objetivo de los mismos; su objetivo es el de inculcarnos un cambio en el pensar y actuar. Pero una vez logrado esto, el tema que nos preguntamos es por dónde empezar entonces.

Desde estas páginas voy a entregarles el pasaporte que andaban buscando y también a la princesa llamada Perseverancia para deleitarse durante el trayecto con su presencia. ¿Qué más se puede pedir? Buena compañía en un inusual viaje. Una guía práctica que se desarrollará en la parte III con aplicaciones reales en el campo de los negocios o de las grandes corporaciones para desarrollar una organización práctica junto con un cambio de idiosincrasia en la mente que pueda llegar a realizarnos en abundancia.

En nuestro caso, lo hemos aplicado en el campo de las telecomunicaciones y en la seguridad electrónica, con la empresa más importante a nivel mundial en este rubro. En ese marco hemos obtenido las mieles del éxito. Como dijera antes, es una historia real que nos tocó vivir. No es fantasía, ni hemos reunido a un sinfín de empresarios para que nos dijeran sus vivencias, que, por lo general, nos dejan a medias también, pues es difícil revelarnos todos los secretos en una breve entrevista. No somos discípulos de magos ni vamos a hablar de las crónicas de un mundo de fantasía. Esto es tan real como usted si lo aplica con sentido común, entusiasmo y fe en el proyecto.

Usted será el mago de su propio éxito, aquel que siempre quiso alcanzar. Ese mundo al que siempre sus sueños tendieron. «La vida es sueño», argumentaba Calderón de la Barca; nosotros podemos añadirle que, siempre y cuando queramos llegar a la cima, los sueños se cumplen. Somos nosotros y solo nosotros los responsables de llevarlos a cabo.

Lo experimentarán. Viajaremos por varios países de la Tierra en donde hemos desarrollado y probado estos esquemas. Mercados diferentes, culturas diferentes, lo cual nos da la certidumbre de que estas acciones empresariales llevan a un solo sitio, a la meta que nos proponemos en cualquier lugar del mundo. Analizaremos las mejores opciones junto con sus características, dónde invertir y poder desarrollar su proyecto de empresa en países y ciudades del mundo. Les pondremos sobre la mesa los pasos que seguir para instalar su empresa y su sueño en el mundo y al alcance de la mano del mercado. Nadie es profeta en su tierra, según la Biblia, y creo que podremos empezar nuestro relato por allí más adelante, recorriendo varios países y desarrollando empresas en los mismos.

Capítulo 5:

Los mantras del éxito

«A nadie le va mal durante mucho tiempo
sin que él mismo tenga la culpa».
MICHEL DE MONTAIGNE

Para obtener aquello que llamamos éxito, debemos primeramente educar nuestra mente, y la forma más fácil es convenciendo a nuestro subconsciente de aquello que queremos lograr para que este, a la vez, transmita al universo nuestro deseo. Desde nuestra experiencia, utilizaremos ciertos mantras que conducen al éxito y una estrategia completa que expondremos a continuación.

La palabra sánscrita «mantra» aparece en el hinduismo por primera vez en el Rig-veda en el segundo milenio, significando 'instrumento del pensamiento', 'oración', 'ruego'; palabra aplastante.

Es experimentar la liberación mental con palabras que aplastan toda negatividad y envidias que surgen como piedras que arrastra un río en su crecida o los llamados *waico* para los peruanos, que se depositan en nuestro camino.

Así nos sucedió en Perú, donde conocimos lo que era un *waico* en una de esas noches que, con todas las ilusiones a cuestas, persiguiendo nuestros sueños, íbamos de camino a Lima desde Santiago de Chile para la apertura de una nueva sucursal y nos topamos con ese escollo, un *waico*, que es una cascada de agua sobre la ruta y que deposita piedras del deslave en el camino. ¿Cuál fue nuestra reacción en ese momento donde una densa capa de agua cubría la pequeña ruta en una zona montañosa en el sur del

Perú? Seguir adelante con resolución, sin mirar atrás, gritando y repitiendo un mantra para darnos fuerza sobrehumana en ese periplo. Y lo atravesamos.

En el budismo tibetano, cada mantra se recita para identificarse con cada aspecto de la mente iluminada. Por ejemplo, el famoso mantra *Om mani padme hum* corresponde a la compasión; el mantra «om» corresponde al sonido creador del universo y el principio de la existencia. Además, según la tradición, un mantra no tiene efecto si no es autorizado por un maestro respaldado por un linaje particular que se remonta al mismísimo Buda, es decir, que fue aplicado con éxito por alguien que obtuvo resultados, un maestro como Buda.

También sugieren que un mantra se puede dejar escrito o hacer ondear en banderas, produciendo el mismo beneficio espiritual que si se pronuncia.

> *En psicología, este término, mantra, es la repetición de palabras por parte del sujeto a fin de fijar y reforzar un pensamiento circular. El pensamiento circular es cuando no paramos de darles vueltas a las cosas y hasta de noche estamos así; es como una pasión por esa idea o sueño que no podemos despegar de nuestra mente.*

En el pensamiento oriental, la vida es circular, todo lo que se va vuelve. Un pensamiento, un sentimiento, un deseo, un sueño, el amor, los buenos deseos o los malos; todo vuelve, todo forma parte de ciclos que se repiten, solo hay que esperar el tiempo que necesita para volver ese pensamiento en forma material o espiritual a uno mismo.

> *Todo renace. Si rompemos con nuestra pareja, si nos va mal en nuestra empresa, si rompemos con un amigo, finalmente volverá con otro rostro, de otro modo, pero esos sentimientos que teníamos de enamoramiento o de motivación con nuestros proyectos o los buenos*

momentos con esos amigos o parejas perdidos, todos volverán de una manera u otra, la vida no se acaba en una mala racha o un desamor, solo debemos tener la perseverancia y la paciencia, estando receptivos y abiertos a nuevas experiencias de vida donde no caben los miedos que nos parasitan.

Debemos enterrar el pasado, porque cada vez que recordamos esos momentos, esas imágenes del pasado las traemos a nuestro presente e invaden nuestra mente con pensamientos tóxicos que pertenecen al túnel del tiempo, y no es necesario darles vida nuevamente, debemos enterrarlos definitivamente.

Todo vuelve en positivo porque es parte de nuestra naturaleza, el vibrar en positivo, siempre y cuando estemos vibrando en la misma frecuencia que aquellas cosas que deseamos que regresen, y para ayudarnos en este cometido, existen ciertas frases o mantras positivos que concretarán nuestros deseos en el aquí y ahora.

Los mantras contienen vibraciones muy altas que, al repetirlos con un propósito específico, con cierta frecuencia vibratoria, es decir, poniéndoles pasión y sentimientos profundos, tienen el poder de enfocar la mente y producir los cambios que deseamos.

Al concentrarnos en un mantra, nuestra mente se libera y deja fluir la meditación en aquello que afirmamos. Los mantras del éxito contienen una energía creadora mediante el sonido que emiten, al tiempo que hacen vibrar generando energías positivas, por lo cual generan cambios enfocados hacia donde dirigimos ese mantra, ya sea cambios en la salud, en nuestro aspecto, en nuestra economía.

Trabajando con nuestra intuición, podemos crear nuestros propios mantras, aquellos que resuenan y vibran en la misma frecuencia que nuestra esencia. Así, llegué a crear en el tiempo un propio mantra que me sirvió para materializar nuestros sueños a nivel económico y mantenernos en una vibración positiva. El mismo dice:

Me merezco, decreto y obtengo éxito, riqueza, victoria, alegría, salud y dinero en abundancia, que llegan a mí fácilmente, en formas esperadas e inesperadas.

Es la combinación de palabras que utilizaremos a diario para contagiar a nuestro subconsciente de lo necesario para avanzar por la senda de la abundancia.

Al repetir los mantras, liberaremos la mente, la retrotraeremos a la virginidad perdida en un túmulo de negatividades.

Lo repetiremos en voz alta o en la mente, pudiendo ser en el bus, en el auto, dando una caminata, en cualquier momento y lugar donde necesitemos despejar nuestra mente e influirla de pensamiento positivo e inyectarle esa dosis para mantener el deseo al cual aspiramos en alto.

El éxito solo depende de ti

Capítulo 6:

Los potenciales del subconsciente y los hijos de la mente

«Estaba convencido de que, si uno piensa en pequeño, sigue siendo pequeño, ¡y yo no tenía la intención de serlo!». RAY KROCK

La suerte

Los hijos de la mente son aquellos que se afianzan como ciertos en nuestros pensamientos, son estados de nuestra mente; algunos nos sanan, otros enferman nuestro subconsciente. Algunos son buenos y otros no tanto, como en la vida real los hijos. Entre ellos podemos encontrar la suerte, la crítica, la fe, la duda, la visualización, la acción, la imaginación, la paciencia, el entusiasmo, la preocupación, la meditación.

En primer lugar, mencionamos la suerte, que no es nada más que una vibración que corresponde al estado dominante de los pensamientos.

De este modo, si estos están orientados hacia el lado contrario al de la suerte, es decir, al lado negativo de su momento de ansiedad, usted no puede crear oportunidades de suerte en su vida. Y, en consecuencia, si a usted no se le presentan oportunidades de suerte, no las puede aprovechar.

¿Por qué? Porque piensa de forma negativa, piensa en lo peor en vez de pensar en lo mejor. Conlleva el mismo esfuerzo pensar en un sentido u otro.

El único antídoto a sus problemas es practicar la visualización mental positiva.

Mostrarse menos crítico frente a los demás es parte de la solución. El deporte favorito de las masas que desarrollan la energía negativa es la crítica y la murmuración.

Si critica a los demás, no podrá manifestarse la verdadera personalidad que debe surgir a partir de la repetición de mantras positivos que contagian la mente para que se libere.

Concentre sus pensamientos y su energía en sus objetivos. No pierda el tiempo criticando, piense en su futuro, en su vida, que es más importante que la de los otros.

Resulta difícil dejar de lado todas esas energías que le hacen dudar. Es por ello que los cambios no surgirán con la velocidad que deberían si no corregimos nuestras tendencias negativas. Es como si piloteara por una autopista donde puede andar a ciento veinte kilómetros por hora tranquilamente y solo conduce a cuarenta kilómetros por hora.

Las dudas parten de tener miedo a lo desconocido, y estos miedos nos frenan para actuar y obtener las victorias que esperan por uno.

La duda es lo contrario a la fe, y esta no es más que la firme confianza en que las cosas invisibles que esperamos van a realizarse. La fe va de la mano de la visualización positiva. Si desea liberarse de los pensamientos de duda que le limitan en su avance, se debe practicar la visualización de las cosas que desea. Existe una definición mística de la fe: «La fe es poseer por adelantado lo que se espera». Poseer por adelantado solo se logra mediante los ejercicios de visualización.

Esta visualización se logra cerrando los ojos e imaginando en su interior la persona que querría ser, la vida que le gustaría vivir, las cosas que le gustaría poseer, los hijos que desea tener con la persona que ama y que visualiza con amor en esos instantes.

Luego solo debe esperar que se materialicen sus deseos. Una vez que los proyectamos, una vez que los determinamos, lo logramos. Una vez que los vemos en nuestra mente y los sentimos con profunda emoción en nuestro corazón, solo es cuestión de tiempo que se materialicen en nuestras vidas una vez que pasemos a la acción.

El único problema que la mayoría de las personas tiene en sus vidas es la duda. La duda muere, se desvanece ante la fe y el amor, que transforman los corazones, y el arma que utilizan estas dos, aquella que destruye la duda, se llama pasión. Pasión por nuestros sueños y proyectos.

Salirse de la zona de confort es vital para materializar nuestros pensamientos. Esta zona es una cárcel de la mente que solo nosotros nos imponemos; por ende, podemos tomar la llave que se encuentra en nosotros mismos y abrir nuestra puerta, es decir, nuestra mente. El éxito, la riqueza, la victoria, la alegría, la salud y el dinero están al alcance de su mano.

La cuestión es atreverse, el mundo es de los que se atreven.

No debemos tener miedo a equivocarnos y debemos actuar sin dudar, con pasión. Debe ser plenamente consciente de todas las potencialidades ilimitadas que están en su ser.

Debe alimentar diariamente ese potencial, esa seguridad; la vida es, ante todo, cuestión de elegir, en definitiva.

Por lo tanto, debe elegir y tener una idea concreta de cómo sería un día y una vida ideal y aplicar lo que llamamos visualización.

Hasta que no haya definido su ideal, su objetivo con precisión, su subconsciente no podrá trabajar en su realización. Así pues, dedique un tiempo a reflexionar.

Practique todas las noches, en el momento de dormirse, la visualización de su ideal. Pegue en una pizarra frente a su escritorio aquellas fotos que representan sus sueños y ambiciones y mírelas como si ya las hubiera alcanzado.

Conocerse está bien, controlarse está mejor. Preocuparse jamás, ocuparse siempre. Mediante ejercicios mentales es como adquirirá el poder de la voluntad, y mediante los mismos es como lo conservará. No permita que los miedos ni las dudas le paralicen; ellos solo le limitan y lo destruyen todo.

Aquello que conviene hacer decida hacerlo hoy y ahora; aquello que ha decidido empréndalo; aquello que ha emprendido acábelo.

No ralentice su ascenso por culpa de un lastre inútil, formado por orgullo y autosuficiencia. Siguiendo estos consejos, respetará la ley y la elevará por encima de sí mismo. Olvídese de sus egos, pisotee su soberbia, que solo ralentiza la llegada del éxito; muérdase la lengua tres veces, como decía una de mis abuelas italianas, antes de revelar sus sueños secretos.

El ser humano tiene tendencia a rechazar los cambios y a modificar sus costumbres. El filósofo alemán Nietzsche decía: «Sin música, la vida sería un error». Nada más cierto. La música tiene el poder realmente mágico de elevar nuestras vibraciones subconscientes y psíquicas. Por eso, escuche música todos los días.

Temas como *Las cuatro estaciones* de Vivaldi, *Los conciertos de Brandemburgo* de J. S. Bach o el concierto número 21 de Mozart se utilizan en los centros de aprendizaje rápido, como los laboratorios para la enseñanza de idiomas, porque su audición estimula las facultades intelectuales, la memoria y la concentración.

La sabiduría popular dice que el verdadero tesoro de un ser humano es su actividad. Si usted considera que su actividad es aburrida, poco gratificante u obligada, entonces produce energía negativa y el bloqueo psíquico se autoalimenta de alguna forma. Lo que nos lleva a reflexionar sobre esta noción fundamental que ve al mundo exterior como la representación de nuestros pensamientos interiores. Si comprende esto, será consciente de que debe cambiar sus pensamientos para cambiar así las condiciones materiales exteriores.

Como regla general, debe poner entusiasmo en todo lo que haga. Hasta en las más pequeñas cosas. Sacralizando sus acciones, es decir, atribuyéndoles un significado superior, va a conseguir enormes progresos en el desarrollo de sus potenciales.

Existe una forma de desorden que predomina en los pensamientos de aquellos que aún no están iluminados, como si les costara focalizar su espíritu sobre un tema dado.

Lo primero es que pudiera aportar más claridad mental en la definición de sus metas y objetivos. Para ello, escriba en una hoja de papel todos los objetivos y todo lo que le gustaría conseguir. Una vez que haya escrito esta lista, va a poner por orden de prioridad, de mayor a menor, estos objetivos y estas metas que quiere alcanzar. Así, en el primer lugar de la lista, tiene que estar su objetivo prioritario. Sobre este objetivo tendrá que focalizar todos sus pensamientos.

Para focalizar sus pensamientos sobre este objetivo, le aconsejo leer varias veces al día en voz alta este objetivo prioritario como si fuera un mantra. Tenga en cuenta que, de momento, debe concentrarse únicamente en un solo objetivo a la vez.

Una vez que haya establecido cuál es su objetivo prioritario y lo haya leído varias veces al día, por la noche, antes de dormirse, practique como siempre la visualización positiva de la realización de este objetivo. Deje de creer que las cosas jamás van a cambiar. Aplique esta regla ahora y, se lo prometo, todo lo demás llegará.

La concentración es fundamental para conseguir el éxito, y es del todo necesario que desarrolle su capacidad para concentrarse, para focalizar su espíritu en una tarea concreta.

Una de las leyes importantes de la metafísica es la ley de la acción y reacción. De este modo, para obtener algo, hay que actuar. Nada nace de la nada. Es mediante la acción como las cosas se cumplen.

El pensamiento y el deseo solo son dos elementos precursores del éxito. Tan solo la acción permite obtener la materialización de un pensamiento, de un proyecto, de un objetivo. Así que usted tiene que buscar esa fuerza de acción. Conozco miles de personas que tienen en sí mismas potenciales excepcionales, pero a pesar de ello, no llegan a conseguir la vida que desean.

No es que no tengan los medios necesarios, sino simplemente que nunca han puesto en práctica la fuerza de la acción, de la voluntad de actuar y de transformar las cosas. Por este motivo, usted debe aplicar su voluntad de acción desde hoy mismo sobre objetivos determinados. Láncese desafíos. Mire alto, no tenga miedo de soñar ni de cumplir grandes cosas, porque usted posee las capacidades.

Es por ello que en este libro voy un paso más allá de que sea solo un compendio de buenos consejos, y en la última parte precisamente paso a las opciones de diversas acciones que debemos tomar en el camino hacia la realización de nuestros deseos de riqueza, de victoria y alegría, mediante emprendimientos que probadamente podemos poner en marcha y avanzar hacia esos objetivos confiados en obtener los resultados que ofrezco en estas líneas.

> *Concluyo, en mi opinión, que el poder de la imaginación es más fuerte que el poder de la razón.*

«Imaginación» significa 'crear imágenes' o, dicho de otro modo, la imaginación no es nada más que la visualización mental. Y esto es muy importante. Su espíritu racional le dicta de alguna manera que no le es posible llevar a cabo esto o lo otro. En cambio, por el poder de la imaginación, usted puede conseguir todo lo que desee. Por eso es necesario que visualice la realización de lo que desea conseguir. La imaginación gobierna el mundo.

Debe visualizar la escena de verse rodeado de una vida plena, imagine cómo usted se sentiría en ese estado de conciencia como si ya lo hubiera alcanzado, rodeado de una imagen de prosperidad, lleno de luz, donde su sueño ya ha sido alcanzado y lo está disfrutando, siéntalo, tóquelo en su mente, huela las mieses del triunfo, ponga todos sus sentidos en acción imaginando esos momentos de dicha y de victoria.

Para practicar este ejercicio, debe esperar al último momento antes de dormirse. Cuando sienta que el sueño se apodera de usted, forme en su espíritu esa imagen mental. También puede ayudarse previamente disponiendo de una pizarra en su escritorio, oficina o lugar donde usted se relaja, y en la cual escriba lo que desea con pasión y con amor lograr. Disponga de fotografías de la casa y el auto que desea alcanzar, de las fotos de los lugares del mundo que quisiera visitar, de los hijos que desearía tener.

Repita este mantra: «Lo que la mente es capaz de concebir y creer lo puedo conseguir». Tome conciencia de que usted tiene un poder ilimitado y de que ahora es el momento de expresarlo al mundo exterior.

Si es difícil para usted recordar los mantras, es el mismo efecto grabar las frases y, con auriculares, repetirlas en sus oídos; así facilita la asimilación que debe, como esponja, absorber su subconsciente. Escriba todas las frases positivas que se le vengan a la mente y repítalas, usted sabrá en su interior cuáles necesita.

Conoce seguramente esta ley metafísica que reza: «Darás y recibirás». Al querer dar y compartir, usted se sitúa al alcance de la buena suerte, manifestando la generosidad de su corazón. Aquellas personas tacañas difícilmente encuentren el tren de la felicidad. Muy pocas logran adquirir riquezas. La mayoría viven una vida de miseria que crea su propia idiosincrasia. Quien es tacaño no ama a su prójimo, tampoco a sí mismo. Es una persona enferma de dudas, miedos, que no cree en sí misma ni en los demás. El avaro es un ser que tiene ganado el infierno en la tierra, jamás será feliz. Aquel que no comparte el universo tampoco le compartirá sus bienes.

La originalidad es signo de éxito. No hay límites en todo aquello que usted es capaz de realizar. Los únicos límites son los que marca su mente.

Pero también hay que saber ser realista. Verdaderamente, usted puede conseguirlo todo gracias a los poderes de su subconsciente. Pero tenga en cuenta que los cambios que usted desea solo se manifestarán mediante la acción.

Es bueno no marcarse límites en el nivel de éxito que espera, pero hay que proveerse de los medios necesarios para alcanzarlo.

¡Si usted actúa, derribará todos los límites! Los milagros requieren paciencia. La paciencia es la única clave para una reestructuración positiva de la personalidad. Roma no se hizo en un día.

Primeramente, tiene que deshacerse de ese caparazón interior. La impaciencia impide valorar los efectos que realmente se van dando. Así pues, usted debe tomar conciencia de la virtud de la paciencia y la perseverancia.

Concentrarse en la solución y no en el problema es condición para fortalecer la paciencia y obtener la perseverancia.

Para ello, unas anécdotas verdaderas que nos regala la historia.

Cuando la NASA comenzó con el lanzamiento de astronautas al espacio, descubrieron que los bolígrafos no funcionarían sin gravedad —o con gravedad cero—, pues la tinta no bajaría hasta la superficie en que se deseara escribir. Resolver este problema les llevó seis años y doce millones de dólares. Desarrollaron un bolígrafo que funcionaba bajo gravedad cero, al revés, debajo del agua, prácticamente en cualquier superficie, incluyendo cristal, y en un rango de temperaturas que iban desde abajo del punto de congelación hasta superar los trescientos grados centígrados. ¿Y qué hicieron los rusos? ¡Los rusos utilizaron un lápiz!

Otro caso fue el de un magnate hotelero que viajó a una ciudad hindú por segunda vez a un año de distancia de su primer viaje. Al llegar al mostrador de un hotel inferior en estrellas a los de su cadena, el empleado le sonríe y lo saluda, diciéndole: «Bienvenido nuevamente, señor, qué bueno verlo de vuelta en nuestro hotel»; sorprendido en gran manera, ya que, a pesar de ser una persona tan importante, le gusta el anonimato y difícilmente el empleado tendría tan buena memoria para saber que estuvo allí un año antes, quiso imponer el mismo sistema en su cadena de hoteles, ya que ese simple gesto le hizo sentir muy bien. A su regreso, inmediatamente puso a trabajar en este asunto a sus empleados para encontrar una solución a su petición. La solución fue buscar el mejor *software* con reconocimiento de rostros, base de datos, cámaras especiales, tiempo de respuesta en microsegundos, capacitación a empleados... con un costo aproximado de dos millones y medio de dólares. El magnate prefirió viajar nuevamente y sobornar al empleado de aquel hotel para que revelara la tecnología que aplicaba. El empleado no aceptó soborno alguno, sino que humildemente comentó al magnate cómo lo hacían. Él dijo: «Mire, señor, tenemos un arreglo con los taxistas que lo trajeron hasta acá. Ellos le preguntan si ya se ha hospedado en el hotel al cual lo está trayendo y, si es afirmativo, entonces, cuando él deja su equipaje aquí en el mostrador, nos hace una señal y así se gana un dólar».

La conclusión es no complicarnos la vida con soluciones rebuscadas, debemos encontrar siempre el camino más simple, centrándonos en las soluciones y no en los problemas o, mejor dicho, no preocuparnos, sino siempre ocuparnos.

El último paso es tener confianza, es tener fe en sus posibilidades. Hay un brillante que brilla en el fondo de usted y es el entusiasmo que debemos pulir. Entusiasmo significa, en griego, 'tener un dios dentro', 'estar poseído por Dios'. Usted sabe bien que nada puede resistirse al poder divino.

Este poder «divino» está en usted. Es capaz de mover montañas y de hacer «milagros».

El entusiasmo surge en un instante cuando menos se lo espera uno; aparece la inspiración que da paso al entusiasmo.

Una nueva canción, una idea de un nuevo proyecto, un sueño que inspira un negocio, etc.

Ahora bien, es usted quien ha de tomar las riendas de su vida. Nadie puede hacerlo en su lugar. Solo usted tiene ese poder. Lo que intento decirle, quizás torpemente, pero de todo corazón, es que mientras no decida de una vez por todas afrontar la vida resueltamente, no podrá obtener lo que desea. Es hora de que mire hacia su futuro y a las cosas que desea en vez de estar pensando en todo lo que no funciona en su vida.

Si espera a que se den todas las condiciones ideales para poder decidir si hace alguna cosa que vaya en el sentido de la realización de sus proyectos, no hará nada.

Después de haber dominado la paciencia, debe pasar a una fase activa y tomar posesión de sus poderes interiores.

La fuerza está en usted, es un acto de fe de que al fin tenga confianza en usted y reclame su derecho a la abundancia. El bloqueo «psicológico», por lo general, proviene de una programación mental negativa. Cuando uno no tiene una buena imagen de uno mismo es debido a esa programación negativa.

Usted siempre tiene la solución, sea el obstáculo que sea. Y quiero precisarle que esta programación negativa proviene también de usted y su entorno. Por consiguiente, sin duda, en su infancia o adolescencia evolucionó en un entorno negativo.

Comenzar a mejorarla parte de una mente abierta al exterior, a los retos que se nos presentan, a los cambios, a la comunicación y al deseo de aprender nuevas cosas. Romper paradigmas negativos es la solución; estos son aquellos pensamientos que nos limitan, que tenemos como modelos erróneos que seguir.

Romper los límites es la forma en que avanzará hacia la victoria. No se frene, avanzar es sumar voluntades a su alrededor, es convocar seguidores, es invocar al universo.

El proceso de transformación siempre comienza en lo más íntimo del ser, lo sentimos en el alma y se transforma en un nuevo espíritu emprendedor que se manifiesta en nuestro mundo. Proyectamos esa fuerza que contagia al mundo. Jamás debemos perder de vista los objetivos trazados, y mucho menos afanarnos por acontecimientos que no sucederán más allá de nuestra mente o situaciones inevitables.

Las preocupaciones forman parte de esos bloqueos psicológicos. Concentrarse en las cosas que uno puede cambiar en la vida y no perder el tiempo en preocupaciones que están fuera del campo de acción de cada uno y de cada día, los afanes sobre cosas que no acontecerán, estar presente mentalmente en el día a día es una condición sine qua non para poder avanzar en el diario devenir para así poder emprender.

Su fuerza de voluntad debe concentrarse en las cosas presentes, porque solo actuando en el presente es como puede orientar el futuro.

Esto es igualmente válido para el pasado. Usted no tiene ningún poder ni en el futuro ni en el pasado. En cambio, usted tiene el poder de actuar en el presente para orientar el curso de su futuro.

Existen multitud de pensamientos parásitos que tienen tendencia a controlar su vida, a hacerle dudar de la seguridad en usted mismo. Debemos primero identificarlos; una vez que identifique esos pensamientos parasitarios, pregúntese si está en sus posibilidades cambiar esta cosa o tal otra que atormentan su mente.

«Si no sucede, conviene», dice un antiguo dicho, por lo que debemos pasar la página y continuar con fuerzas renovadas y no atraer a nuestro presente viejas situaciones, porque sería como darles vida en nuestro presente a aquellos tormentos pasados o afanes futuros cuando, en realidad, no tenemos control sobre los mismos.

Aunque a veces la simple idea de actuar le paralice, no olvide que cuenta con la energía positiva. **Pensar en el pasado y en lo que pudo ser genera preocupación innecesaria y solo agota la mente, mata el espíritu emprendedor.**

Es fundamental meditar acompañado de los mantras del pensamiento positivo, que debemos practicar. La reflexión es parte de esa meditación, meditar sobre los tiempos, las cosas, las personas, los caminos y estrategias que tomar. La meditación produce milagros.

La meditación es un ejercicio mental que consiste en analizar las cosas en profundidad.

¿Ha meditado acerca de una botella de vino, por ejemplo? Empieza la historia el día que fue plantada la vid y dio sus frutos, donde el tiempo, el sol y el agua hicieron el resto. Luego vino la cosecha por las manos del hombre, la selección de las uvas, el proceso de fermentación, luego los toneles de roble, el tiempo le dio sus taninos, cuyo jugo se decantó en una botella bellamente adornada con sus cualidades, para, por último, ser transportada y dispuesta en anaqueles de un lujoso restaurante o en un supermercado para llegar a su mesa y servirlo en un decantador a tales efectos, hasta que libere todo su aroma y sabor en una copa y sea degustado por quien lo consuma.

Meditar es ver todos los aspectos posibles de una cosa, de un objeto, de un acontecimiento, de una persona. Es exactamente un ejercicio de reflexión mental. Es aconsejable que lo practique con frecuencia.

Las únicas cosas verdaderamente importantes que se encuentran en el exterior son las ideas y la interacción con los demás.

Le bastará simplemente con un lápiz y una libreta, tarjetas o una pizarra para cada mes, así pues, doce páginas, doce pizarras o doce tarjetas serán suficientes. Por cada mes, escriba sus objetivos, sus metas, sus esperanzas, etc.

Entonces reflexione y escríbalas, porque recuerde que los pensamientos se olvidan y las palabras se las lleva el viento, mientras que lo escrito permanece para siempre.

El mundo esta cambiando

Capítulo 7:

Cerrar las puertas al pasado

«Dígale al mundo lo que intenta hacer,
pero llévelo a cabo antes de decirlo».
NAPOLEÓN HILL, del libro Piense y hágase rico

Andar dejando puertas abiertas conlleva no poder desprenderse de su pasado ni vivir el hoy satisfactoriamente; ejemplos sobran en cuanto a amores o amistades tóxicas que usted no cierra el ciclo por temor, por dudas, que piensa que podrían regresar y sería esta vez diferente. Entonces, debemos preguntarnos para qué regresar. ¿Tengo necesidad de aclarar algo?, ¿palabras que faltaron por decir?, ¿silencios que invadieron momentos?, ¿o tal vez palabras que no dijimos?

Cuando el pasado le llame, no conteste; lo que opinen de usted no lo define, es solo una opinión y las opiniones cambian. Un avión está seguro en el aeropuerto, pero no fue construido para permanecer allí. Su situación actual no es su destino final. No juzgue, mejor comprenda. El dolor de hoy no se compara con la alegría futura que debemos proyectar inmediatamente y que llegará cuando menos lo esperemos, como por arte de magia. Uno no debe enfocarse en las dificultades, sino en las posibilidades por delante. No debemos dejar que las vicisitudes que se nos presentan cambien sus objetivos, su humor o sus sueños.

Si la estrategia falla, cambiarla es la mejor opción, pero no abandonar el camino. Nunca tengamos a mano un plan B o sueño B, pues será entonces el plan que se realizará, pues no hemos enfocado todas nuestras energías en el plan A, y así estamos dispersándonos sin darnos cuenta de nuestra meta prioritaria. Si tenemos un plan B es que no confiamos plenamente, ciegamente, con pasión, en nuestro plan A.

Si nuestro presente, nuestras amistades, pareja o conocidos no alimentan nuestro espíritu, no suman, no aportan felicidad ni amor, dejar que fluyan es lo más conveniente y lo único que debemos hacer para poder seguir en el camino de la actitud mental positiva, que debemos cultivar para poder cosechar los éxitos con confianza, con pasión, con firmeza, sin mirar atrás.

No debemos apegarnos a negocios donde ya la pasión y el amor se desvanecieron en el tiempo si no están resultando como deseábamos por las circunstancias que sean.

Nadie está en contra de nadie, el mundo continúa girando; solo su mente puede ponerse en su contra, las opiniones y posturas siempre cambian. Por ende, aferrarnos a una idea negativa es suicida.

Debemos mirar desde otro ángulo las cosas que suceden, todo pasa por algo, pero siempre debemos considerar que ha sido para mejor y jamás para peor, pues ello es lo que realmente sucede cuando vibramos en positivo. Todos los apegos que nos retrasaban se desvanecen y debemos dejarlos ir, que fluyan bien lejos. Si no nos dejan avanzar o ya no aportan nada que nos sume a nuestra vida que queremos crear a partir de la felicidad, debemos dejarlos partir.

Incluso si esos apegos nos mantienen en un *status quo*, no sirven si no nos movilizan. Por el miedo que nos brinda una nueva situación por afrontar en ese futuro que creemos incierto es que creemos que no debemos continuar. Debemos saber que dejando ese apego de lado y en el pasado, el presente y el futuro nos depararán mejores cosas por vivir y experimentar que lo que teníamos con ese apego, el mismo que nos frenaba y ya no aportaba nada.

No solo en los negocios se da esta regla. También en el amor la he aplicado y he obtenido cosas muy positivas que me sucedieron.

Recuerdo que tenía yo una novia tóxica que llamaremos M. Luego de dos años de relación tortuosa, esas relaciones que ya no aportan nada ni se retroalimentan, conocí a otra chica que sí me gustaba y quería comenzar algo nuevo con ella. Por el apego que sentía para con M, me resistía a dejarla partir y, al no querer soltar esa relación, sucedieron cosas negativas en mi vida.

Jamás supe qué le dijo M a aquella otra chica cuando pudo contactarla telefónicamente para que saliera corriendo de mi lado en una relación que recién comenzaba. Además, me robó todos mis muebles diciendo que los había vendido solo por cien dólares, cuadros y artículos de oro y plata, quedándome sin todos los recuerdos de mis seres queridos. Hasta el violín de mi abuelo entró en el supuesto remate de mi casa realizado solo en una hora y sin mi presencia, y muchas más cosas negativas me infligió que sería extenso relatar. Esas son las consecuencias del apego a algo que ya no suma en las relaciones o negocios. Al poco tiempo, apareció otra mujer y mi vida cambió diametralmente. Enseguida corté la relación con la susodicha M, a pesar de los llantos y escándalos, incluso acoso que recibía por parte de ella de todo tipo. Con esa firmeza se obtienen los verdaderos resultados. Hoy aquella relación que comencé después de M me dio mis dos hijos que hoy tengo y más de veinte años de felicidad.

Tomar una decisión firme y saber soltar, dejar fluir aquellas cosas o negocios o personas que son tóxicas en el camino hacia la felicidad es fundamental para poder avanzar en nuestras metas en la vida. Yo he visto en uno de mis emprendimientos, que fue la gastronomía, donde muchos empresarios del rubro se aferran a lugares que ya pasaron de moda porque no se atreven a dejar partir. El miedo al «qué haré de mi vida a partir de hoy sin mi ex famoso restaurante» los invade, la realidad actual que choca con las expectativas ya perdidas, donde uno se encuentra con cocineros que no dan la talla, con vajilla y manteles desgastados, con sillas para ir reparando, deudas con proveedores que ya no se pueden sostener, horas que ya no disfruta con la familia, pues debe estar en una caja que cada vez factura menos para evitar robos, y un largo etcétera.

Hay vida después de cada fracaso y vida en abundancia. Los fracasos son parte del éxito, sería la escuela para alcanzar el éxito, se superan, se da la prueba y listo, se avanza.

La vida es corta para despertarnos con arrepentimientos, sentimientos negativos o recuerdos que nos hacen mal. Si alguien o alguna situación le hace daño y es tóxica, es tiempo de dejar ir aquello que no le hace feliz. Ya no vale la pena seguir con temas que están perimidos y no aportan cosas positivas a nuestras vidas.

Si se convierte usted, su entorno también cambiará. No importa si un huracán está haciendo estragos a su alrededor, debe tomar control de todo aquello que puede controlar.

Cuando las cosas parecen que se están cayendo encima de uno como granizo con piedras del tamaño de una pelota de golf, puede ser que todo se esté acomodando para darle una sorpresa; no hay que alimentar miedos ni negatividades, su forma de pensar le condiciona y le esculpe la personalidad de lo que es y aquello en que se convertirá.

Ilumina tus pensamientos con temas positivos

Capítulo 8:

El cambio en tu vida

«La felicidad consiste en poner de acuerdo tus pensamientos, tus palabras y tus hechos».
MAHATMA GANDHI

Cambiar la percepción de los eventos que nos rodean día a día es clave. Cuando nuestros deseos y expectativas no se cumplen es cuando uno experimenta emociones negativas. Usted es quien decide y elige si se verá afectado por los eventos diarios negativos que no puede controlar. La mayoría se deja consumir, se alimenta de las negatividades, y eso puede enfermarlo y es contagioso; rápidamente puede pasar de la euforia a la tristeza o el enojo.

Debemos obtener de nuestro interior una idea clara de cómo será el deseo, la meta a la cual queremos arribar, y una vez que se haya realizado, cómo nos sentiremos.

Debemos esculpir un mapa mental del mismo y luego plasmarlo, como si de una pintura se tratara, en un lienzo que es el de nuestra vida futura. Para ello, debemos escribir con sumo detalle todos los pasos y estrategias que deberemos implementar para llegar a cumplir nuestro objetivo. Sus pensamientos deben estar orientados solo hacia las metas, filtrando así todos los pensamientos y momentos parásitos que pudieran perturbar. Incluso alejar cualquier toxicidad de nuestro alrededor, personas o circunstancias, tales como pensar en deudas, exparejas, ex socios, amigos envidiosos, etc.

Para darle sentido a la vida, no pierda el tiempo haciendo un trabajo que no le gusta, que no disfruta, nunca podrá desarrollarse como persona haciendo algo que no le gusta. Éxito, riqueza, victoria, alegría y salud son cosas que se dan fácilmente cuando uno ama lo que hace, y mantener la paciencia ante los retrasos e inconvenientes que se presentan es de vital importancia.

> *El miedo debilita, paraliza, deprime. Jamás debe guiarse por lo que opinan los demás. No se lo permita, no deje que contaminen sus días llenos de dicha y esperanza. Solo escuche su corazón, sus corazonadas, sus intuiciones y después sígalas. Ellas están inspiradas por Dios y las leyes del universo le acompañan.*

Debe tomar el control de su vida antes de iniciar el camino al éxito. Es el único responsable por las cosas que le pasan. Rememoro que una vez puse en marcha un restaurante muy lujoso en Panamá. Contraté varios chefs con una supuesta experiencia. Al cabo de un tiempo, ninguno resultó, ni dieron con la talla, ocasionando la pérdida de clientes y el desprestigio de mi negocio.

En ocasiones, mediante un trabajo personal en redes sociales, lograba convocar un promedio de quinientas reservas por día, y ellos no calculaban correctamente la producción o no lo querían hacer; nunca pude saber a ciencia cierta, y eran seis chefs más ayudantes, donde cada uno cobraba unos mil quinientos dólares. Fue allí cuando comprendí las actitudes desmesuradas del protagonista en la serie del inglés Gordon Ramsay cuando se ponía loco ante tanta ineptitud. Al principio, yo los dejé un tiempo en sus puestos, pues me daba lástima dejarlos sin trabajo. Luego les echaba la culpa de que no se generaba fidelidad en los clientes. Hasta que tomé el control de esta situación y decidí correrlos del restaurante y conformar un nuevo equipo de cocineros. Quiero decir con esto como ejemplo que tener lástima es el peor sentimiento y consejero que existe y, sobre todo, en los negocios.

> *Sin decisiones determinantes ante alguien que no da los resultados esperados, nunca acariciaremos la cima en los negocios. Debemos saber sacar de nuestro entorno la*

gente que no sirve para la tarea encomendada, debemos tener tolerancia cero ante los problemas de actitud, es decir, saber echar al personal que no es competente es la clave para avanzar en los negocios.

Tomar el control de su vida es, precisamente, sentirse responsable por las cosas que a uno le suceden y no echar la culpa a los demás de nuestra falta de control y en la toma de las decisiones correctas.

Para conseguir la felicidad completa, debe meditar una vez al día mínimo quince minutos y hacer un deporte que le guste, como correr, caminar en la playa o en un parque, jugar al *ping-pong* o al fútbol con los amigos, pero moverse es clave para completar el proceso de cambio.

Sea su propio arquitecto. Haga que su vida esté marcada por las decisiones que tomó y no por aquellas que no tomó, mueva sus energías y decida tomar posiciones, avanzar siempre, jamás retroceder.

Lo importante es el tiempo y la forma en que abusamos de él. Estamos preocupados por la apariencia de nuestro cuerpo, en el que gastamos tiempo y dinero en vestirlo, pagar costosas cirugías, y solo nos damos cuenta cuando se nos acercan los años adultos de que el cuerpo es solo una armadura que recubre lo verdaderamente perenne e importante: nuestro ser interior. Esta armadura envuelve nuestra personalidad, pensamientos, creencias, intenciones, sentimientos para con este mundo. Debemos tener dentro de esa armadura alguna combinación de todo ello que pueda cambiar nuestro mundo alrededor.

Es por esto que otorgar amor sin importar lo que reciba uno a cambio es fundamental para darse cuenta de que vendrán hacia usted un sinfín de recompensas, incluso de éxito en los negocios, pues dando amor recibe sin esperarlo más de lo que pensó.

Ser fiel a sus pensamientos y sentimientos es fundamental para alcanzar la victoria. Liberar aquello que retrasa o es nocivo es clave.

Siempre se lo reconoce más tarde o más temprano, simplemente cuando siente que ello no le aporta nada, le molesta o le resta energía y tiempo o ve que le induce a malos hábitos.

Debe hablar siempre de temas positivos, no se contamine ni deje que otros lo hagan con sus palabras o gestos negativos. Evitar los noticiarios, visualizar sus proyectos haciéndose realidad, agradecer, no tratar de cambiar al mundo, cambiar uno mismo y verá que el resto cambiará mediante su ejemplo.

Lo que piense, eso mismo, se proyecta y llegará a manifestarse todo en su justo tiempo; los creyentes dicen en el tiempo de Dios, lo mejor es no presionar.

En mi caso, cuando me tomé un par de años para viajar por el mundo y recorrer unos treinta y cinco países, fueron años llenos de éxitos económicos. Organizamos la empresa, marcamos las pautas, participamos en las principales decisiones y seleccionamos muy confiadamente a nuestros principales gerentes.

Luego comenzamos a viajar a razón de cada tres meses. Visitábamos por placer Europa, Canadá o el Caribe en crucero o alquilando un auto para recorrer hospedándonos en hermosos castillos, los hoteles Fairmont en Canadá. Nunca presionamos nuestro éxito en esos años y todo se daba por sí solo. No se comprendía muy bien, pero allí estaba, mes tras mes, la producción que habíamos programado. Nuestra mente un poco volando y otro poco en la empresa, pero sin estresarnos, fue cuando más supimos y conocimos de las palabras «victoria», «alegría» y «dinero en abundancia». Leíamos libros de motivación mientras descubríamos el mundo.

No apurar el tiempo y mantener un dejo de indiferencia hacen la diferencia en verdad en la vida.

Recuerdo cuando en la empresa de seguridad americana su principal eslogan para obtener ventas rezaba: «Relájate y diviértete». Lo ponían hasta en las tazas de café.

Eso es lo que hicimos, seguimos ese consejo y obtuvimos los resultados buscados. Cuando en otros momentos nos consumía el miedo, nos desgarraban las preocupaciones, nos liquidaban nuestros momentos, la angustia, jamás pudimos ver el éxito, mucho menos conocer la paz que brinda la dulce victoria en los negocios.

Por ello, mi consejo en base a la experiencia es no apurar los tiempos, es bueno de vez en cuando no afanarse por el día de mañana ni esperarlo ansioso, dejar de exigir las razones de por qué esto o aquello, sino simplemente dejar fluir el tiempo y las energías se acomodarán según nuestros pensamientos y serán proporcionalmente equivalentes a la paz que manifestemos en nuestro interior.

Debemos aprender a relajarnos y divertirnos con lo que hacemos, a tener un momento de retrospección con nosotros mismos, meditar es la clave; y aquellos que quisieran ir un poco más allá, rezar a quien más nos plazca según nuestras creencias. Dios siempre escucha, pero tiene sus tiempos.

Contemplar la vida y no que la vida nos contemple, experimentando la paciencia para no frustrarnos, es una clave importante en este juego, dejar que la vida nos asombre, nos admire, nos conmocione con sus días.

Cada quien es responsable de sus actos y debemos afrontarlos con valentía a cada paso, no nos dejemos asaltar por el desconcierto, apoyémonos en el antónimo de la confusión, situémonos en la base de la montaña que debemos mover. Esta base, que es la fe que llevamos dentro, es esa fuerza que debe impulsar nuestros pensamientos imbuidos de sentimientos de pasión para que contengan toda la energía necesaria para poder mover las circunstancias hacia aquello que deseamos con amor.

Esa fe que arrasa con el miedo es esa fuerza poderosa y determinante que necesitamos para realizarnos. La persona más importante en su vida es usted, y así debe encarar las situaciones que a diario se avecinan cual tormenta de verano.

> *Abandonar el pasado es condición irrenunciable, siempre que lo invoca cual mantra negativo, regresará, por lo que debe enterrarlo para poder surgir de entre las cenizas. ¿De qué sirve centrarse en algo que ya no existe, que se ha esfumado en las mieses del tiempo? Que se fueron desparramando en el camino, y ya pisoteados esos momentos, haga cuenta de que volvieron a la tierra y fertilizaron su esfuerzo y sufrimiento para llevarle a donde hoy se encuentra.*

Cada momento del tiempo, cada minuto y hora fueron el impulso creador para llevarnos a la concreción de los proyectos, siempre y cuando no nos dejemos vencer por los aguijones del miedo.

> *Valentía y coraje es lo que reclama la vida para impulsarnos hacia delante. No basta solo la fe, sino que todo es un batido de vida y de alegría donde se deben mezclar los ingredientes justos y en su justa medida para alcanzar el sabor permanente del éxito. Sus oportunidades se presentan aquí y ahora, nunca en el pasado.*

Este es el instante, mientras lee estas letras. Darse la oportunidad de cambiar las cosas y definir su futuro, lo que desea hacer, es aquí y ahora.

> *Hagámonos esta pregunta: ¿qué trabajo haría gratis, aunque nadie le pagara un centavo? Bueno, allí tiene su*

futuro, en el preciso momento en que responda esta pregunta.

Eso que amamos, eso mismo nos llevará al éxito. Aquello que desea tanto que lo llegaría a hacer gratuitamente: allí está su victoria.

Eso mismo que las personas cercanas le dijeron que no podría hacer, pues ello no era para usted, y que mejor siguiera una carrera estándar o se hiciera empleado de algún trabajo que le diera estabilidad, la misma estabilidad que muchos buscaron a lo largo de sus vidas y, lamentablemente, se jubilan de aquellos trabajos monótonos estables que siempre detestamos hacer para terminar con una miserable jubilación que no cubre ni para los remedios ante cualquier afección.

Escuchaba la otra tarde por la radio sobre un joven que comentaba que, para poder soportar los gastos para sus estudios, trabajó en un taxi durante años. Terminó la universidad y luego hizo una maestría, pero al terminar la misma, seguía manejando el taxi por la falta de oportunidades existentes. Lamentablemente, en las casas de estudio no nos enseñan cómo ganar dinero una vez que nos recibimos y cómo materializar nuestros conocimientos para la realización de nuestros sueños y así poder realizarnos como personas y profesionales ganando dinero en abundancia.

Nunca debemos emprender un camino, una profesión que no amemos solo por lo que esperan nuestras amistades, nuestras familias, nuestras parejas.

Esta presión genera ese miedo a defraudar a los demás y no dar con sus expectativas dejando de lado las nuestras.

El motor de su vida es usted y solo usted define su bienestar. Por ello, no se paralice, deje fluir, bendiga su realidad, dar las gracias es fundamental, aunque sea por lo más mínimo, pues recibirá en compensación más de aquello que agradece y, en algún momento, se volverá una bola de nieve de cosas buenas que acontecerán.

Todo implica una enseñanza, no desprecie esos momentos, agradezca siempre la enseñanza y vuelva a empezar; todo evoluciona y se transforma según sus pensamientos y hacia donde estén dirigidos. Es como la lámpara de Aladino, frote su cabeza y surgirán pensamientos, y ellos trazarán su camino y se harán realidad.

Si son positivos, rápidamente se manifestarán y, por suerte, si son negativos, se necesitarán muchos de ellos para que algo malo suceda.

Nada sucede por casualidad, la suerte no existe, es todo parte integral de lo que genere su interior. Jamás retroceda, nunca se rinda, no importa cuántas veces falle, lo importante es tener la valentía de volver a empezar si fuera necesario. En mi caso, fracasé varias veces y contabilicé quince a lo largo de mi vida desde mis dieciocho años, es decir, quince sueños, quince esperanzas frustradas, quince proyectos de vida enterrados, quince pasiones momentáneas, y de las quince me levanté y alcancé a llegar a la victoria. Todo es un camino que debemos recorrer hasta alcanzar nuestra meta para después empezar otro camino diferente para mantener nuestros sueños en alto. Siempre tendremos motivaciones para seguir alcanzando metas superiores económicas y luego, en un momento dado, nos daremos cuenta de que debemos alcanzar las metas espirituales, las cuales conllevan otros estados de la conciencia más elevados. Muchas personas solo se quedan en la primera estancia económica y nunca conocen los beneficios de la siguiente etapa y se transforman en seres de consumo únicamente.

Si con el primer o segundo fracaso me hubiera deprimido en mi juventud, entregándome a los vicios para ahogar las penas, seguramente no estaría escribiendo este libro, ni tendría maravillosos hijos pequeñitos, aún creciendo, no tendría ni siquiera el amor de mi vida a mi lado o la estabilidad económica de la cual gozo hoy en día.

En este camino siempre habrá malas inversiones, malas decisiones, impulsos que nos hacen cometer errores. Debemos volver una y otra vez hasta definir aquello que amamos con pasión y que lo estabilizará el resto de su vida. Así, encontramos miles de ejemplos en la historia de fuerza de voluntad antepuesta a los miedos y fracasos.

Si uno busca resultados diferentes, no debe uno repetir el mismo ritual de vida, debemos buscar caminos alternativos siempre para llegar a distintas consecuencias. Tengamos en cuenta que las emociones son solo forasteros que se alojan por un momento, pasan y se van. Aquellas positivas nos impulsan al firmamento, las negativas nos hunden en el infierno.

La felicidad es la actitud diaria que debemos buscar con solo una sonrisa frente al espejo mirando una película divertida, leyendo un libro que nos inspire, teniendo una charla placentera entre amigos, abrazando a un hijo o a nuestra pareja con amor, hacer un paseo matutino y ver la puesta de sol. Existen diferentes momentos que podemos buscar para encontrar aquellos que debemos capturar en nuestro corazón, esos momentos que nos llevan a la felicidad que impulsará nuestro accionar en positivo.

Debemos contagiar nuestro espíritu con estos bálsamos que nos inspiren y buscarlos a cada momento en el día, el resto se dará por añadidura.

En esos momentos no pensemos en el mañana o en el ayer, son dos días que no cuentan. Solo el hoy es importante y lo que hagamos hoy será lo que cosechemos mañana.

Cada día es una siembra; o sembramos tempestades o sembramos la calma que nos dará la paz del alma y el espíritu para asumir la actitud que necesitamos para enfrentar las circunstancias que se nos presentan.

No comparemos jamás nuestras vidas con la de los otros, pues nada tienen en común. Desde el momento en que nacemos, todos somos diferentes, y es por ello que juzgar retrasa y nadie conoce cómo han sido los caminos de los otros en el pasado para poder juzgarlos en el presente.

Yo sé que el miedo consume y retrasa el desplazamiento. Una vez que dejemos partir esos miedos, aparecerán esas personas que palpitan en nuestra misma frecuencia y entusiasmo. Ellas están esperando en esa sintonía del dial, en el cual nos tenemos que posicionar para encontrar aquella pareja soñada, aquellos compañeros de trabajo o socios que impulsen junto a nosotros nuestros sueños.

Como dijo un santo de la Iglesia contemporáneo del siglo XX, el padre Pio di Pietrelcina: «Tú debes tener fe ilimitada en la bondad divina, porque la victoria es absolutamente segura». La victoria siempre es segura si la buscamos con ahínco y pasión desmesurada, como cuando nos enamoramos y sentimos que no podemos vivir sin esa persona.

El miedo a la soledad es uno de los grandes miedos al que nos enfrentamos, el cual no tiene fundamento, pues es una oportunidad maravillosa para empezar a conocerse a sí mismo y, desde allí, desde ese punto de autoconocimiento, proyectarse para encontrar a quienes conviene tener a su lado y que merezcan compartir sus experiencias y su vida vibrando en la misma energía.

El miedo a la pobreza, a la carencia, a la miseria, está muy cerca de aquellos momentos donde debemos empezar de nuevo, en ese momento en que todo se nubla y creemos estar tocando fondo.

Solo debemos dar las gracias por cada momento y oportunidad que se presenta para sumar más de lo que uno agradece y multiplicar las energías positivas a nuestro alrededor, incluso ante cualquier circunstancia negativa que se nos presente, dar paso solo a las experiencias positivas.

Otro gran miedo que nos aqueja es el temor a caer enfermos. Tengo presente un gran libro *best seller* de Louise Hay, *Usted puede sanar su vida*, donde relata las consecuencias en el cuerpo de los pensamientos negativos y del resentimiento por no dejar ir el pasado, que se manifiestan en heridas en el subconsciente que se transforman en enfermedades.

Otro miedo importante es a la muerte, el mismo que nos acompaña desde que nacemos; somos como un río que desemboca en el ancho mar y que debe superarse como una forma de un ciclo que se acaba para luego renacer. Debemos afrontarlo con la esperanza real de empezar otro ciclo que se define como eterno y que tantos profetas, filósofos y científicos demostraron la existencia de esa vida que está más allá de esta.

Lo que atesoramos en esta vida es lo que nos llevaremos con nosotros; por ende, lo importante es cultivar en nosotros lo mejor, y lo resumo en hacer el bien sin importar a quién ni esperar nada a cambio. Es aquello que nos servirá para trascender y aquí, en esta tierra, para acceder a esas llaves y claves que abren las puertas que guarda el universo en secreto y que derrama sobre nosotros sus leyes de abundancia que merecemos y que, al nacer, se nos prometieron.

Tomarse el tiempo para sanar las heridas del pasado es fundamental; los minutos del día son como pequeñas gotas de rocío que nuestra existencia debe ir tomando para sanar por dentro esas heridas.

El tiempo consume nuestras pasiones de otros momentos, enjuaga nuestras lágrimas, es fuego que abrasa nuestras penas y las hace cenizas para que el vendaval se las lleve más allá del océano y se hundan en las gélidas aguas del pasado.

Solo allí deben quedar para siempre, sin posibilidad de retorno, para así poder proyectar nuestra existencia hacia la vida que nos propusimos vivir.

Algunas de las frases que me inspiraron en mi infancia y, en particular, fue un libro, aquel de *El principito*, del cual les comparto algunas para reflexionar y acabar este capítulo que me parecieron adecuadas como corolario del mismo.

Es una locura odiar a todas las rosas solo porque una te pinchó. Renunciar a todos tus sueños solo porque uno no se cumplió. Lo hermoso del desierto es que en cualquier parte se esconde un pozo.

Debió juzgarla por sus actos y no por sus palabras.

A veces, tenemos que soportar las orugas si queremos disfrutar de las mariposas.

He aquí mi secreto, que no puede ser más simple: solo con el corazón se puede ver bien, lo esencial es invisible para los ojos.

Caminando en línea recta no puede uno llegar muy lejos.

Es mucho más difícil juzgarse a uno mismo que a los demás, si logras juzgarte correctamente, significará que eres un sabio verdadero.

Dibuja tu propio destino

Capítulo 9:

Los ciclos del éxito

«Pensar es el trabajo más difícil que existe, quizá esa sea la razón por la que haya tan pocas personas que lo practiquen».
HENRY FORD

Confucio, con su inmensa sabiduría, decía que «un viaje de mil pasos empieza por un paso». Pasa lo mismo con los objetivos que uno persigue. Siempre existirá una cierta incertidumbre en cuanto a los objetivos que se persiguen cuando comenzamos un camino.

Al definir con mucha precisión el objetivo, podremos visualizar su realización y así trazar la estrategia escrita, llevando a cabo la realización de su objetivo. Para ello, debemos fraccionar el principal en pequeños objetivos para dar un paso a la vez. Esto es esencial para el éxito.

Una persona feliz no es aquella que posee millones de dólares o las cosas más bellas. Una persona es feliz porque sabe que todas las riquezas, todas las cosas y los acontecimientos materiales no son más que el reflejo de su ser interior.

Se trata de lo que yo llamo «el espejo». La gente a la que frecuentamos en la vida es, de hecho, como espejos que reflejan lo que nosotros somos verdaderamente. Atraemos lo que somos subconscientemente. Por ello la importancia de trabajar nuestro interior con frases motivadoras o mantras recalcando lo que deseamos para nuestra vida, siendo importante cultivar nuestros pensamientos. Es de suma importancia que no juzguemos a los demás, ya que, cuando uno considera que tal persona le desagrada porque actúa de una manera u otra, no hace más que juzgarse a sí mismo. Porque los demás reflejan, de hecho, lo que somos. Enfocarse en no juzgar las cosas ni a la gente porque es nocivo para la mente y para que los pensamientos se orienten hacia lo positivo.

> *Para recibir lo que uno espera de los demás es muy útil dar el primer paso y dar antes de esperar recibir a cambio. Debemos probar ir hacia los demás, debemos intentar comunicarnos, interesarse por sus vidas y ser generosos; ello atrae indefectiblemente riqueza.*

Para empezar a dar el primer paso, debe usted hacerse la primera pregunta: ¿cuál sería el día ideal en su vida? Tal vez, en su interior, no es capaz de encontrar con precisión la respuesta. Tal vez se sienta como una abeja que va de flor en flor sin saber cuál elegir. La vida es, ante todo, cuestión de elegir. Por lo tanto, debe elegir y tener una idea concreta de cómo sería un día ideal, una vida ideal. Hasta que no haya definido su ideal, su objetivo con precisión, su subconsciente no podrá trabajar en su realización.

Dedique un tiempo a reflexionar sobre todo esto. Visualice su vida ideal a partir de su día ideal. Tal vez vivamos en una zona de confort y, como la palabra lo sugiere, estamos muy cómodos allí. Pero esa zona nos lleva a estar apagados, es la zona de la negación, es vivir en negativo, es estar en las sombras, ciego pero cómodo, vivo, respirando, pero en el cementerio antes de tiempo. Cambiamos nuestro tiempo que ya no volverá por las monedas que nos brinda un mísero sueldo mínimo en un empleo común donde no podamos desarrollar nuestros potenciales como en las ventas y alcanzar metas y ganancias siempre soñadas, pero no logradas.

> *El tiempo vale oro y el tiempo perdido es irrecuperable; por ende, cuidémoslo como el oro más preciado porque, si no lo hacemos, cuando miremos*

para atrás a la edad que despierte nuestra conciencia crítica y tengamos que autoevaluar nuestra vida hasta ese momento, puede ser que nos arrepintamos de haber parasitado en esa zona de confort que nos autoimpusimos y meditar sobre lo mucho que no hicimos.

Como ejemplos estarán las anécdotas que no podremos contar a nuestros hijos porque jamás las viviremos, los muchos viajes que no podremos realizar, aquellas experiencias únicas que jamás disfrutaremos, los restaurantes exóticos que no degustaremos, la moda que no pudimos vestir, los espectáculos que no disfrutaremos, el Disney que no conocimos, la Roma o el París que no transitamos, la Nueva York o el Hong Kong que no visitamos, serán los lagos suizos o patagónicos que no excitaron nuestras pupilas, serán los mejores partidos de nuestro deporte preferido que no pudimos alcanzar a ver o aquel mundial de fútbol que siempre nos prometimos y que nunca llegamos a alcanzar. ¿Será el amor de nuestra vida que se fue porque ya no soportó nuestra zona de confort, pues ya no nos alcanzaba para ir a un cine o para una cena que no podíamos pagar?, ¿será aquel atardecer en una playa del Caribe o en las empinadas costas de Amalfi o Capri que jamás podremos lograr disfrutar?

Ese será todo el mundo que nos negaremos por no cambiar de residencia y siempre estar ubicables en nuestra zona de confort.

Dónde nacer, cuánto dinero se tiene o los títulos que se ostentan no determinan el éxito. Solo lo determina la fuerza superior, que es impulsada por ese deseo ferviente por triunfar. Descubrir aquello que nos atrae tanto como para emprender el camino es lo que levantará la pasión, encenderá la alegría, será hacer lo que a uno le gusta y no por el compromiso con nada ni nadie.

El protagonista es, sin duda alguna, su sueño. Aquel que intuimos, pensamos, meditamos, aquel que nace del corazón. Ese mismo que surge de pensar qué necesita la gente, relacionar su sueño con las necesidades del mercado sin dejar de ser fiel consigo mismo, no con el mundo o con el qué dirán. No posponer ni uno solo de sus sueños es la base y dar el primer paso significa «hoy mismo».

«Todo lo que sucede, conviene», dice una vieja frase del budismo zen, por lo que no debemos dar paso a la angustia ante los tropiezos a los que nos exponemos a diario. Saber cambiar de rumbo, saber soltar aquello que no nos complementa, ya sea un trabajo o una relación, es clave para avanzar.

> *En las ventas se forjaron las grandes fortunas. Lamentablemente, pocos son aquellos que saben los secretos de las ventas. Y cuando digo ventas no me refiero a que uno mismo salga con una carpeta bajo el brazo a tocar puerta a puerta, sino que me refiero a crear una red u organización de ventas para obtener riqueza más rápido.*

La mayoría de las personas venden su tiempo por dinero, eso llamo yo a los asalariados que no quieren ir más allá de su zona de confort. Existen otras personas que sí saben de qué se tratan las ventas o lo intuyen y saben que las ganancias las determina uno mismo y no hay límites al respecto.

Vuestras habilidades y motivación valen y se cotizan muy altas, mucho más que un título profesional. Las empresas hoy buscan habilidades, inteligencia para resolver situaciones y mucha motivación. Las empresas no buscan problemas al contratar a alguien, sino solo soluciones. Siempre debemos vender beneficios, vender es la clave de la riqueza. La mayoría de los ricos comenzaron siendo vendedores u organizando una estructura de ventas o red de mercadeo.

Nosotros en México armamos una organización de ventas en un mes para una empresa de telefonía celular. Con una sola oficina y veinte vendedores el primer mes, conseguimos cuatrocientos cuatro planes pos pago a dieciocho meses, mientras que el segundo mes fueron ochocientos ocho, y el tercero, 1296 nuevos clientes, facturando en comisiones medio millón de dólares. Eso fue solo en los tres primeros meses. ¡Sí se puede! Es una misión posible, es solo proponérselo, tener el sueño de ganar ese dinero y poner el plan sobre la mesa.

Para generar riqueza, debemos crear procesos y redes de comercialización que vendan como si fuera una cadena de producción industrial donde los procesos estén tan aceitados que con solo dar seguimiento y *coach* diario unas horas todo se cuadre naturalmente dentro de un contexto de motivación y profesionalismo que estalle en producciones más allá de nuestra imaginación, siguiendo un plan de acción. Ese proceso debe permitirnos vender en forma constante sin que se paren las maquinas.

> *Si meditamos, si nos relajamos, si buscamos la alegría, un estado de felicidad como prima facie de todo o punto de partida, rápidamente arribarán las soluciones. Pensar, sentir y luego actuar, también vale aquello de «cogito, ergo sum», 'pienso, luego existo', del filósofo René Descartes.*

Para el éxito debemos preparar nuestra mente, entrenarla. Trabajamos mejor sin estrés; por ende, debemos alejar todo aquello que nos lo produce, personajes, situaciones, deudas, recuerdos y los malos pensamientos.

Capítulo 10:

Ya tienes tu sueño entre tus manos y ahora que hacer

«El miedo es un sufrimiento que produce la espera de un mal».
ARISTÓTELES

Concentrarse mentalmente, tener la visión final es lo que activa la energía del universo, y todo comienza a fluir, aparece el dinero, aparecen las personas y hasta los empleados correctos. Cuanto más grande es el sueño, más interesante se vuelve la senda y más dinero se hace. Activando la alegría en nosotros mismos se alcanzan los objetivos. Las metas son diarias, una a una, debemos trazar ese mapa día a día.

Es proporcional nuestra alegría a nuestros resultados positivos, las victorias y triunfos que vamos obteniendo. Incluso el aumento de peso proviene del estrés más allá de nuestra dieta. Practiquen la alegría y verán irse esos kilos de más.

Los resultados en las ventas deben ser diarios por *default*. Cuantas puertas o llamadas un vendedor haga y conversaciones realice, estas serán proporcional al resultado de ventas realizadas en caliente, jamás debemos enfriar las ventas, como tampoco nuestros sueños, ni meterlos en un *frízer* por ninguna circunstancia adversa que se nos presente. Avanzar es la consigna.

Escudriñemos solo la alegría diaria con cosas simples, escuchando su música preferida, leyendo un libro, mirando una película en el cine, preparando una cena especial para sus amigos, planificando unas vacaciones cortas, solo deténgase y contemple un paisaje, medite, rece si lo cree necesario.

El eslogan para vendedores y distribuidores asociados de la empresa más grande del mundo en seguridad electrónica rezaba: «Relájate y diviértete», y yo le agregaría hoy: «Emociónate y siéntete ligero».

Las dudas que generan los miedos comienzan ante la falta de energía, y esta empieza cuando nos quedamos quietos. La clave está en movernos; hagamos aquello que nos gusta, realicemos una actividad, visitemos amigos, las dudas paralizan y retrasan nuestros sueños.

Lo contrario a nuestras alegrías son nuestras negatividades y las excusas; no escuchar jamás a la gente que nos dice que no se puede o que nos dice que son solo sueños tontos e irrealizables, es decir, las que conocemos como las relaciones tóxicas.

Es demasiado fácil cuestionar a los demás por nuestro sufrimiento; ¿no sería mejor si cada uno nos cuestionásemos a nosotros mismos y viésemos cuánta culpabilidad tenemos en nuestros fracasos?, ¿cuántas excusas pongo cada día para no ver la luz de la verdad?, ¿cuántas disculpas cada día para negarme a ver la luz?, ¿no seré yo de aquellos que tienen la luz del sol alumbrándolos por delante y prefieren pedir a los demás que le presten una linterna para ver?

Decir «yo no sirvo, no valgo, no puedo, no soy capaz» es decir un «no» siempre, sin arriesgar demasiado, sin salirse de la zona de confort, es quedar encerrado en la propia debilidad sin contar con el poder de la fuerza interior que todos poseemos y que es más fuerte que la propia flaqueza.

Es solo pasar a la acción, aunque tengamos miedo. Los más valientes hombres de la historia siempre han tenido algún miedo que se supera solo con la decisión de pasar a la acción. Los problemas no se solucionan culpando a los demás, sino asumiendo cada uno nuestra responsabilidad y asumirla.

Lo contrario a nuestros sueños son los miedos al fracaso que nos boicotean, miedos a perder esa seguridad que nos brinda un sueldo mínimo de un trabajo tedioso o intentar convencernos de que todo en el país que habitamos ya está hecho y no existen más oportunidades.

La falta de confianza en uno mismo nos oprime y de allí nace la angustia. Lo que debemos eliminar son las quejas, las culpas a uno mismo por un pasado que ya no volverá, el resentimiento, los lamentos constantes, las excusas para no hacer, los enojos y la ira para con nuestro entorno más cercano; echar culpas a otros por lo que nos sucede es devastador, tratando de auto convencernos de que somos una víctima de las circunstancias y no asumiendo nuestros errores.

El siguiente paso es mentalizar el subconsciente, hacer creencia, cultura de su sueño, plantarlo allí para que florezca, reprogramándolo, pues será la única forma de poder renacer desde su interior. Si aparecen dudas, córtelas como expliqué, buscando en ese mismo momento la alegría en aquello que le complace; avanzar un escalón en la escalera a la cima todos los días, aunque pequeño sea, es parte fundamental del camino.

Se debe hacer una agenda diaria con objetivos pequeños que cumplir; tacharlos a medida que los obtenga es un ejercicio muy bueno. Yo, en mi caso particular, usaba *liquid paper* para ello. Hoy en día manejo la agenda en mi celular y borro aquellos pequeños o grandes objetivos alcanzados y los voy priorizando, es muy higiénico mentalmente adoptar esta gimnasia para el cerebro y paz interior que le llevará a una satisfacción importante al final del día por los objetivos diarios logrados.

Confeccionemos una pizarra con nuestros sueños y sus alcances. Escribamos y peguemos en ella fotos de nuestro futuro auto, nuestra futura casa que deseamos, de nuestros hijos, de nuestros futuros viajes, la vida y deseos que, en definitiva, fervientemente queremos obtener.

Ello nos ayudará a visualizar más fácilmente. Debemos visualizar todo el proceso y el resultado en concreto, debemos adquirir ese convencimiento de que ya es real en nuestra vida, debemos sentirlo con nuestros cinco sentidos, olerlo, tocarlo, mirarlo e imaginarlo.

De la espiritualidad o, mejor dicho, desde dentro de nuestro espíritu surgen los pensamientos en algún momento como chispa de inspiración, como una corazonada; de allí debemos alcanzar la nueva actitud ante esta revelación y así llegar a la etapa del entusiasmo y alcanzar a vivir dentro de su sueño y por su sueño.

Para ello debemos desarrollar el coraje para huir de la zona de confort. En mi caso, me sucedió siempre; cuando ya me doy cuenta de que me veo ingresando en esa zona de confort e intuyo que me estoy aburriendo, emprendo nuevamente. Tal vez sea un emprendedor compulsivo, supongo.

La vida es movimiento, la vida es lograr las metas, la vida es primero conquistar la espiritualidad interior y luego ir por el dinero en abundancia. El dinero es una manifestación de la riqueza que reside en cada uno de nosotros. Con convicción y acción desaparece el miedo. Ponerse en marcha, adquirir el compromiso de avanzar diariamente es la condición. Pasar a la acción siguiendo nuestra intuición es la clave.

Cuando nos invade una corazonada intensa es que recibimos un mensaje. Tengo varios ejemplos en mi vida. La primera que me viene a la memoria es aquella que tuvo mi esposa, ella siempre fue de tener muchas corazonadas, es un don, es casualidad, no lo sé, solo sé que es como que recibiera mensajes de su ángel por descifrar.

Una vez, cuando todo parecía derrumbarse en nuestro entorno, en nuestra empresa, pues había llegado un nuevo director en México en 2006 con la consigna de reducir a la mitad las comisiones de los distribuidores, ella, mi socia, en un cruce de caminos entre oficinas, en nuestra sede de cuatro pisos que teníamos en la zona rosa de esa ciudad, le dijo a un empleado administrativo que la comunicara con una empresa de telefonía celular que le latía en el corazón para solicitar un distribuidor. Yo le dije que no perdiera su tiempo, jamás tomarían a una empresa que venía de vender alarmas —ese era mi paradigma—. Ella insistió, yo no me opuse, es más, creo que esbocé una sonrisa riéndome del hecho con sarcasmo. Logró la reunión, al poco tiempo estábamos firmando la distribución y, al cabo de tres meses, éramos los primeros en ventas de todo el país, facturando doscientos mil dólares al mes. Increíble, pero real. Si el plan no funciona, debemos cambiar de plan o estrategia, pero jamás de sueño.

El camino del soñador es solitario y silencioso, su sueño debe ser un secreto hasta que lo alcance, sabiendo que la gente tiene poder en la mente, las envidias existen, las malas vibraciones también. Y ellas son como ondas de radio que perturban su buen campo magnético que vibra en positivo.

Los obstáculos siempre existirán; ellos nos moldean para el éxito, nos forjarán como el metal en la fragua o como el oro que debe pasar por el fuego para obtener su brillo. Ante los obstáculos solo nos queda confiar en la perseverancia, la fe, la paciencia y la visión.

Nos tropezamos una, dos y hasta tres veces con las mismas pruebas hasta aprender las lecciones que nos enderezaron el camino. Muchos también abandonan antes del último esfuerzo. Visualizar es el «lenguaje» de la mente, el modo de poder comunicarse con el subconsciente y de influenciarlo con el propósito de alcanzar el éxito.

La importancia de valorar cada instante del presente es fundamental. Actuar en el presente con entusiasmo es cuando podrá ir más deprisa al éxito y a su realización personal. El éxito conlleva cambiar de forma radical su manera de percibir las diferentes cosas de la vida.

Desear con pasión superar toda duda. Los sueños deben tener dirección, es decir, una guía por la cual transitar, un proceso en el cual enfocar todas nuestras metas y un propósito, es decir, un decirle al subconsciente para qué lo hace.

Nuestro entorno nos moldea desde niños, de allí surgen las creencias que nos determinan y, de ellas, los miedos que nos dominan. La familia nos programa para bien o, a veces, para mal en el sentido de la prosperidad, y cuando tratamos de romper el molde, nos convertimos en la oveja negra de la familia. Triunfar significa alejarse de lo establecido, encontrar la pasión y lanzarse al vacío.

¿Sabía que Meryl Streep ganó dieciocho Oscar luego de que la rechazaran en la audición del film *King Kong* porque era fea, según le dijeron, de lo cual disiento? Ello la impulsó hasta el infinito. Imagínense que Meryl se hubiera bloqueado y angustiado, ¿de quién serían esas dieciocho estatuillas Oscar tan codiciadas?

Los bloqueos psicológicos son una especie de cerrojos, de candados, que bloquean precisamente nuestras energías interiores e impiden que los potenciales ocultos salgan a la luz. Muchas veces las energías subconscientes negativas se acumulan durante la infancia, adolescencia y vida adulta.

Tenemos que saber que la victoria es un mecanismo que está basado en el fracaso y en el éxito, alternativamente. Cometiendo errores es como se aprende y como se puede corregir el rumbo que llevamos. Esto no es una visión del espíritu o de la mente, sino una estricta realidad científica y metafísica; gracias a los errores, progresamos y evolucionamos.

La vida debemos comprenderla como una especie de obra de teatro en la que jugamos un papel, el principal.

Según el principio filosófico hindú, la vida material no es más que un sueño consciente. Para ello, la visualización mental es fundamental.

Visualizar la persona que le gustaría ser, la vida que querría tener, las cosas que querría poseer. La victoria y el dinero no son más que manifestaciones exteriores de su ser interior.

Imaginación significa crear imágenes o, dicho de otro modo, la imaginación no es nada más que la visualización mental. Existe su espíritu racional que le dicta de alguna manera que no le es posible llevar a cabo esto o lo otro. En cambio, por el poder de la imaginación, usted puede conseguir todo lo que desee. Por eso es necesario que visualice la realización de lo que desea conseguir.

La ley de la atracción es un fenómeno cuya existencia está bien establecida. Buda fue uno de los primeros en hablar de la ley de la atracción. Él dijo: «En lo que usted se ha convertido es en lo que ha pensado». Y en la Biblia se expresa en estos términos:

«Recogerás lo que hayas sembrado». Gandhi, por su parte, la definió así: «Mantén tus pensamientos positivos porque se convierten en tus palabras. Mantén tus palabras positivas porque se convierten en tus comportamientos. Mantén tus comportamientos positivos porque se convierten en tus hábitos. Mantén tus hábitos positivos porque se convierten en tu destino». Y Voltaire, filósofo francés, resumió la ley de la atracción en estas palabras: «He decidido ser feliz porque es bueno para la salud».

Preocuparse significa 'ocuparse por anticipado'. Ahora bien, no sirve de nada ocuparse por anticipado, porque la única libertad de acción que tiene para influenciar su futuro es actuar en el presente. Actuar es el antídoto para este veneno; ante la preocupación que envilece el alma debemos tomar las medidas necesarias en el sentido de la resolución del problema, inquietarse es aumentar la carga emocional negativa.

La consigna es ocuparse, no preocuparse. La cita del poeta francés Boileau, «volved a emprender veinte veces vuestra obra, pulidla sin cesar y volvedla a pulir», significa que solo en las cosas en las que se trabaja incansablemente se consigue la realización personal.

Las circunstancias diarias son como un laberinto,
solo ocúpate nunca te preocupes

Capítulo 11:

El circuito del éxito

«No nos gusta el sonido que tienen y, además, la música de guitarra ya pasó de moda».
Ejecutivo de DECA que rechazó a The Beatles en 1962

El esquema expuesto a continuación es el flujo de cómo se encuentra uno con el éxito o cómo, en su defecto, se pierde en el camino. Es un circuito que debemos recorrer cargado de energía positiva que comienza desde la elección del lugar donde vamos a desarrollar nuestra empresa, ya sea país, ciudad, barrio, donde cada cual tiene implícitas una energía y una frecuencia determinada.

Para ello, antes de emprender, debemos eliminar las preocupaciones, alejar el pensamiento nocivo que nos produce pensar en deudas, en dudas y en los miedos. Entonces estaremos listos para empezar el circuito que nos conduce hasta coronarnos con los laureles de la victoria final. No importará dónde nacimos ni si tenían dinero o no nuestros padres, tampoco influirá si somos profesionales o estudiamos una carrera corta o ninguna; son todos factores que no son condicionantes *sine qua non* para lograrlo. Debemos ser conscientes de que será un camino solitario y en silencio para no despertar las envidias de quienes nos rodean. Los sueños se sueñan en secreto siempre.

Debemos sentir pasión por aquello que emprenderemos, porque ello enciende la chispa de la alegría por buscar aquello que nos atrae donde los sueños se intuyen; es una corazonada intensa directa a nuestra mente desde el centro de nuestro corazón.

En ese momento no debemos postergarlo, sino pensarlo y meditarlo. Saber que estamos en el camino correcto cuando incluso lo haríamos gratis simplemente por la pasión que nos lleva el estar en contacto con ese trabajo que comenzaríamos desde esa luz que se enciende en nuestra mente como primera fase de inspiración. Para ello, podemos hacer una lista de nuestras preferencias para tener un punto de apoyo para desarrollar nuestra idea de negocio y pasión. Para ello, debemos detenernos y meditar, escuchar música y respirar una bocanada de aire puro.

Meditar acerca de qué necesita el mercado, escudriñar un nicho del mismo. En todo este proceso, debemos saber que es una aventura feliz. Cuanto más grande es el sueño, más interesante será lograrlo. Sentirlo con los cinco sentidos se hace condición, definirlo con palabras precisas y específicas se hace inevitable para darle vida desde la tinta.

Lo que viene inmediatamente después es la visualización del sueño hecho realidad, porque ello activará la energía del universo y las leyes que lo rigen. También es un disparador de la alegría, a la cual debemos alimentar de cosas simples. El trabajo debe implicar como socia indispensable a la felicidad, las quejas ahuyentan lo bueno que se dirige a nuestra vida, debemos sentirnos ligeros de todo peso que nos abrume, y ello se logra reprogramando nuestra mente con ejercicios de mantra positivos diarios, sembrando con ellos el subconsciente con las semillas de sus sueños.

Tendremos que fomentar una cultura de nuestro éxito viviendo en el mismo, como si ya fuera una realidad concreta, porque en verdad ya lo es; si lo hizo cultura y está firme en su mente, es una verdad absoluta en esta dimensión. Sabemos que del espíritu nace el pensamiento y luego llega la palabra a nuestros labios, y de la misma surgen las afirmaciones positivas y negativas —las quejas—. Las afirmaciones crean nuestras experiencias aquí y ahora y de las mismas nacen las creencias que crean nuestras vidas para bien o mal.

Nuestros pensamientos despiertan pasiones, pues llevan incluido el poder del sentimiento. Por ende, la consigna más poderosa es el *big bang* de nuestra mente, precisamente cambiar el estado de ánimo a positivo, pues en ese momento cambia la frecuencia de vibración y genera el entusiasmo que necesitamos cual gasolina para movilizar nuestro destino.

De la emoción nace la alegría y desde esos pensamientos positivos se generan las palabras positivas que atraen indefectiblemente acciones en ese mismo sentido y generan la pasión.

Ponerse en marcha atrae el coraje, genera compromiso y la convicción que elimina los miedos. La frecuencia de vibración magnetiza y atrae todo aquello que vibra en la misma sintonía que nosotros; por ende, magnetizando nuestro subconsciente magnetizamos nuestro futuro y todo sucede solo en un instante, así como en un instante nacemos o morimos, nos enamoramos o tomamos decisiones, también en un instante suceden los cambios positivos. Cuando aparece en nuestra mente esa explosión de ideas y pensamientos positivos generados por nuestro cambio de polos en el circuito de nuestra mente, se produce el cambio de vibración en nuestro ser. En conclusión, el éxito parte desde la alegría del espíritu.

*El miedo no es real, solo es producto
de los pensamientos que creas*

Capítulo 12:

El cortocircuito del éxito

«Miremos más que somos padres de nuestro porvenir que hijos de nuestro pasado». MIGUEL DE UNAMUNO

El entorno nos va moldeando cual el viento y el mar esculpen las piedras con el pasar del tiempo. Es allí cuando surgen los miedos y las creencias. Es un flujo pesado donde se rompe el circuito que nos conduce al éxito. Uno de los factores fundamentales del cual partimos es la falta de actitud positiva que desencadena este cortocircuito con el éxito, y esta falta de actitud positiva aparece por la falta de amor a nosotros mismos y a nuestro entorno.

Amor es antónimo de odio, envidia, aburrimiento, decepciones, frustraciones, crítica, culpas, pensamientos de venganza. Ese es el cóctel explosivo de nuestro cortocircuito para con el éxito. Reaccionar ante las circunstancias en negativo genera preocupación, lamentaciones, frecuencias y vibraciones negativas y, a la vez, es un factor que degenera en enfermedad espiritual que proviene de emociones fuertes negativas que experimentamos en el circuito de la vida, promoviendo el estrés y los miedos.

Desesperarnos genera más negatividad, y lo vemos cuando pensamos en negativo en cuanto al dinero o al éxito; veremos que estos no llegan a nuestras vidas y empezamos a experimentar carencias. Si hay falta de dinero es porque existe más negatividad en los pensamientos que sentimientos positivos y deviene en la falta de pasión por lo que se está haciendo. Es allí donde aparecen los fantasmas de las preocupaciones, y digo fantasmas, pues solo eso son la mayor parte de las veces, vivimos afanándonos por cosas que jamás ocurrirán.

La solución es cambiar la dirección de lo que se hace, pues si no, aquellos fantasmas nos paralizan; al tener miedo al fracaso, nosotros mismos nos boicoteamos. En muchas ocasiones, hasta tenemos miedo de terminar con relaciones tóxicas sin darnos cuenta de que son solo estabilidades ficticias que nos creamos como verdaderas.

Tenemos miedo a perder el trabajo, la salud, los ahorros, la seguridad y hasta la libertad. Es un enjambre de miedos desde donde se proyectan y aparecen las dudas y las excusas, tales como: «Todo ya se ha inventado», «no hay nada más que innovar», «estoy demasiado viejo para esto o aquello», y una larga lista.

De este enjambre nacen la falta de confianza en uno mismo, las quejas, las culpas, el resentimiento y los lamentos. Debemos soltar aquello que no nos suma, aquello que no aporta nada positivo a nuestras vidas, aquello que nos deja sin energías.

Sentimientos como la envidia, los celos o el resentimiento son cosas que nos retrasan en la vida en el plano económico fuertemente. Un coordinador de ventas en Panamá una vez me dijo una frase que hice propia, un tiempo después, pues así lo pude comprobar cuando me enfoqué en descubrir esa torpeza en algunas personas. Él me comentó: «Cuando una persona es envidiosa, todo en la vida le falla, le va mal en el amor o en los negocios, en el trabajo o en la relación con las personas. Todos sus planes se caen indefectiblemente porque no vibra precisamente en la frecuencia del amor».

Para cortar este cortocircuito que podemos experimentar en algún momento de nuestras vidas, debemos andar paso a paso y avanzar un escalón por vez, conquistar una meta diaria, aunque esta pareciera pequeña.

Nunca hablar de los problemas porque uno queda anclado en los mismos, ocuparse y anotarlos uno a uno y resolverlos e ir tachándolos en la agenda de nuestras vidas; no debemos pensar en aquello que no deseamos.

Sufrir y lamentarse aportan solo negatividad que debemos combatir en ese instante con buena música o salidas a pasear, al cine o tan solo caminar en un parque. Siempre debemos cuidar el diálogo interno, aquello que nos decimos a nosotros mismos, prohibiéndonos hablar de deudas, dudas, quejas, etc. En definitiva, caminar ligero de mente proporciona apertura de la misma y crea nuevos lugares donde albergar nuestros mejores pensamientos y el desarrollo de proyectos.

Estamos acostumbrados en esta sociedad actual a transmitir más mensajes y noticias negativas como si estas llenaran un instante nuestros corazones el escucharlas para luego abordar más temas negativos que positivos; es como una espiral de la cual no podemos salirnos. Sepamos que los obstáculos que se nos presentan nos forman, nos esculpen para el futuro como el fuego moldea el oro. El sentir en negativo se multiplica siempre y hay que frenarlo con fe, paciencia y constancia en los proyectos.

Seamos específicos en qué se quiere lograr, anotarlo y definirlo, describirlo con palabras, la toma de conciencia le resta poder al sentimiento negativo; por ende, imaginemos el placer de dominar los pensamientos y emociones, pensando en los buenos momentos, realizando una acción que nos complete espiritualmente a diario.

EL CIRCUITO DEL EXITO

Eliminar preocupación, deudas, dudas para poder partir con la mente en blanco.	Cada ciudad o país tienen una frecuencia determinada.	No importa. Donde se nace. Con cuanto dinero. Si se es profesional. Factores que NO HACEN AL EXITO.	Fuerza Superior. Camino solitario y en silencio. Tus sueños se sueñan en secreto.	De esa fuerza superior nace el Deseo Ferviente por triunfar. Estar convencido.
Cosas Simples. Escuchar música. Leer libro. Film cómicos. Contemplar paisajes. Una cena con amigos. Salir un fin de semana. Dormir siesta y meditar.	No postergarlo. Pensarlo. Meditarlo.	Intuir tu sueño. Se presenta como intensa corazonada.	Enciende la alegría de hacer y buscar lo que nos gusta.	Pasión por lo que te atrae.
	Que trabajo harías gratis, que hobby te gusta, hacer una lista de todas tus preferencias.	Estudiar que necesita la gente. Buscar el nicho de mercado.	Perseguir tu sueño y atraparlo es una aventura feliz.	Cuanto mas grande sea mejor y mas interesante.
Todo lo que sucede es para nuestro bien si obramos bien.	Activa la alegría a diario con cosas simples.	VISUALIZAR. Activa la energía del Universo y sus leyes.	Tener la visión del proceso y del resultado final. ¡Visualizar!	Concentrarse Aquí y ahora. Siéntelo con los 5 sentidos. Definirlo con palabras precisas, ser específico, escribirlo, leerlo diario.
	El trabajo debe implicar alegría.	Diviértete, relájate, emociónate siéntete ligero.	Reprograma tu mente con ejercicios de mantras a diario.	Mentaliza tu sub consiente. Debes sembrarlo de las semillas de tu sueño.
Queres alegría la atraes.	Afirmaciones creen las experiencias aquí y ahora.	De la palabra nacen las afirmaciones positivas y negativas. (quejas)	Del Espíritu nace el pensamiento y llega la palabra.	Haz una cultura de tu sueño, fomenta la creencia en él, vive en el como si ya fuera.
Para lograr Afirmaciones positivas nos apoyamos en los mantras del éxito.	Afirmaciones son tus creencias y estas crean tu vida.	El pensamiento despierta pasión, lleva el poder de tu sentimiento.	Cambiar estado de animo a positivo.	Cambiar de actitud, cambia la frecuencia de vibración y genera entusiasmo.
Ayudarnos con una pizarra y fotos de nuestros sueños y objetivos. Repasarlas a diario.	Nuestra frecuencia de vibración magnetiza y atrae todo aquello que vibra en la misma sintonía.	Pasar a la acción, ponerse en marcha atrae el coraje para irse de la zona de confort y genera compromiso y convicción que eliminan el miedo y las dudas.	Palabras positivas atraen acciones positivas, genera excitación y pasión.	De la emoción nace la alegría y el pensamiento positivo.
	Magnetizando nuestro subconsciente, magnetizamos nuestro futuro y... TODO SUCEDE	Pensamiento + visión + pasión + sentimiento = materialización del deseo.	Dar las gracias por todo y por nuestros pensamientos +	LLEGADA A LA META DEL ÉXITO QUE PARTIO DESDE LA ALEGRIA DEL ESPIRITU.

EL CIRCUITO DEL EXITO

- Cada ciudad o país tienen una frecuencia determinada

- No importa Donde se nace ni con cuanto dinero

- ni si se es profesional Son factores que NO HACEN AL Éxito

- Existe una Fuerza Superior. El camino es solitario y en silencio. Tus sueños se sueñan en secreto

- De esa fuerza superior nace el deseo ferviente por triunfar Debemos estar convencidos

- Debes sentir pasión por lo que te atrae, esa es la respuesta, tu norte, tu pasión

- Esa pasión enciende la alegría de hacer y buscar lo que nos gusta

- Intuir tu sueño. Se presenta como una intensa corazonada siempre

- No postergarlo: Solo pensarlo y meditarlo

- Pregúntate: Que trabajo harías gratis, que hobby te gusta. Hacer una lista de todas tus preferencias, allí encontraras respuestas

- Estudiar que necesita la gente. Buscar el nicho del mercado. = Eliminar preocupación, deudas, dudas, para poder partir con la mente en blanco

- Perseguir tu sueño y atraparlo es una aventura feliz

- Cuanto mas grande sea, mejor y mas interesante

- Concentrarse. Aquí y ahora. Siéntelo con los 5 sentidos. Definirlo con palabras precisas, ser especifico, escribirlo, leerlo a diario

- Tener la visión del proceso y resultado final ¡Visualizar! Es la clave

- Visualizar: activa la energía del Universo y sus leyes

- Activa la alegría a diario, con cosas simples

- El trabajo debe implicar alegría

- Diviértete, relájate, emociónate y siéntate ligero

- Reprograma tu mente con ejercicios de mantras a diario

- Mentaliza tu subconsciente. Debes sembrarlo con las semillas de tu sueño

- Haz una cultura de tu sueño, fomenta la creencia en él, vive en el como si ya lo tuvieras en tu poder

- Del espíritu nace el pensamiento y llega la palabra

- De la palabra nacen las afirmaciones positivas y negativas también (las quejas) Las quejas alejan la alegría

- Las afirmaciones crean las experiencias aquí y ahora

- Afirmaciones son tus creencias y estas crean tu vida

- El pensamiento despierta pasión lleva el poder de tu sentimiento

- Cambiar el estado de animo a positivo

- Cambiar de actitud cambia la frecuencia de vibración y genera entusiasmo

- De la emoción nace la alegría y el pensamiento positivo

- Palabras positivas atraen acciones positivas y generan

- Para lograr afirmaciones positivas nos apoyamos en los mantras del éxito

- Pasar a la acción, ponerse en marcha el coraje para irse de la zona de confort y genera el compromiso y convicción que eliminan el miedo y las dudas

- Nuestra frecuencia de vibración magnetiza y atrae todo aquello que vibra en la misma sintonía

- Magnetizando nuestro subconsciente, magnetizamos nuestro futuro y ... TODO SUCEDE

- Pensamiento + visión + pasión + sentimiento = =materialización del deseo

- Dar las gracias por todo y por nuestros pensamientos positivos. EL Universo es abundancia. Miremos a nuestro alrededor para darnos cuenta.

- LLEGADA A LA META DEL ÉXITO QUE PARTIO DESDE LA ALEGRIA DEL ESPIRITU. No existe otra zona de partida mas que desde la felicidad interior.

Cosas simples cambian frecuencias. Escuchar música, leer un libro, ver un film cómico, Contemplar paisajes, Una cena con amigos. Salir un fin de semana. Detenerte y meditar

Todo lo que sucede es para nuestro bien si obramos bien

Ayudamos con una pizarra y fotos de nuestros sueños y objetivos es de gran ayuda. Repasarlos a diario

EL CORTOCIRCUITO EN EL CICLO DEL EXITO

El entorno lo ha moldeado= surgen miedos y creencias

- Falta de actitud positiva por falta de amor.
- Amor antónimo de Ira, Odio, Envidia, Aburrimiento, Decepción, Frustración, Crítica, Culpas, Venganza.
- Reaccionar en negativo genera:
- Preocupación, Lamentación, Frecuencia y vibración negativa
- Genera enfermedad = emociones fuertes negativas = estrés, miedos.
- Desesperación genera más negatividad.

- Miedo a terminar, a finalizar relaciones tóxicas.
- Al tener miedo al fracaso nosotros nos boicoteamos.
- Nos paralizan
- Aparecen los miedos, las preocupaciones. La solución: CAMBIA de dirección en lo que haces.
- Si hay falta de dinero es porque siento mas negatividad en los pensamientos que seriamente positivos. Falta de dinero por lo que se esta haciendo.
- Pensar en negativo con respecto al dinero o al éxito experimenta carencias.

- Miedo a perder estabilidades ficticias
- Miedo a perder el trabajo, la salud, ahorros, seguridad, libertad.
- Todo cambia todo se transforma, nada es eterno, solo el amor.
- De los miedos aparecen las dudas.
- De los miedos parten las escusas.
- Todo ya esta logrado, no hay mas nada que inventar, estoy demasiado viejo para esto, etc.

- No tenar de problemas, pues uno quedaran todos en otra, en otra ha habido otros problemas de los cuales...
- Las metas son un dia a dia. Tener claros objetivos realizables.
- Avanzar un escalón diario.
- Para cortar el ciclo del cortocircuito con el éxito debemos
- Debo soltar aquello que no nos suma que no nos aporta cosas positivas, aquello que deja sin energía.
- De los miedos aparecen la falta de confianza en uno, las quejas, las culpas, resentimiento, lamentos.

- Ocuparse no preocuparse.
- Trabajo no va bien es por un sentir negativo de falta de éxito.
- No pensar en lo que no deseamos.
- Sufrir aporta negatividad.
- Distraer nuestra mente cuando anidan pensamientos negativos con música salidas etc.
- Cuidar el dialogo interno. Lo que nos decimos a nosotros mismos, lo atraemos.

- Ante obstáculos, fe, paciencia, perseverancia
- El sentir negativo se multiplica siempre, hay que frenarlo
- Nos tropezamos una, dos y hasta tres veces hasta aprender la lección.
- Los obstáculos nos forman para el éxito como el fuego moldea el oro.
- Hoy se transmite mas negatividad que temas positivos
- Prohibido hablar de deudas, dudas, quejas, de lo mal de la economía.

- Mundo dual: pobre o rico, negativo o positivo, dar recibir, masculino femenino
- Enfocarse en si se puede "la misión no posible", visualizar y ponerse en marcha.
- Ser especifico en lo que se quiere lograr, anotarlo y definirlo, describirlo con palabras
- Alejarse y buscar inmediatamente cosas que te guste a uno realizar cuando surgen las dudas.
- Tomar conciencia le resta poder al sentir negativo.
- Imagina tu placer, domina tus pensamientos y domineras tus emociones.

Piensa y siente con pasión tu sueño

Piensa en los buenos momentos, realiza una acción que te llene espiritualmente.

EL CORTOCIRCUITO

- El entorno nos moldea de allí surgen miedos y creencias

- Falta de actitud positiva es por falta de amor

- Amor es antónimo de ira, odio, envidia, aburrimiento decepción, frustración, critica, culpas, venganzas

- Reaccionar en negativo genera: preocupación, lamentación, frecuencia y vibración negativa

- Genera enfermedad espiritual=emociones fuertes negativas

- Desesperación genera mas negatividad

- Pensar en negativo con respecto al dinero o al éxito se experimentan carencias

- SI hay falta de dinero es porque existe mas negatividad en tus pensamientos que sentimientos positivos. Falta de pasión por lo que se esta haciendo

- Aparecen los miedos y las preocupaciones

- Todo ello nos paraliza

- Al tener miedo al fracaso nosotros nos boicoteamos

- Miedo a terminar a finalizar relaciones toxicas

- Miedo a perder estabilidades ficticias

- Miedo a perder el trabajo, la salud, los ahorros, la seguridad, la libertad.

- Todo cambia todo se transforma nada es eterno, solo el amor

- De los miedos aparecen las dudas

- De los miedos parten las escusas

- Todo ya esta logrado, no hay nada que inventar, estoy demasiado viejo para esto, demasiado cansado, etc.

- De los miedos aparecen la falta de confianza en uno las quejas las culpas el resentimiento los lamentos

- Debo soltar aquello que no nos suma que no nos aporta cosas positivas aquello que nos deja sin energía

- Para cortar el ciclo del cortocircuito con el éxito debemos: avanzar un escalón diario

- Las metas son día a día. tener claros objetivos realizables siempre

- No hablar de problemas pues uno queda andando en ellos. No meterse en los problemas de los demás

- Ocuparse no preocuparse

- Trabajo no va bien es por un sentir negativo de falta de éxito

- No pensar en lo que no deseamos

- Sufrir aporta negatividad

- Distraer nuestra mente cuando arriban pensamientos negativos con música paseos, cine, etc.

- Cuidar el dialogo interno. Lo que nos decimos a nosotros mismos, lo atraemos

- Prohibido hablar de deudas, dudas, quejas, de lo malo de la economía

- Hoy se transmite mas negatividad que temas positivos

- Si el plan no funciona cambia el plan no tus sueños

- Los obstáculos nos forman para el éxito como el fuego moldea el oro

- Nos tropezamos una dos y hasta tres veces hasta aprender la lección

- El sentir negativo se multiplica siempre, hay que frenarlo

- Ante los obstáculos: fe, paciencia y perseverancia

- Es un mundo dual: pobre o rico, negativo o positivo, dar y recibir, masculino y femenino

- Enfocarse en el "si se puede ""la misión es posible" visualizar y ponerse en marcha

- Ser específicos en lo que se quiere lograr, anotarlo y definirlo, describirlo con palabras

- Alejarse y buscar inmediatamente cosas que les guste a uno realizar cuando surgen las dudas

- Tomar conciencia le resta poder al sentir negativo

- Imagina tu placer domina tus pensamientos y dominaras tus emociones

- Piensa en los buenos momentos, realiza una acción que te llene espiritualmente

- Piensa y siente con pasión tu sueño

PARTE II

Nuestras experiencias en 8 países
como emprendedores

Capítulo 1:

Más allá de las fronteras

«Estoy siempre alegre, esa es la manera de solucionar los problemas de la vida».
CHARLES CHAPLIN

Conocimos más de treinta y cinco países en quince años e hicimos asesoramientos empresariales a multinacionales en ocho países de Latinoamérica y Europa. En ellos confirmamos nuestra teoría de que es posible hacer negocios donde uno proyecte o, mejor dicho, donde uno se sienta a gusto con la gente del lugar, las ciudades, la moneda, y los Gobiernos que conducen esas economías.

Esto último es muy importante destacarlo. Imaginen hoy hacer negocios en países dominados por el caos social y económico o en lugares donde hubo recientes catástrofes naturales, y tampoco sería posible desarrollar nuestra empresa en ese tipo de lugares donde se persigue la inversión extranjera.

Son condicionantes de nuestro proyecto los costos económicos que hay que saber, el costo de vida, de un automóvil, los alquileres de cien metros a un precio que no exceda los setecientos dólares o euros, que la compra en el súper no supere los ciento cincuenta dólares o euros con un carrito lleno, donde una salida a un restaurante no sea una vez al año, sino cada fin de semana, donde la gasolina esté a un buen precio y un tanque se llene con cincuenta dólares o euros, donde los impuestos al consumo no superen los veinte puntos y la renta se mantenga en porcentajes normales y no descabellados para el crecimiento, donde la parte laboral sea flexible y los sueldos básicos sean bajos para poder pagar el seguro social acorde y así dejarnos espacio para pagar importantes premios a la producción y no grandes sumas a sostener empleados improductivos, donde las cargas impositivas iniciales nos permitan comenzar a emprender con poco capital y sea fácil inscribir una empresa en una cámara de comercio local, entre muchos otros temas que deberíamos tomar en cuenta en el momento de la elección de nuestro proyecto de vida.

Explico que nuestros empleados promedio en premios ganaban más de mil dólares y sus coordinadores rondaban los cuatro mil mensuales, mientras que el sueldo base que pagábamos no superaba los trescientos dólares, y así el pago de la seguridad social se hacía asequible, pero todos ellos eran productivos, generaban riqueza para la empresa y, por ende, en espejo les proporcionaba vidas jamás imaginadas cuando en sus países los ingresos del 90 % de la población no superaban esos trescientos.

Donde abunde el crédito, la inversión extranjera y haya un mercado grande en expansión con ciudades con más de dos millones de habitantes son potenciales para nuestro desarrollo.

Nuestro negocio fue enfocado a la venta y distribución de productos o servicios para grandes compañías internacionales. Si sentimos que el rubro en el que nos encontramos no nos inspira, no debemos continuar, ni siquiera comenzar; debemos apasionarnos de verdad por lo que estamos haciendo. La pasión mueve al mundo. Sin ella, todo es mediocridad y nada de lo que hagamos tendrá sentido.

Nuestros conceptos pueden ser aplicables en todos los rubros, pero nuestra experiencia aconseja buscar lo atractivo a nuestra esencia en el país o ciudad que más nos lata en el corazón, con productos que conlleven un consumo masivo y satisfagan las necesidades del mercado.

En nuestra trayectoria empresarial, incursionamos como agentes oficiales de grandes marcas, también en el armado de eventos y exposiciones, campañas publicitarias, gastronomía con cuatro restaurantes, *marketing*, turismo juvenil, comunicaciones, seguridad electrónica, entrenamiento y *coach* de ventas. Todos ellos fueron encarados con una mínima inversión, mucha dedicación y pasión para alcanzar los resultados buscados.

Descubrimos en cada uno de ellos que, siempre que actuamos con la misma pasión que empleamos desde el primer día, todo incipiente negocio tiende a crecer exponencialmente en algún momento si está bien desarrollado, organizado y pensado.

La organización y planificación de negocios siempre fue mi fuerte, la organización, capacitación y motivación de ventas, cuestión que me apasiona y donde la pasión no puede decaer por el ritmo desenfrenado que implica nuestro método de trabajo. A mi favor, siempre conté con el apoyo incondicional de mi esposa, que fue mi socia en cada proyecto y terminó siendo el *alma mater* de los mismos y quien, con suma experticia, le diera la fuerza que algunas veces faltaba al equipo para continuar en los peores momentos de existencia de los mismos.

Debemos transmitir a nuestro equipo de trabajo fuerza, organización, energía y objetivos concretos. Hay que aplicar dureza cuando corresponda, sumada a la buena conducción de los líderes que nos acompañen, que será de fundamental importancia, pues son ellos quienes transmitirán nuestra idea al resto de la estructura, que hará que se materialice en resultados concretos durante toda la jornada de trabajo.

Vimos a través de los diferentes países y ciudades que todas las personas adolecían de las mismas necesidades de capacitación, motivación y conducción, carecían de metas claras de producción y no sabían definir o transmitir cuál era el norte de la compañía.

En ocasiones aparece la envidia en el entorno, el boicot de aquellos en quienes más confiamos puede acaecer también. Parece como que una energía oscura envolviera el ámbito de desarrollo de nuestros proyectos. Un sentimiento muy fuerte que, lamentablemente, afecta más que cualquier otra cosa y que proviene de la mente de la gente que nos rodea, las cuales envían misiles cargados de envidia y mala energía que son más dañinos que un terremoto de grado nueve y que debemos eliminar apenas detectado el personaje de nuestro entorno.

> *Esa mala energía es comparable con una nube piroclástica llena de negatividad y oscuridad que desciende por la ladera del más temido volcán, cubriendo a más de mil grados todos sus proyectos. Como corolario, debemos aislarnos de personajes negativos, por más cercanos a nuestros sentimientos los hayamos considerado alguna vez; son lo que llamamos empleados tóxicos.*

Evitar las relaciones dañinas

Muchas veces no solo son algunos empleados, amistades o familiares los que dañan nuestro entorno, también podemos encontrar a nuestras exparejas, las cuales pueden ser las más perjudiciales y tener los deseos encontrados más fuertes. Si uno está desprevenido y su mente no está pasando por un buen momento positivo, es seguro que nuestro contacto será casi letal. En esos casos, debemos cortar definitivamente esa relación enfermiza. De nada sirve mantenerla en un nivel de amistad, pues nos puede perjudicar en nuestros objetivos de hacer una fortuna. Ya tendremos tiempo de sobra para conseguir un mejor partido como pareja o amistad.

> *Por ello, es prioridad en los negocios mantenerse callado siempre con todo el mundo, y mucho más cuando el dinero nos sonríe. Aquellos que consideramos nuestros amigos en un tiempo fueron los primeros en*

desearnos el mal en otros y los primeros en intentar boicotear nuestros más caros proyectos.

No lo digo sin conocimiento de causa, sino por pura experiencia. Siempre, en cada proyecto, allí estaba alguien para querer frustrar nuestra obra. Parecían personajes enviados por alguna fuerza extraña oscura que uno no puede controlar, pero que allí aparecen sin invitación. Debemos saber lidiar con las amistades o parientes siempre que estemos emprendiendo un negocio. Aquel que a uno lo envidia no busca obtener su dinero, esposa o vida de lujos que usted ostenta, sino que lo que desea es que usted ya no posea esas bendiciones y quede en la ruina; en definitiva, lo quiere ver muerto, así de real. Así piensa un envidioso, y se encuentran con más frecuencia de lo que uno cree en el camino al éxito que todos buscamos.

El motor de nuestras desgracias es siempre la envidia de nuestras relaciones más cercanas. Siempre se dan cercanas, pues alguien lejano que no nos conoce difícilmente, si no sabe nada de nosotros, le demos esa oportunidad en nuestra contra; siempre los encontraremos como carroñeros de nuestra energía a nuestro alrededor.

Prevalecen sentimientos de mucha frustración en mucha gente alrededor del mundo, ello genera ese mal sentimiento ante el éxito ajeno. Por favor, no malinterpreten mis palabras, también existen personas maravillosas, y hemos podido, por suerte, conocerlas, pero siempre debimos esconder aquello que uno hacía en la faz económica de las miradas inoportunas de extraños, pues no sabíamos nunca a ciencia cierta con la calidad de persona con que uno se iba encontrando por delante.

Debemos conocer por largo tiempo a las amistades para poder abrirse sin prejuicios; por eso, es recomendable jamás comentar acerca de sus negocios, mucho menos de sus éxitos. Es mi consejo.

Hable de fútbol, arte, cine, turismo, de lo que guste, pero nunca de sus proyectos, ni de su trabajo, ni del dinero que gana.

En la década de los 90

En los años 90, descubrí un nicho de negocio más práctico y menos vulnerable. Fue la venta profesional al detalle de productos tales como celulares o alarmas, asociándonos como distribuidores de grandes compañías de reconocida fama mundial. Este fue nuestro salto cualitativo en el mundo empresarial.

Nuestras mayores satisfacciones, sin lugar a duda, las obtuvimos allí. Así logramos no solo nuestro primer millón de dólares, sino muchos más, lo que nos permitió una estabilidad mental y emocional muy grande.

Descubrimos que no es lo mismo salir con una marca propia que con una ya reconocida en el mercado e impuesta en la mente de la gente; el esfuerzo para crecer rápido se hace mucho más ligero, y es así que tomamos velocidad en la carrera al millón que nos habíamos mentalizado.

Hasta allí los quiero llevar, hasta el triunfo que nos espera cual dulce amante con sus brazos abiertos luego de leer y remarcar este libro. Tómenlo como un órgano de consulta permanente. Les aseguro que cualquier hombre o mujer, profesional o no, con estudios o sin ellos, provenga de cualquier lugar del mundo, tenga cualquier creencia religiosa o política, podrá lograr la meta que proponemos con solo implementar la propuesta que hago en este compendio de mi experiencia personal y de aquella que recogí en otros emprendedores a lo largo de mi vida.

No todo fue color de rosa en un principio. Los golpes y tropiezos abundan, pero para quien no conoce el fracaso nunca podrá vislumbrar el éxito, no sabrá la diferencia, no podrá distinguir el camino, no conocerá las trampas con las cuales en un tiempo no muy lejano tropezará. Igualmente, puedo aseverar que cuando un negocio funciona lo hace desde el principio, en los primeros seis meses; si no, debemos rectificar nuestro rumbo y tal vez saber soltar el mismo; de lo contrario, entraremos en un capricho sin sentido que nos conducirá al averno.

Hablo de los primeros seis meses en que veremos alguna luz, sin trabas, donde fluye cual caudal de un río.

Nuestra primera misión es desterrar la soberbia que envilece y nos acerca a transformarnos en bestias. Nuestra misión número dos es la conformación de nuestra filosofía de trabajo, es saber escuchar a nuestros clientes y empleados, sus inquietudes, sus sueños y expectativas.

Proyectar un marketing interno antes que uno externo es la clave. Es decir, vender la idea primero hacia nuestra gente para que nuestra gente sepa y desee fervientemente transmitir con mucha pasión las políticas comerciales de la empresa y logre los resultados previstos y metas proyectadas a diario.

Sepamos desde el principio que tenemos dos tipos de clientes de un mismo tenor, uno interno y otro externo: nuestros empleados y nuestros clientes. Si no aplicamos un *marketing* interno a nuestros empleados y les vendemos nuestra idea primero, difícil será para ellos vender, a su vez, a los potenciales clientes la idea en forma completa.

Esto es solo un anticipo de algo muy importante que debemos desarrollar para obtener los resultados que buscamos en este libro.

Debemos involucrarnos a fondo en los procesos con perseverancia, sumando una estrategia de ventas que, a esas instancias, en nuestros inicios, aún desconocíamos en detalle y nos guiábamos más por instinto que por otra cosa, como le sucede al común de los emprendedores jóvenes.

Es por ello que el 95 % de los emprendedores fallan. Es también por ello que quise escribir este compendio, junto a anécdotas extraídas de nuestra experiencia real, para ponerlos sobre aviso de los pros y los contras que puedan encontrar, deseando incorporar algunos datos para mejorar sus actuales proyectos, si por esas circunstancias de la vida se encuentran embarcados en alguna opción de negocio en este momento.

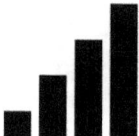

Nunca publiques tus logros, la gente odia el progreso de otros

Capítulo 2:

El incipiente mundo de los negocios

«Las cosas no cambian; cambiamos nosotros».
HENRY THOREAU

Nuestra experiencia en diferentes tipos de negocios concerniente a las ventas es que nos llevó a perfeccionar los métodos que hoy exponemos. Pasando por el turismo estudiantil, con mis escasos veintiún años logré producciones de venta de dos mil a cinco mil pasajeros para tres empresas de prestigio en los años 80.

Básicamente, se vendía en una especie de licitación. En cada colegio, debíamos presentar nuestro producto frente a otras cinco empresas como mínimo todas las noches y, en ocasiones, ante diez diferentes propuestas, y así tratar de convencer a unos cien padres de los alumnos por reunión de que mi propuesta era la mejor de diez. Luego, en 2003, repetí mi experiencia juvenil en otros destinos, como Cancún y la Riviera Maya, que son un paraíso en verdad. Decidimos tentar al mercado de estudiantes mexicanos a que hicieran un viaje de fin de curso a tierras mayas. Lo hicimos copiando, en parte, el esquema argentino y norteamericano del famoso spring *break*.

El negocio, básicamente, es contratar un chárter de modernos autobuses que, en este caso, hacían el trayecto desde la Ciudad de México hasta Cancún en veinticuatro horas. Luego seleccionar los hoteles, que en este caso eran un lujo de cinco estrellas con todo incluido a quince dólares la noche por pasajero en aquel tiempo. El pago de las excursiones y discotecas prometidas debían salir de los opcionales vendidos por el plantel de coordinación durante las veinticuatro horas que duraba el viaje y convencer al pasaje de que tomar opcionales era su mejor opción. Cuando arribaban a Cancún, los coordinadores bajaban con el dinero en mano. Se les liquidaba su comisión del 10 % y el resto servía para pagar excursiones, discotecas y las opcionales contratadas.

Es un excelente proyecto para implementar en países donde todavía no existe esta cultura. Los costos son bajos de transporte y hoteles y, sobre todo, en baja temporada; el resto de los servicios se paga con los opcionales y la ganancia es importante, siempre y cuando vendamos a un mínimo de mil pasajeros, que serían a razón de treinta pasajeros por curso, resultando unos treinta colegios. Podemos decir que hay un margen de ganancia de hasta un 40 % del costo del paquete. Otro nicho interesante para incursionar muy de moda actualmente es el de viaje de quinceañeras.

Uno de los primeros proyectos empresariales en el que vislumbré buen dinero en Argentina fue la venta de celulares y el alquiler de los mismos a turistas o empresarios que recalaban en el país. Para ello, sembré en todas las recepciones de los hoteles de Buenos Aires los folletos y repartía a los conserjes de los mismos jugosas comisiones para que me enviaran clientes.

En ese tiempo comenzó la fiebre de los celulares. Teníamos un grupo de vendedores de los llamados profesionales de todas las edades. Nuestro primer contacto con el mundo de la telefonía celular fue en el año 1996. En ese momento no tuve la visión necesaria, no supe esperar, no tuve la perseverancia suficiente que se necesita en cualquier proyecto y, por un tema personal, decidí terminar con ese exitoso proyecto.

Luego de un paréntesis de casi un año en los negocios, incursioné en el ámbito de la organización de exposiciones. Las inventaba o las copiaba de otros países y les daba mi toque personal. Fue así que realizamos unas cinco exposiciones de gran impacto.

Imaginábamos un título, un tema, buscábamos una base de datos similar al tema del que trataría la exposición, armábamos los planos, contratábamos el lugar donde llevarla a cabo, la seguridad, los cajeros, contactábamos al armador que dispondría los paneles, las luces, la alfombra, los carteles que identificarían los *stands* y la cartelera externa, implementábamos un plan de acción publicitaria que consistía en la pegatina de afiches en vía pública —no existían aún las redes sociales en los años 90—, algunas menciones en programas de televisión, promotores en vía pública, publicidad en diarios y revistas u obsequiando entradas.

Mientras tanto, una organización propia que buscaba los potenciales expositores para venderles a partir de los nueve metros cuadrados los espacios para exponer sus productos. La más exitosa que inventé y que tiene trascendencia hasta hoy fue Expo fútbol, que lamentablemente no patenté en el año 1999 y que tampoco acepté un ofrecimiento de sociedad por parte de una gran cadena televisiva del mundo del deporte.

A fines de ese año, aparece un amigo del colegio y ex socio en algún proyecto, un gran empresario al cual siempre aprecié en gran medida, pero que con el transcurso de los años y sus circunstancias y mis viajes nos fuimos alejando. Llegó hablándonos de una empresa americana de seguridad electrónica que pagaba aproximadamente ochocientos dólares cada nuevo cliente, al cual se le entregaba, como si fuera poco, el equipo y la instalación de un equipo de seguridad electrónica sin cargo y provisto por la misma corporación. Mientras, el cliente solo debía hacerse cargo de una cuota de monitoreo mensual que no superaba los cuarenta dólares. Ese fue el punto de inflexión que esperábamos.

Contábamos, en ese tiempo, con una oficina de cien metros en pleno centro y un pequeño grupo de ventas de exposiciones. Comencé la búsqueda de quien podría compartir nuestro destino en esta oportunidad como socio ante la falta de experiencia en este rubro.

Me enteré de que otros conocidos del ámbito del turismo ya habían puesto su distribuidor. Uno de ellos, un antiguo promotor mío de turismo, asociándose con otro conocido que por aquel entonces ostentaba un diminuto comercio de golosinas en un barrio de la ciudad, juntos habían instalado una oficina de no más de cincuenta metros con solo dos escritorios y una computadora prestada.

Entre ambos socios no llegaban a contar los cinco mil dólares de inversión, que también eran prestados, según me comentaron años después en Perú.

Sucedía como con el famoso comandante español en México, Hernán Cortés, pues habían quemado sus naves y nosotros teníamos prendidas nuestras antorchas también para tal evento, nada que perder, todo por ganar, partíamos desde cero prácticamente.

Encontramos después de que se nos cerraran muchas puertas a un señor que llamábamos Doctor, aficionado al golf y muy amable como persona, que tenía una pequeña agencia de seguridad electrónica en la zona de Pacheco, provincia de Buenos Aires.

En ese tiempo, la multinacional americana, país donde llegaba, compraba la cartera de clientes de empresas del rubro de la seguridad electrónica y las hacía sus distribuidoras. Tuvimos dos meses agotadores hasta poder convencerlo de que aceptara vender su cartera de clientes y tomara la distribución asociándose con nosotros.

Nosotros poníamos la organización de ventas e infraestructura y el Doctor dispondría de los técnicos, su empresa y de su experiencia en el ámbito de la seguridad electrónica. Firmamos un convenio y así empezamos. Siempre habrá un *sponsor* para invertir en nuestros sueños. Eso se llama en los negocios «apalancarse» si no se dispone de inversión o conocimientos en el rubro. Solo hay que insistir y no rendirse jamás. Así también lo hicieron los grandes en sus inicios, Steve Jobs o Bill Gates.

Solo teníamos un fiel jefe de ventas de exposiciones que llamaremos Juan, leal empleado, pero su estilo nada tenía que ver con este tipo de venta que intuíamos. Él era un dinosaurio de saco y corbata, muy formal, todo un ejecutivo joven. Sumábamos, además, una secretaria y algunos vendedores. Nuestro estimado Juan tenía el proyecto de arrancar con su estilo arcaico visitando empresas y haciendo *marketing* telefónico. No nos convencían mucho todas aquellas opciones, así que decidimos separar las aguas: él en nuestra vieja oficina de cien metros, y nosotros en otra nueva aún más grande, en la zona céntrica, sobre la plaza del congreso de la nación. Con el Doctor decidimos comprar a plazos dos camionetas Ssangyong y Mercedes para doce pasajeros, color gris plata ambas. Estábamos muy emocionados.

> *La emoción es un requisito ineludible para comenzar cualquier proyecto empresarial, tener emoción de empezar, saber que es el camino correcto, no dar un paso atrás y sacarse el lastre de negatividad que podamos tener en el entorno y de aquel que no quiera cambiar de cultura empresarial con nosotros.*

Juan veía como de bajo nivel el tipo de venta que queríamos llevar a cabo y esa gente que queríamos tomar, sin experiencia, con demasiada juventud y sin estudios importantes en algunos casos. Nosotros, en cambio, veíamos en ellos gente cansada de perder, sed y hambre de triunfo, ganas de salir del pozo, de llevarse el mundo por delante, de que alguien les prestara atención y pudieran demostrar todo el potencial encerrado en sus entrañas. Solo buscaban una oportunidad.

Sin saber mucho del producto, sin capacitación alguna por parte de la multinacional, pues en ese entonces sus entrenadores estaban al tope con sus agendas, tuvimos que implementar, basándonos en nuestra experiencia, un nuevo modelo de organización de ventas que hasta hoy han adoptado en casi toda Latinoamérica las empresas de telefonía celular para vender puerta a puerta. Sin darnos cuenta, fuimos pioneros y le pusimos sus jerarquías a esta organización. Nos inventamos aquello de dividir en pequeñas fuerzas de ventas y desplegarlas en el terreno en diferentes zonas que cubrían coordinadores con dos supervisores y cuatro ejecutivos de cuenta por cada uno, y todos ellos jerarquizados en diferentes niveles y premiados según sus logros con premios tangibles e intangibles.

Los entrenadores se sorprendían de nuestra versatilidad en el manejo de la fuerza de ventas y en lo novedoso del sistema. Una vez al mes implementábamos una capacitación un fin de semana en diferentes puntos turísticos de la geografía del país. La empresa americana, por su parte, nos acercó algunos manuales muy básicos que encerraban el ABC de lo que ellos buscaban y habían probado durante años en EE. UU. y que les daba buenos resultados. Descubrimos que se parecía mucho a aquello que estábamos nosotros implementando empíricamente y nos estaba dando resultados muy importantes.

Persistir, insistir hasta que lo imposible se vuelva realidad

Capítulo 3:

El camino hacia la empresa rentable

«Antes de cambiar a los demás, cambia tú. Limpia tu ventana para ver mejor. Pon atención en la causa negativa que te ha hecho sufrir, no en el que te ha ofendido. La causa es la programación, te la metieron desde niño, tú no tienes la culpa de ello, como tampoco la tiene el otro».
ANTHONY DE MELLO

¿A qué llamamos empresa rentable? Es aquella que, en base a nuestro esfuerzo y objetivos concretos, nos puede dar un beneficio económico y espiritual del trabajo bien realizado. Lo pudimos obtener, en nuestro caso, a partir de habernos incorporado al proyecto de la seguridad electrónica en Argentina. Fue un tiempo de crecimiento continuo, donde nuestros sueños se hicieron realidad y por fin encontramos un lugar, un espacio donde desarrollarnos libremente para poner en práctica toda nuestra experiencia en ventas.

Comenzamos siempre nuestra empresa haciendo lo que he llamado una selección inteligente de nuestro personal, poniendo un aviso en el principal periódico o portal web de empleo del país donde nos encontráramos. Este tipo de aviso lo fuimos modificando a través de los años.

Todos ellos fueron de tal impacto que llenaban nuestras oficinas con filas de potenciales futuros vendedores de cien metros y más de longitud. Y después, con el avance de la tecnología, empezamos a publicar poniendo solo una dirección de correo electrónico. La cifra trepaba a las mil hojas de vida en promedio —*curriculum vitae*—.

Esa era nuestra cantera de donde extraíamos el material en bruto que luego pulíamos con entrenamientos día tras día. Luego del aviso, venía la selección de los coordinadores y supervisores, a los cuales manteníamos una semana y media en capacitación. Es importante mantener esa primera línea de líderes por lo menos una semana y media en una capacitación intensa, pues de ello dependerá ir ganando su confianza y alinear sus mentes con los objetivos que queremos lograr, pues ellos serán la fuente de inspiración de los vendedores y podrán transmitirles seguridad, estabilidad, confianza y metas claras.

Mantener siempre la motivación

Conformamos un esquema de comisiones y premios tangibles e intangibles a una fuerza de ventas imbatible en Argentina. Eran cinco camionetas minadas de elementos de venta muy motivados. En esa primera oficina dispusimos, en la sala de capacitación, por primera vez, un juego de fútbol de mesa. Muy motivador para entretiempos durante las jornadas de entrenamiento de ventas o previo a las mismas, y también mientras iban llegando a la oficina todas las mañanas con un café de por medio.

Hoy podemos aspirar también a tener una PlayStation o algo similar, ya que estos motivadores crean vibras positivas en la oficina y divierten en las mañanas, previo al trabajo. De eso se trata.

Sin diversión no hay éxito posible. Un trabajo donde no haya diversión y sonrisas tiende al fracaso. Debemos desayunar todas las mañanas un café, empanadas, sándwiches, galletas o lo que usted y su presupuesto puedan gastar, pero, eso sí, no deben faltar nunca la actitud mental positiva y, por ende, un ambiente divertido de trabajo donde abunden el buen clima laboral, el humor, la sonrisa, la buena música y la sensación de relax previo frente a los desafíos diarios de venta.

Nunca debemos transmitir tensión a nuestro entorno por la obtención de resultados. Los mismos deben verse como un proceso natural al que arribamos fácilmente todos los días. Los logros de ventas en el día llegarán solos, sin presión. La sana presión se la dará la misma meta diaria que usted imponga, acompañada de importantes premios.

> *El miedo no atrae ventas, las aleja. Los nervios y la presión mal ejercida también, todo debe darse naturalmente.*

La presión se ejerce en la entrevista personal diaria de monitoreo de cada elemento que compone la fuerza de ventas. Allí se presiona explicando la necesidad del resultado diario en sus vidas.

Cada elemento comercial de ventas debe estar convencido del producto y de que los objetivos son fácilmente alcanzables. Donde desconfíen y crean que son difíciles, todo habrá terminado. El primero que debe verlo así es usted. El método es no presionarse por los resultados ni infundir miedo a quien no llegue a los mismos, ya que esto genera un ambiente aburrido y poco relajado de trabajo.

Recuerdo que aquel grupo inicial era un grupo maravilloso. Nos felicitaban los entrenadores de la central americana, pues nunca habíamos recibido capacitación alguna, pero, aun así, era la fuerza de ventas más alegre y productiva entre los más de cuarenta distribuidores que tenía en ese entonces la corporación. También ello se reflejaba en la alta producción que lográbamos mes a mes. Además, habíamos organizado con el esquema anunciado de la unidad de fuerza de ventas (UFV) a razón de una por camioneta.

Fue cuando se nos ocurrió comenzar a implementar viajes de entrenamiento y cenas de premiación por logros obtenidos. Era un viaje y cena al mes. Cuando realizábamos estas últimas, a aquellos que vivían más lejos y eran solteros los alojábamos en un hotel muy moderno de cuatro estrellas que quedaba en la esquina de la oficina de la plaza de los Dos Congresos en Buenos Aires, para así, al día siguiente, estar a tiempo para una nueva jornada llena de incentivos para lograr las metas pautadas. Todo ello creaba una motivación fuera de serie. Tenían la camiseta de la empresa puesta y la mística desbordaba. De allí nació nuestro modelo del desarrollo competitivo de las 3M, donde la fuerza de la marca se debe sustentar con la fuerza de la mística, y esta, con la fuerza de la mente. La fuerza de una marca es un emergente de lo que la gente de una empresa hace por ella. De esto depende su actitud y aptitud, sus ganas y su habilidad.

Marca es diferenciación, posicionamiento, fidelidad. Mística es compromiso, sentido de pertenencia, voluntad de vencer, conciencia de causa, visión comprendida y compartida. La única ventaja sostenible en el tiempo es el servicio y la atención al cliente.

> *Nuestro axioma fundamental siempre fue: «Primero nuestra gente, la de nuestra red, para que nuestra gente sepa y quiera hacer que el cliente sienta que es nuestra prioridad». Aplicamos un marketing interno exitoso. Invertir en el talento es la clave que nos lleva a los buenos resultados.*

En los viajes mensuales de entrenamiento era muy común que saliéramos desde la zona misma de trabajo, en las dos camionetas Mercedes que teníamos. Es decir, por la motivación que tenían y por su propia decisión, seguían en la zona vendiendo hasta la noche tarde. Desde la zona partíamos a capacitarnos hacia algún lugar turístico alejado de la gran ciudad. Cenábamos y luego, ya en las camionetas, sonaba buena música hasta la llegada. El buen humor nos hacía llorar de risa, nadie dormía hasta llegar al destino. En cada viaje llevábamos a algunas secretarias para que organizaran los pormenores de la capacitación. Salíamos un viernes y el domingo a última hora regresábamos con las mentes recargadas.

Estos viajes eran solo para líderes de equipo y para aquellos que se perfilaban en este sentido. En los mismos, dábamos algunos premios, planteábamos los objetivos para el próximo mes y proponíamos hasta dónde quería llegar la empresa y cada uno de ellos.

Apuntábamos los sueños más ambiciosos comprometiéndolos con los mismos uno a uno. Nos jurábamos cual caballeros medievales nuestras metas, y todo terminaba, como de costumbre, en una discoteca de moda del lugar y veíamos con estupor que tampoco se sacaban los logos de la empresa que portaban en gorras o indumentaria; iban a bailar, diríamos, uniformados con los colores de la empresa, cuestión que los entrenadores de la central no podían creer semejante fanatismo por la marca. Todo iba increíble, las ventas subían como la marea en luna llena. Los grupos eran como una banda de música que sonaba al ritmo de las ventas y el buen ambiente laboral, su norte magnético, estaba lleno de energía positiva.

Todo terminó abruptamente en 2001, cuando apareció sin previo aviso el famoso corralito en Argentina, que despojó a todos los ahorristas de los bancos de los ahorros de toda una vida, so pretexto de que, si no, deberían cerrar todos los bancos y que costó la sucesión de cuatro Gobiernos en un mismo año, dejando la economía y la confianza de ese país destruida.

Solo permitían retirar de los bancos a las empresas doscientos dólares semanales, e imagínense en nuestro caso, con más de cincuenta empleados y los gastos fijos y en efectivo que la operación demandaba, resultaba imposible seguir adelante, por lo que me fui a pedir una nueva distribución a Chile, a la casa central en Latinoamérica, tema de otro capítulo.

Generalmente, la baja producción puede llegar por situaciones ajenas al ámbito de la empresa y se circunscriben solo al ámbito familiar o tema de parejas. Estos son temas que destruyen la mente del vendedor. Para ello, siempre teníamos dispuesta, a la entrada de la oficina, una caja negra con unos papelitos a un lado donde debían escribir y luego echar dentro de la caja sus problemas personales y donde, una vez a la semana, quemábamos los mismos en una especie de pequeña fogata tipo pira vikinga. Era una forma simbólica de dejarlos fuera del ámbito laboral.

Siempre repetíamos y recalcábamos muy puntualmente aquello de «tolerancia cero a problemas de actitud», a pesar de toda la buena energía que circulaba en las oficinas, pues, como sabemos, la negatividad es contagiosa y la energía positiva también.

Todo depende, en esos casos, de saber detectar a tiempo a aquellas personas que no entienden esta filosofía de trabajo y expulsarlas antes de que la peste se propague y apague la llama de la diversión y de la buena actitud de quienes son verdaderos profesionales de la venta, que son aquellos que ríen constantemente, aplauden cada cierre de venta propio o de sus compañeros, gritan y se entusiasman ante cada nuevo premio que dispone la empresa. Sus ojos son los ojos de la empresa. La empresa respira en ellos.

Sus grupos de venta no serán un costo, sino un valor agregado importantísimo que tener en cuenta. Invierta en ellos y verá llover los buenos resultados. Valen más que mil publicidades, más que cien hermosas edecanes; ellos marcarán la diferencia.

Debemos ser diferentes, nuestras actitudes lo dirán, nuestras fuerzas de ventas son el frente de batalla, nosotros los generales que planificamos, pero ellos son la cara de la empresa frente a los clientes, tienen que marcar el camino que llamaremos «el camino del dragón».

La envidia es una declaración de inferioridad

Capítulo 4:

El camino del dragón y el de la tortuga

«Nadie puede librarse de la magia y el magnetismo que produce un oyente atento que le concede importancia a lo que nosotros decimos».
CARNEGIE

Le he bautizado con este nombre tal vez porque en el horóscopo chino el rey es el dragón. La palabra «dragón» deriva de la palabra griega *drákōn*, de la familia del verbo 'mirar fijamente', que se aplica a la mirada de las águilas y los guerreros, entre otros, haciendo referencia al poder fascinante e hipnótico de la mirada.

Esa es la actitud a la que aspiramos para nuestros vendedores siempre, que el poder de su mirada entregue al potencial cliente la certeza de lo que compra, la fascinación por lo que está obteniendo, que con sus gestos, palabras y ojos hipnotice al futuro cliente hasta llevarlo en esa primera entrevista a un cierre de ventas y la firma de un contrato.

Así siempre trabajamos, así siempre logramos en caliente nuestras ventas diarias. Un día sin ventas es un día tirado a la basura.

Un vendedor sin cierre de ventas en el día ha sido un comprador de excusas por las cuales ningún cliente quiso comprar, fue un perdedor compulsivo ese día y lleva en su mochila una carga pesada de todas las excusas y negatividades que compró en una jornada de trabajo perdida.

Buscamos en nuestras UFV (unidades de fuerza de ventas) esos míticos guerreros que, blandiendo la palabra, ganan batallas, entrevista tras entrevista, cierre tras cierre.

A menudo, el dragón desempeña un papel importante como dios o guardián o como monstruo y poderoso enemigo. Ese es el guardián que buscamos detrás de cada incorporación, el guardián de nuestras palabras que necesitamos en nuestros líderes desarrollar y obtener en cada uno de ellos, queremos ver ese dios que se encuentra en cada persona, oculto en su interior, buscamos ese monstruo de las ventas, ese poderoso enemigo de la competencia de la camiseta que viste.

Al dragón se le atribuyen cualidades positivas, como una gran sabiduría y conocimiento; aplicando esta cualidad a nuestra UFV, podemos decir que es fundamental el conocimiento del guion del éxito en ventas que le proporcionamos y que practicamos a diario, donde filmamos cada teatro de ventas para posteriormente analizarlo. El conocimiento de todas las técnicas de capacitación que desarrollamos y sus talleres son el ABC de cerrar más y mejores ventas.

Sabio debe ser el vendedor ante cada objeción que nos plantea el cliente, sabio ante cada inquietud, sabiduría de nuestros líderes para conducir a la victoria a nuestras unidades de fuerza de ventas (UFV).

Dicen que los dragones tienen también defectos, avaricia y codicia insaciables que los conducen a devastar poblaciones enteras para apilar gigantescos tesoros, donde el simbolismo alrededor del dragón es esencialmente el de la lucha.

Precisamente en nuestro esquema de UFV es la lucha la que caracteriza estas unidades de combate en ventas, la codicia insaciable los guía, donde una o diez ventas al día no deben conformar a nadie, nosotros vemos esta codicia en el camino del dragón como una sana aspiración de cumplir con las metas diarias propuestas en nuestro juramento firmado a diario con el *coach*, llegar al otro lado del mar y levantar el tesoro de la victoria, de la tarea bien cumplida, devastando con nuestras palabras cualquier oposición, pues lograr nuestros objetivos es la meta. Alejando las negatividades de nuestro entorno, arrasando con nuestros pensamientos oscuros de malas experiencias pasadas y que deben quedar pisadas en ese tiempo y lugar, liquidar con los argumentos de la competencia las quejas y los malos elementos en nuestras UFV. El éxito no se construye de la noche a la mañana, sino de pequeños pasos hora tras hora, y allí debemos concentrar toda nuestra energía en cada paso.

De todos modos, ese papel del dragón no se aleja del de guardián, que implica la espera y el mantenimiento de un orden en el ámbito de la organización de la empresa. Justamente porque son guardianes de algo sagrado es por lo que simbolizan el puente a otro mundo o la prueba de todo héroe.

Héroes son los que formamos en ventas, la prueba es precisamente lograr ese ansiado lugar en la propia historia; debemos ver si cada uno se conforma con ser uno más entre sus iguales o un héroe para sus familias, hijos, padres, pareja, sociedad.

En nuestra empresa buscaremos héroes que se transformen en esos líderes que entregan a diario el todo por el todo para alcanzar los objetivos de la empresa y que los conducen indefectiblemente por este camino del dragón para lograr los propios.

Para terminar, sabemos que, entre los romanos, el dragón era considerado un símbolo de poder y sabiduría. En Oriente, el dragón siempre se ha considerado una criatura benéfica y un símbolo de buena fortuna. En Japón, donde son seres sabios, amables y siempre dispuestos a ayudar, siendo el emblema oficial de la familia imperial.

Los dragones chinos y japoneses simbolizan el poder espiritual supremo, el poder terrenal y celestial, el conocimiento, la fuerza y la salud. Según las antiguas creencias chinas, traen la lluvia para la recolección. En el Himalaya representan la buena suerte.

Nuestro camino, sin lugar a duda alguna, es el del «dragón en ventas».

¿Cuál es ese camino? Es aquel que produce ese fuego intenso que se gesta por dentro y que luego se trasluce en la pasión por concretar el cierre de la venta y así sumar hora tras hora más ventas.

Es un camino sin retorno; el que llega a ese grado de ambición no cesa, se percibirá en cada una de nuestras conversaciones, en cada una de nuestras palabras, en cada uno de nuestros gestos, pues son estos gestos y palabras los que tomarán, por cierto, nuestros clientes; serán esas palabras que queman en los oídos, será el fuego que se esparcirá en una frecuencia poderosa el que llegará e invadirá el subconsciente de los potenciales clientes para que cierren un contrato.

Cada conversación de negocios debe ser un cierre de una venta. Y eso solo se logra con las palabras justas, con saber medir los tiempos en esas conversaciones, con saber, presuponer y estar seguros de que así será. Ese fuego del dragón es la pasión que se esparce y que debemos tener para alcanzar nuestros objetivos de ventas, siempre diarios, nunca a corto ni a mediano plazo, o dejar los resultados para el día siguiente. Las ventas son en caliente o no son. Hoy vemos en Internet que existen los embudos de ventas diseñados para acompañar el proceso hasta llegar a la compra de un libro o un producto, muy efectivos, por cierto, y que se manejan con robots programados para cerrar en caliente la venta.

Los cierres son para ese mismo día, nunca podrán pasar para mañana. Mañana es un nuevo día y tiene que tener sus propios resultados. El cliente debe percibir la oportunidad que se le escapa de entre las manos. El cierre quema. La llama dura un instante, el instante de la decisión bien tomada y apuntalada por las palabras justas que debemos pronunciar en cada discurso de ventas.

Cada conversación profesional de ventas es una puesta en marcha de nuestra obra teatral, donde el principal actor somos nosotros y el cliente será nuestro espectador que captará el mensaje y cerrará el trato, pues, al recibirnos en su casa o comercio, ya pagó su entrada.

Aplaudirá nuestra actuación o no, no es cuestión del azar, será nuestra entera responsabilidad; las excusas no existen a estas instancias, las excusas son para los perdedores, para justificar su mediocridad, inoperancia y falta de gratitud ante las oportunidades que se les presentan de poder tener una excelente profesión y un portentoso futuro en las ventas.

No nacimos para fracasar. Nacimos para triunfar. Nacimos para dar la nota más hermosa y diferente que podamos en el contexto de la sinfonía que debe cubrir al mundo de buenas actitudes, y así poder curar a una sociedad que se desarma en desaliento perpetuo sin encontrar el camino del dragón.

Estamos en una sociedad adormecida, sin destino, sin misión, sin amor. Si no nos amamos a nosotros mismos, ¿cómo podremos entonces amar a nuestro prójimo y a nuestra familia?, ¿qué podemos dar a los demás y en qué podemos contribuir a nuestra sociedad si somos como tortugas?

No alimentaremos a nuestros hijos solo con excusas que siempre exponemos ante los fracasos, solo alimentaremos a la tortuga que llevamos dentro, a ese fracasado por decisión propia que quisimos ser.

Si no disponemos de ese fuego diario y de resultados desde el primer día, estamos en el camino de la tortuga y no del dragón. El dragón tiene alas, es fuerte, exhala fuego de su boca, es el rey en el Oriente. La tortuga se arrastra, es lenta, apocada, parece siempre triste y está dormida.

Existen muchos emprendedores que terminan siendo tortugas y el tiempo los atrapa y los deshace ante la inoperancia de no poder avanzar por no saber cómo. Acá romperemos esa cadena que nos ata con el pasado y que no sabemos cómo cortar en ocasiones, que nos impulse a ser un hombre nuevo, colmado de virtudes, amor y dinero en abundancia para poder ayudar y sostener el mundo que nos rodea.

Esta es la filosofía que debemos inculcar en nuestros cuadros de supervisores, coordinadores y gerentes. Debemos conformar un ejército de dragones, no de tortugas que vienen a entorpecer nuestros sueños y anhelos y a enfriar los corazones, a contagiar de sus fracasos y querer que todos los acompañen en su mediocre visión de las cosas.

Las tortugas son resentidos profesionales; por lo general, también son profesionales, pero de la búsqueda de empleo. Por ende, sepamos detectarlos a tiempo y sacarlos de nuestro frente de batalla.

Tolerancia cero para los que tengan problemas de actitud. Una manzana podrida pudre al resto. Y si vemos que el cáncer está muy avanzado en uno de los frentes de trabajo y no lo pudimos detectar a tiempo, recurramos a sacar a todo el grupo, pues no tendrá retorno. Están infectados y frenarán al resto de los que sí están motivados. Sin ellos, verá qué fácil volverá a ser todo.

Las ventas resucitarán por arte de magia y la tranquilidad a los verdes prados de nuestra empresa retornará. Este método que utilizábamos siempre dio los resultados esperados.

Cada amanecer, ama el despertar, iniciar el día, las nuevas oportunidades, amanecer, significa "ama nacer", vuelve a nacer a tus sueños

Capítulo 5:

Finalizar una etapa. Buscar un nuevo mundo

«La gran mayoría de la gente que no logra acumular dinero suficiente para cubrir sus necesidades suele verse, por lo general, fácilmente influida por las opiniones de los demás».
NAPOLEÓN HILL, *del libro Piense y hágase rico*

El clímax de nuestra historia está por llegar, la misma recorre Sudamérica, Centroamérica, México y Europa. El mismo frenesí en la búsqueda de una vida mejor lo lleva a subirse a una ola tras otra persiguiendo los sueños hasta llegar a la cima.

El deseo ardiente es la fuerza invisible que lo moverá, el susurro del viento que le dirá al oído de continuar, a pesar de la tempestad, y en cada paso que dé sin flaquear hasta obtener la victoria final.

El viaje inicia en aquellas sociedades latinoamericanas que, en sus albores, fueron la meca de los busca fortunas, exiliados y aventureros de todos los colores, raza o religión en busca de una nueva oportunidad para sus vidas.

Aquellos abuelos españoles, alemanes, italianos, chinos, japoneses, polacos, árabes, judíos, entre tantos otros, forjaron pueblos de gente pujante, inteligente y muy trabajadora y que, con solo sus sueños al hombro y de la mano de la perseverancia, pudieron edificar todo tipo de empresas, fábricas, comercios y hasta grandes corporaciones. ¿Cómo lo hicieron?

Ellos no sabían del pensamiento positivo, no eran profesionales, no tenían títulos y, en algunos casos, no sabían el idioma de la tierra donde desembarcaban. Quemaban las naves para poder conquistar el corazón de un imperio: sus propios sueños. Nada tenían que perder y el futuro les sonreía, ese futuro que no podía ser peor que el pasado del cual venían.

Esa es la condición básica para emprender, no estar atados a viejos esquemas o patrones de pensamiento, a viejas deudas que no nos dejan dormir. Para poder volver a empezar, no estar atado a nuestra ciudad, a nuestras amistades, familia, profesión, lugar de nacimiento y costumbres. Y la lista sigue, incluso cada ser humano tiene la suya y es muy personal.

Recordemos que la duda tiene tres hermanos: el fracaso, la mediocridad y el miedo.

Debemos romper esas ligaduras y volver a caminar como lo hicieron nuestros antepasados cuando emigraron buscando mejores condiciones de vida que no encontraban en su tierra natal.

Pero es importante no estar atados a la tierra donde nacimos por cualquier circunstancia. Nadie elige dónde nacer, pero sí dónde desarrollarse.

O, como decía santo Tomás de Aquino: «Nuestra patria no es de este mundo». Solo estamos de paso, cual turistas, por ello no importa dónde desarrollemos nuestra felicidad, lo importante será encontrarla en el lugar que Dios disponga.

Si nos vamos a un plano más místico y le damos un valor agregado a nuestras vidas, podemos decir que tenemos dos caminos: dejar una estela de buenas obras en este mundo y gente que pueda afirmar que fue un placer habernos conocido o terminar nuestros días cual mediocres sombras que pasaron fugaces, en telarañas atrapados, inertes en un rincón oscuro, repleto de problemas, excusas y deudas acumuladas en pos de una vida de tranquilidad ficticia que nunca alcanzamos, porque ese mundo, como empleado con un sueldo mínimo, no existe; es una burbuja de miserable vida que nos fabricamos y que no solo nos damos, sino que brindamos a nuestros seres más queridos.

Si ese lugar, ciudad o país no le da lo que usted se merece, irse es el primer escalón que debe subir en la escalera que conduce a la realización personal.

Veo tanta desocupación en muchos países que no comprendo cómo no se hacen del coraje de cambiar o emigrar a mejores rumbos o mejores oportunidades de negocio. De repente, el miedo los paraliza o tal vez piensan en esa pequeña seguridad y comodidad que les brinda el ámbito familiar más cercano. Aquellos que disponen de ese apoyo pensarán que mejor es seguir cobrando un sueldo miserable que arriesgarse y, si no llego a fin de mes, supongo que pensarán, mi familia me ayudará.

Muchos ante cualquier problema imaginan que allí estarán sus padres, amigos, hermanos, sin tener en cuenta que, en muchas ocasiones, ellos también pasan por las mismas vicisitudes, transformándose todo en un círculo vicioso intrafamiliar donde nadie puede ayudar a nadie porque no se sabe quién está peor. En vez de aportar una solución, nos transformamos en un lastre para quienes decimos amar. Los egoísmos prevalecen por temor siempre y en toda ocasión.

No mire hacia atrás al avanzar; si tiene que dejar amigos, familia, costumbres, miedos que paralizan, envidias que envilecen y postergan, deudas que provocan estados depresivos severos o esas palabras negativas que algunas personas nos dicen, ¡avance! Más aún si tiene miedo, pues romperá con el esquema que nos imponemos desde el centro de nuestras negatividades.

Si intoxicamos nuestros días con frases emitidas por el coro de las tortugas que siempre nos retrasan, terminaremos como quienes las pronuncian.

Son aquellas frases tales como: «No es para ti ese negocio», «estás demasiado viejo para volver a empezar», «estás loco por irte del país», «es imposible alcanzar un millón de dólares», «no tienes las agallas para hacerlo», «se necesita mucho dinero para invertir», «deberías volver a ese viejo trabajo de oficinista, que, al menos, te pagaban un sueldo básico», y las frases continúan. Esos son los consejos que no necesitamos escuchar más en nuestras vidas.

La esperanza se forja desde el pensamiento positivo con frases positivas, un objetivo claro, con mucho coraje, pasión y con la certeza de estar yendo a una nueva vida de felicidad.

Además de las frases de quienes dicen querernos —aunque su ignorancia es tan fuerte que los precede y envuelve—, existen otras tantas situaciones que trataremos de advertirles para poder remover esas piedras de nuestro camino.

Escoge muy bien a tu equipo

Capítulo 6:

Nuestra profesión por momentos nos paraliza

*«Tus amarguras, tus celos, tus culpas, tus resentimientos.
Pregúntate: "¿Qué sucedería si yo los dejase de lado?"».*
ANTHONY DE MELLO

O tro tema que esclaviza a algunos seres humanos es su bendita profesión. Nuestra idea de ser profesionales en aquella carrera que estudiamos con tanto amor y que creímos que era la base de la fortuna y la felicidad que no fue. Es la misma con la que soñamos forjarnos un porvenir, la que rogaron por nosotros nuestros antepasados para proyectar sus frustraciones sin darse cuenta de que nuestro ADN era diferente.

> *Uno de los principales escollos que he notado en todas las sociedades y personas con las cuales me he cruzado es su falta de motivación para cambiar.*

Y cuando hablo de cambiar, hablo incluso de profesión si detectamos que la actual nos está hundiendo económicamente y nos aferramos a ella cual maderos en medio del naufragio en vez de comenzar a nadar hacia la playa que vemos a lo lejos. Las personas creen que por el solo hecho de haber obtenido un título universitario les otorga también una garantía.

Las estadísticas cada día suman más titulados que engrosan las filas de los desempleados. Son empleados que se consideran sobrevaluados y donde muchas de las empresas huyen ante sus importantes currículos. Tampoco adoptan una posición humilde por creer que su profesión los habilita para ocupar una posición encumbrada sin pasar por lugares que jamás hubieran imaginado en el escalafón laboral; escalones necesarios para alcanzar posiciones de mayor envergadura.

Son eternos insatisfechos, y ello nubla su visión para poder emprender un negocio propio, alentados en todo momento por su miedo al fracaso. Debemos mover estructuras mentales y alcanzar el bálsamo de nuestros pensamientos para poder realizar esos cambios.

> *Son aquellas personas que, ante cualquiera, necesitan decir que son profesionales, que estudiaron una carrera universitaria, que exponen sus títulos sin que nadie se los pida; todo ello para marcar una diferencia que no existe o para tapar, de alguna forma, la realidad donde se encuentran: en el fondo de sus economías destrozadas y, por supuesto, no ejerciendo en lo más mínimo su profesión con éxito.*

Ellos seguirán ciegos ante el mundo, intuyen que no han logrado nada, pero no lo quieren admitir. Creen que así marcarán la diferencia.

Una vez, Henry Ford estaba en un juicio en medio de sus años de oro. Él le dijo al fiscal que lo trataba de ignorante por su falta de estudios, y ante el cual aseveró que para qué necesitaba haber estudiado si la mano de obra más barata era la profesional y con el dinero que tenía podía contratar a cualquier profesional que requiriera. El inventor del automóvil no había terminado ni siquiera la preparatoria o segundo ciclo de estudios en su adolescencia, al igual que tantos otros exitosos, como Graham Bell, y la lista sería interminable de enumerar.

El estudio, claro está, ayuda a cultivarnos, pero para nada es determinante del éxito en la vida ni en los negocios; es más, a muchos los traba y los frustra en sus vidas el verse limitados en sus profesiones, que no les dan ninguna alegría; se escudan tras un papiro que, en la práctica, no les sirve de nada, solo los encierra con candado, los entumece y no los deja ver más allá de sus narices.

Por supuesto que no todo el mundo que sigue una profesión está a disgusto con ella, y existen hasta casos exitosos en las mismas, pero la frustración y el endeudamiento mundial nos muestran que la mayoría de los profesionales están de este lado del campo de juego, y cada vez son más aquellos que engrosan las listas de desocupados o semiocupados, que trabajan de cualquier cosa que no es lo que estudiaron o que están a la búsqueda de una salida desesperada para sus deudas con tarjetas, hipotecas, bancos, vacaciones, autos, su vida en cuotas.

Sus profesiones los esclavizan, no conocen otro mundo, tienen miedo a aventurarse a lo desconocido y, aunque tuvieran las agallas, no saben por dónde empezar, repiten viejos esquemas, tratan de desarrollar sus carreras o revalidar sus títulos en otras tierras y terminan esperando eternamente a que se dé el hecho reivindicatorio del mismo en ese nuevo país. Fracasan muchos de ellos por no saber vender sus servicios. La venta es todo y en todo la necesitaremos implementar.

Si llegas al éxito o fracasas es por tus pensamientos

Capítulo 7:

Los círculos viciosos de las tortugas

«Un fracaso es solo el condimento que dará sabor al éxito».
TRUMAN CAPOTE

Son círculos que nos deprimen, nos agobian y asfixian. Son comunidades de personas que repiten una y otra vez los mismos patrones de conducta. Están aferrados a ellos por comodidad o ignorancia. Hemos encontrado cuatro, pero les aseguro que hay muchos más.

Tenemos, en principio, el círculo de los eternos estudiantes, que son aquellos que se pasan los años de su vida estudiando. Ellos no entienden que el estudio debe centrarse solo en una etapa de la vida: en la de la adolescencia y no en la adultez. En realidad, ese círculo se usa para tapar nuestras desilusiones y frustraciones ante las vicisitudes negativas de la vida.

Aparecen aquellos que dicen estar estudiando pasados los treinta años y que nunca terminan sus carreras para no tener que enfrentar el mundo del trabajo o de los negocios, simplemente por el pánico que les da el miedo que llevan impreso en sus frentes. Prefieren, así, frecuentar esa área de confort que fabrica nuestra mediocridad. Nadie les preguntará cuál fue su promedio en la escuela o universidad, sino si saben vender, si saben cómo organizar una empresa, si saben liderar un grupo humano de trabajo, si son ordenados y hacen caso a las directivas que emergen de la conducción principal de una empresa.

Ellos quisieran ser otros; tal vez ese exitoso hombre o mujer de negocios, ese exitoso científico, ese exitoso deportista o periodista, ese que triunfa en su profesión. De allí, entonces, surge una vida resentida, una vida que no tiene aire y los ahoga por sí sola. Sus rostros denotan ese cansancio, esa desilusión continuada, esa negatividad hecha carne.

Son aquellos que justifican todo en el no trabajar o tener un empleo mediocre, la falta de dedicación en sus labores, de entusiasmo, que afecta a la toma de acción en sus vidas, todo por estar estudiando en pos de obtener un título universitario, ¿y luego qué?

En ocasiones, retrasan la concreción de sus estudios, pues es como si se les acabara un modo de vida cómodo, donde tienen respuesta para todo desde la perspectiva de sus carreras, pero comenzar una nueva etapa competitiva y desconocida en sus vidas los aterra, el presente y futuro que será durante el resto de sus vidas los paraliza, por ello retrasan lo más que pueden ese momento, pues saben que no habrá vuelta atrás. Eso se llama inmadurez.

¿O acaso no hemos conocido en ocasiones a gente que supera ya los treinta años y que sigue estudiando, e incluso otros viviendo aún en la casa de sus padres? Dicen trabajar desde sus casas y en realidad no salen de su guarida, no buscan superarse ni quieren salirse de ese círculo vicioso del estudioso para no tener que afrontar los desafíos de una sociedad cada día más competitiva y que nos exige poner todo de nosotros para salir de nuestros círculos viciosos de mediocridad que nos creamos mentalmente. En síntesis, nuestra tortuga está cómoda comiendo lechuga.

También he conocido aquellos círculos de los eternos buscadores de empleo. Tenebroso lugar para aparcar, cuyo accionar se repite semana tras semana; son los que yo llamo profesionales de la búsqueda del empleo y que conociera a lo largo de más de veinte años como empresario en la organización de ventas en ocho países. Son aquellos que se pasan toda la vida comprando el diario o buscando en el portal web de su preferencia el fin de semana o los lunes para aparentar un interés que no tienen en su futuro económico y sistemáticamente repiten esa acción de comprar, anotar y enviar su currículo profesional, que se resume en una carilla, o son aquellos que trabajaron en seis empleos en un año y su hoja de vida se remite a un cúmulo de evidentes fracasos. Son enemigos de la perseverancia. No entienden el juego del éxito en la vida, el compromiso consigo mismos y el lugar donde trabajan.

Todo se completa con ir a una o dos entrevistas por semana y ya la misión está cumplida para con ellos mismos y su sufrida familia, quien sostiene lo básico de sus vidas, alimento y una cama; esas personas pueden llamarse padres, hermanos, esposa y hasta buenos amigos algunas veces. Siempre, detrás de estos, encontraremos un buen samaritano.

Como justificación, se aferran a las opiniones de los noticiarios, donde todos los días existe una crisis y una economía en caída libre supuestamente, ya sea en el mundo, en el país o del Gobierno de turno, y así se convierten ellos en jueces y paladines de justicia y con autorización para criticar los caminos por los cuales transcurre la vida política y económica del país. Otra justificación la basan en que no hay crédito, y mucho menos empleo.

Existen economías más permisivas que subsidian eternamente y forman a otro círculo vicioso: el círculo de los parados, donde se han acostumbrado a no trabajar y cobrar una especie de subsidio por no hacerlo, donde el Gobierno les paga por estar desempleados mientras ellos trabajan solapadamente en otro empleo sin declarar. Lo que cuenta, en definitiva, son solo los votos. Es un lujo que sostienen quienes pagan sus impuestos.

He visto que hasta los inmigrantes cobran el subsidio por paro en muchos países de Europa, incluso los ilegales. Por ejemplo, una vez se presentó un latinoamericano en nuestras oficinas alegando que estaba harto de no trabajar porque solo se dedicaba a viajar por Europa gracias al subsidio que le entregaba el Gobierno de ese país —España—. Es increíble cómo una buena acción o intención política puede convertirse en un abuso.

La gente se aprovecha, prostituye la buena intención de un país y le quita el verdadero sentido. Es una cultura del desempleo y que solo se puede desactivar reactivando el aparato productivo de la pequeña y mediana empresa, desterrando los subsidios *ad eternum*, pero eso se lo dejamos a los economistas. Son los Gobiernos los que deben promocionar a los jóvenes y viejos emprendedores con crédito barato para que den trabajo y aporten al crecimiento de los países y sociedades con sus impuestos.

Un cuarto círculo vicioso del cual no podemos escapar y que nos transforma en tortugas inevitablemente también en esta sociedad es el círculo de los que toman el camino más fácil para desarrollar su plan de vida. En este campo, debo destacar dos divisiones: los malos empleados y los malos empresarios.

> *En el primero, vemos cómo los malos empleados no se comprometen con sus trabajos y sus empresas. Pasan desapercibidos en sus puestos de trabajo, haciendo de su día una pérdida de tiempo. No aportan energía alguna, mucho menos imaginación o motivación en sus labores. Están mirando cual ritual su teléfono celular, su computadora o su reloj.*

Es el primero a la espera de la llamada o wasap de algún amigo o pareja que los saque por un tiempo considerable de su prisión de cristal o concreto que consideran a su monótono trabajo. O también podemos encontrarnos con esos que usan todas las opciones que les brinda el ciberespacio: el chat, la búsqueda de pareja o hasta las páginas más subidas de tono para que su hora laboral pase más rápida y entretenida, y después miran el reloj para certificar que este se alinee con la hora tan ansiada y esperada, la de la salida. Ni un minuto más, no importa que suene el teléfono para realizar una compra de último momento o un cliente necesite de nuestro asesoramiento urgente. Solo importa salir corriendo como si de una largada de maratón se tratara.

Los malos empresarios son aquellos que buscan constantemente implementar políticas de recorte de personal injustificadas, de atrasar los pagos lo más lejos posible, de escatimar aumentos por una buena producción lograda, de renegociar comisiones cuando estas se presentan suculentas para quien las trabajó.

Son aquellos que evaden los impuestos, roban elementos de venta a otras empresas, aquellos que no pagan sus deudas o se declaran en quiebra para no pagarlas o aquellos que, con sus productos, estafan al consumidor, brindando un pésimo servicio y productos vencidos en el tiempo.

La lista se presenta infinita de los malos manejos que estos brindan a toda la sociedad, empleados y consumidores. Los hay de todos colores, pero tienen todos ellos algo en común: su egoísmo, soberbia, malas intenciones, su transmisión de negatividad a su entorno, su dominio de la gente por medio del miedo y no con el ejemplo.

Se los teme, se los odia, jamás se los aprecia. Es como un tsunami de agua podrida que van juntando a través de su camino y que, cuando llega a las costas de su propia existencia, les estalla en la cara, dejándolos donde comenzaron. Aquellos que lograron escapar del golpe certero a base de su astucia tarde o temprano les llega su merecido aquí o en la eternidad.

Vuela alto como las águilas con tus sueños

Capítulo 8:

Las deudas nos esclavizan

«Usted está en el camino del éxito cuando comprende que los fracasos son meros desvíos».
GILBERT CHESTERTON

Si hablamos de parálisis, podemos argumentar que una de las cosas que nos produce mayor parálisis en nuestra vida y no nos deja avanzar es aquella producida por las deudas.

Estas tal vez hayan sido contraídas inocentemente en pos del progreso familiar, con sus respectivos intereses o extrañas maniobras financieras que nos hacen perder no solo la cabeza y desviarnos de nuestros propósitos de vida profesional y privada, sino también nos acarrea los típicos trastornos familiares o de salud por el estrangulamiento económico de dinero y otras perspectivas.

Mientras sea esclavo de las deudas, no podrá pagarlas. Los esclavos no generan más que angustias, trabajo duro sin remuneración ni satisfacción alguna, y nunca llegan a nada más que a obtener un plato de comida de segunda y un lecho en el cual descansar sus huesos maltrechos.

No sea esclavo nunca más. Abraham Lincoln abolió la esclavitud hace más de una centuria. ¿Qué espera para romper esa cadena mental que le aprieta el cerebro y salta sobre sus entrañas, retorciéndolas por las noches en una fatiga interminable, y que genera, cual catarata del Niágara, un sinfín de discusiones en el seno de su hogar? Arroje bien lejos esas cadenas para poder avanzar y volver a correr por los caminos de una vida feliz.

Cuando las deudas le aprieten, piense que se podrán saldar en su justo momento, pero no deben ser prioridad alguna en nuestras vidas si uno está pasando por un mal momento y no dispone de los fondos para pagarlas. Debemos generar los fondos para que, cuando estemos en forma, podamos refinanciar estas deudas y liquidarlas desde una mejor posición económica, con un millón de dólares o euros en nuestra cuenta, por ejemplo.

Si nos concentramos en las deudas, más deudas acumularemos; eso ténganlo por seguro, es ley de vida.

No sea esclavo de las deudas, pues sus cadenas son gruesas y pesadas, el piso resbaloso que lo puede arrastrar a un río caudaloso del cual no podrá escapar fácilmente, y ese será su nuevo hogar: las agitadas aguas de un torrentoso río de montaña que sube y que baja entre piedras que lo golpean hasta en las noches.

Tal vez no sea muy formal la propuesta, pero si no está preparado para lidiar con este peso, mejor déjelas de lado, ocúpese de generar dinero, no se preocupe de deudas que ya en su tiempo y forma pagará. Si se concentra en ellas y posterga sus proyectos, estos se esfumarán como el hielo de las cumbres de las montañas en el verano.

Si decide quedarse en su lugar de origen, en su ciudad o país, bien por usted. Pero su cambio debe ser radical. Debe dejar de lado todas las piedras en su mente de las cuales venimos hablando. Renegocie las mismas y no se siga torturando, concéntrese en sus proyectos, no les preste mayor atención, deles su justa medida hasta cuando consiga el éxito en los negocios y pueda terminar de pagarlas. Enfoque toda tu atención en concretar sus proyectos.

Escuche su música favorita, lea libros de motivación, salga a cenar, viaje los fines de semana, vaya al cine, mire películas divertidas, comedias en lo posible —Mr. Bean, Torrente, el español, o Jim Carrey, el americano, son mis preferidos—, vaya al teatro o a bailar, haga yoga, practique algún deporte, golf, *ping-pong*, tenis, fútbol, el que sea.

Practique la caridad, que es uno de los principios de la riqueza total, material y espiritual. Y olvídese de las deudas, no las tome como un problema, permita que se diluyan en su mente y haga un cómodo plan de pago en el que pueda ponerse a tono con las mismas siguiendo el plan de negocios que le propongo en este libro, que será su mentor del éxito en su vida.

Si eres feliz o estas triste es por tu forma de mirar las cosas

Capítulo 9:

Romper todo paradigma que nos ata nuestra mente

«En cuanto el hombre abandona la envidia, empieza a prepararse para entrar en el camino de la dicha».
WALLACE STEVENS

El problema para poder avanzar son los paradigmas que tenemos en nuestra golpeada mente. Golpeada por malas experiencias con socios, amigos, familia, conocidos, competidores, novia y hasta su esposa.

La mediocridad abunda por todas partes. La mediocridad de quienes nos rodean es como un bombardeo constante de nuestro camino donde luego indefectiblemente avanzará la infantería de la envidia.

¿Qué son los paradigmas? Bueno, en forma simple, son aquellos pensamientos que nos retrasan. Son aquellos pensamientos a los cuales nos aferramos erróneamente. Son pensamientos que creemos reales, impuestos por la cultura y la sociedad, que no nos permiten vislumbrar otras opciones de vida o de pensamientos.

Por ejemplo, para entenderlo más esquemáticamente, voy a contarles una pequeña historia. En una carretera estaba cruzando un cerdo. Pasa un automóvil conducido por una mujer, lo esquiva y sigue. Una vez pasado el mal momento, la mujer ve acercarse un conductor a mucha velocidad. Cuando pasa muy cerca de ella y a una velocidad considerablemente alta, logra advertirle y le grita: «¡Cerdo!». El hombre, indignado, creyó que lo estaba insultando, entonces se dio la vuelta y, a lo lejos, comenzó a insultarla sin percatarse de que, doblando la curva que seguía a continuación, se encontraba el cerdo, contra el cual se estrelló.

El hombre tenía el paradigma de que lo estaban insultando por la forma en que conducía, pero, en realidad, lo que la mujer hacía era advertirle acerca del cerdo que cruzaba la calle para que tomara las precauciones del caso. ¿Cuántos cerdos se nos cruzan en la ruta de nuestras vidas?, ¿cuántos paradigmas en nuestra mente y terminamos estrellándonos contra ellos? Debemos limpiar nuestra mente para comenzar el cambio.

De aquellos primeros abuelos inmigrantes llegaron estos hijos y nietos, que, al no tener el empuje de sus ancestros, no tuvieron ese valor de romper paradigmas de vida en muchos casos que sí rompían sus antepasados. Pero, gracias al cambio de condiciones económicas que trajeron sus abuelos, algunos hijos y otros nietos dilapidaron sus fortunas y vieron sus patrimonios extinguirse cual dinosaurios ante el impacto del meteoro, cayendo de una clase acomodada a engrosar las clases bajas y medias.

A esos hijos o nietos de inmigrantes el miedo los gobernó en un momento crucial. Miedo al cambio, a asumir riesgos, a salirse del área de comodidad, a emprender nuevos caminos como aquellos abuelos nuestros, el miedo a vivir, que, en muchas ocasiones, lleva a las drogas y al alcohol.

Vivir es inseguro, es riesgoso y quien no asuma que estamos inmersos en esa vorágine de vida no está en frecuencia con el planeta en el que vivimos.

Nadie está seguro ni con su empleo y, si no, miremos la cantidad de desocupación que están generando las crisis mundiales a lo largo de la historia que hundieron vidas y empresas. Tampoco estamos totalmente seguros con la seguridad personal. Al leer las noticias, vemos que nadie está exento de que en algún momento pueda ser objeto de un robo de un celular, de una intrusión en el hogar, de que nos lleven el auto o, peor aún, sufrir alguna modalidad de secuestro, como el intento que sufrimos en México en el año 2006.

Tampoco estamos exentos de estar expuestos a enfermedades. Según los libros que tratan seriamente estos temas, nos dicen que la mayoría de las mismas las genera nuestra propia incertidumbre, nuestra propia mente con sus pensamientos negativos y frustraciones.

Me pregunto a qué llamamos algo seguro. Suena algo así como que dispondremos de seguridad social y, cuando cumplamos sesenta y cinco años, dispondremos de una jubilación miserable con una asistencia de salud mucho más deplorable en general en la mayoría de los países del orbe.

¿O seguridad es trabajar ocho horas diarias, irse de vacaciones cuando la empresa se lo permite, soportar a todo tipo de jefes y atenerse a las consecuencias, aspirar a un aumento de sueldo cuando el costo de vida ya esté por las nubes?, ¿es seguridad un sueldo fijo mínimo de cuatrocientos dólares o mil euros?, ¿a ello llamamos seguridad laboral? Yo lo llamo seguridad para los que aún ven la vida desde la perspectiva del miedo.

Miedo a respirar, a avanzar, a lanzarse a lo desconocido, prefiriendo una seguridad que no existe en la vida. Nada es seguro. Si no, pregunten a todos aquellos que perdieron sus casas en la temporada de huracanes en el Caribe o Asia o en un tsunami, en un tornado o ante la pérdida de ahorros de toda una vida cuando quiebra una entidad financiera. La única seguridad que conozco es la de los cementerios, donde nada sucede.

Yo les propongo algo diferente, romper con la mediocridad definitivamente, avanzar con el rostro en alto para ver siempre el horizonte del éxito al cual debemos llegar. Muchos se conforman con trabajar con sus padres o seguir ciegamente el camino que ellos trazaron porque se creen impotentes para desarrollar su propio proyecto de vida. Es más fácil, más cómodo, vivir con los padres, trabajar con el padre y hasta vivir del padre sin trabajar. Son parte de la mediocridad que hoy abunda y crea las crisis sociales.

No me estoy refiriendo a que si nuestro padre es un empresario exitoso no podamos incorporarnos a la empresa familiar; en ese caso, siempre es válido, y más si lo hacemos con responsabilidad, aportando lo mejor de nosotros y, si tuvimos la suerte de nacer en una familia acomodada económicamente, este libro también te ayudará a encontrar maneras explícitas para hacer crecer las ventas de la empresa familiar.

Debemos cambiar el conformismo por la toma de conciencia de nuestro mediocre estilo de vida, el miedo por el valor para avanzar en una vida empresarial que estará llena de piedras que deberemos patear una a una con firmeza para ir despejando nuestro avance.

Si no estamos dispuestos a patearlas todas y solo queremos patear algunas, seguiremos tropezando y frenando nuestro andar. No tengamos compasión con las piedras, las piedras solo piedras son. Estas piedras pueden ser de diferentes colores y pesos específicos.

Las hay más negras y pesadas, también existen de hermosas tonalidades, pero también nos hacen tropezar. Amigos o amigas, familiares, empleados, confidentes; en definitiva, todo aquel que tengamos cerca podrá ser una potencial piedra. No digo que todos tengan malas intenciones, pero algunos dicen querer lo mejor para ti, dicen ser positivos y estar muy motivados, pero todo queda en palabras, pues sus gestos, actitudes, energía que irradian, sus miradas o gestos ante nuestro progreso dicen todo lo contrario a lo que expresan con palabras y sus resultados.

Para identificarlas mejor, podemos acotar que son personas a las que todo en la vida les va mal, les suceden grandes desgracias o tienen grandes depresiones y negatividades. Parecen brillar por momentos, pero es solo eso, un fugaz momento, tan así que muchas veces los apreciamos y ayudamos, los tratamos como hermanos, pueden parecer graciosos, inteligentes, pueden ser profesionales, abogados, médicos, contables o simples personas que se nos acercan.

Ejemplos en mi vida sobran, por ello les advierto: todos tenemos alguno cerca. Solo mire a su alrededor y percíbalos, desconfíe, analice sus actitudes y los reconocerá. Patee esas piedras bien lejos.

Si vives bien o mal es por tus elecciones

Capítulo 10:

Analizar nuestro entorno para desterrar la envidia

«Cuando la envidia es fuerte, la persona sentirá odio y animosidad hacia aquel a quien envidie. Le deseará el mal y murmurará contra ella. Tales sentimientos de odio resultan muy destructivos. Si una persona tiene una tendencia a sentir envidia, su existencia entera estará plagada de angustias. Estará a la espera de que los demás cometan errores para regocijarse cuando ello suceda».
PELE YOATZ

El envidioso no desea vuestras pertenencias, sino que usted ya no las posea y que quede en su misma condición o peor aún; en definitiva, busca nuestra destrucción, así de fuerte. No existe la envidia sana, como muletilla que hasta el hartazgo repiten, por ejemplo, en España.

Debemos aislarnos de los personajes negativos que siempre nos rodean cual cuervos esperando la muerte de su presa para absorber nuestras últimas energías. Los chupa energías son como los chupacabras, pero en versión terrícola, pues los otros no sabemos bien de dónde provienen.

Ellos viven sumergidos en su mediocridad y quieren que todos nos sumerjamos en su misma condición. A nadie le gusta hundirse solo, debemos tener en cuenta que una parte de la población mundial adolece de este gran defecto que es la práctica del egoísmo. Deberíamos analizar, en primera instancia, nuestro entorno antes de comenzar nuestro proyecto.

Estos individuos, cercanos o no, sepamos que también sus vibraciones negativas afectan a distancia, llevan diferentes envolturas, pero siempre son los mismos, los conocemos con diferentes nombres en cada historia de vida: malos amigos, algunos familiares, hermanos, primos, jefes, compañeros de trabajo, exnovia, exesposa, todos los personajes son posibles sospechosos en potencia.

Es solo cuestión de tiempo que alguno de ellos revele sus intenciones y, tal vez, sea tarde cuando lo descubramos. Suelen pasar desapercibidos como interesados en nuestros problemas, pero yo diría, en realidad, al acecho; llevan una carga tan negativa que hasta aparatos electrónicos se descomponen con su sola presencia, y no es un chiste, me ha tocado vivirlo. Es bien real, no dejarán nunca que progrese para que siempre esté allí, en ese mismo lugar, junto a él, hundidos con el ancla en el fondo del mar.

Como su vida es sinónimo de fracaso y su esquema mental es muy fuerte, son soberbios, egoístas y testarudos, solo tomar la puerta de salida nos queda y alejarnos lo más pronto y lejos posible. O si fuera un empleado, alejarlo de nuestra empresa, sin importar si parece el empleado más divertido por momentos. Aunque creamos que no podríamos continuar nuestros esquemas en la empresa sin su presencia, hagámoslo sin titubear y veremos el milagro surgir.

Nuestra experiencia así lo dicta, créanme, existen estas entidades negativas que marcan negativamente nuestros negocios y vidas. Por ende, si detecta o está en este momento pensando en alguno del cual sospecha o se dio cuenta de que lo tiene cerca, deshágase ya de él, tenga en cuenta una corazonada, utilice la intuición; por supuesto, sutilmente, para no ofender sus sentimientos, pues la fuerza de sus deseos oscuros o sus envidias incontrolables devastará sus proyectos más queridos si los mantiene cerca de usted y no lo hace sutilmente.

Con el tiempo, si no da el primer paso para su independencia mental, volverá a preguntarse una y otra vez por qué nada de lo que emprende le funciona. Luego se ahogará en una cerveza o el licor de su preferencia con ese amigo de siempre, y que siempre, casualmente, está en los malos momentos, pues aún usted no ha podido conocer los buenos por rodearse siempre de lo mismo.

Un consejo: calle acerca de sus proyectos, sus viajes, su vida económica. Nunca diga a dónde viajará, ni de qué dispondrá de su propia empresa, no mantenga ni siquiera el contacto por *e-mail* o WhatsApp. Así de tajantes son las medidas que tomar si desea llegar a escalar en este camino en su vida.

Mi tío Cuqui siempre que se le preguntaba cómo andaba, contestaba: «Tirando». No sabíamos si tiraba de la vida pesada o de un carro lleno de dinero. Por su expresión, que no generaba más que compasión en quien lo escuchara, parecía tirar del carro de una pesada vida. Pero, en realidad, escondía su enorme fortuna tras esa cara inexpresiva; esta crecía día tras día. Es una buena práctica que aprendí de este curioso tío Cuchi.

Calle su vida económica, ocúltela, es una primera herramienta para empezar a caminar en el principio del fin de sus viejos esquemas y paradigmas de vida.

Rompa viejas amistades que no aportan nada y sean sospechosas de una vida de frustración, queme esos libros que le hablan solo de sufrimiento, no lea sobre el fin del mundo, ni de Nostradamus, ni sobre las profecías mayas, mejor olvídelas; no vea los noticieros, no escuche más de crisis, escuche solo lo necesario a los políticos, aproveche bien sus horas del día, no pierda su valioso tiempo en las comunidades de Internet.

Concéntrese en los objetivos que tenemos que alcanzar. Lea libros de motivación, de historias de vida exitosas, vea en la web temas que le hagan crecer espiritual y económicamente, investigue qué nuevos negocios están en boga en otros países, haga su mejor versión de los mismos donde se encuentre.

La búsqueda de amor artificial vía web es causa de no salirse de una adolescencia tardía llena de frustraciones, encontrando en esas acciones marginales un poco de aventura que solo traerá desgracia a su vida si usted ya está comprometido. Sepa que el producto de su situación económica frustrante acarrea también frustración en sus parejas, y entonces se busca una pequeña rendija por donde evadirse para ahogar sus penurias en alguien nuevo que escuche sin problemas, supuestamente a la vista.

Tenemos que elegir entre el mundo de los negocios o el de la búsqueda del amor furtivo. Un mundo no se complementa con el otro. O somos cazadores del placer y el exceso o nos dedicamos a la agricultura para cosechar dinero en abundancia.

Son esquemas opuestos. Energías que utilizamos en un sentido o en el otro. Obviamente, no estoy diciendo que no tenga sexo con su pareja estable de toda la vida, sino que advierto acerca de las aventuras no por moralista, sino por realista, ya que estas distorsionan nuestros tiempos, acarrean problemas, quitan energías necesarias para concentrarlas en lo que realmente importa, no nos permiten concentrarnos en nuestra fábrica de dinero y sueños. Debemos vivir lo más que podamos en armonía para poder lograr nuestros objetivos económicos superlativos.

Si nuestra energía y tiempo los canalizamos en estúpidas aventuras inmaduras, el resultado en los negocios será fatal. Algo siempre debemos entregar a cambio de cambiar nuestra vida para mejor. Dedíquese en los tiempos libres a su familia, que se lo agradecerá, y verá su vida económica florecer.

En estas líneas debemos destacar también el influjo negativo de algunas parejas que tengamos en ese momento a nuestro lado o hayamos dispuesto para pasar el resto de nuestras vidas por error. Sí, es cierto que está el dicho que asevera que detrás de un gran hombre existe una gran mujer o viceversa, obviamente, también se cumple.

Hay parejas que, por su cultura, educación, resentimientos, ejemplos de vida por los cuales han pasado en su niñez o por diversas situaciones vividas durante su existencia se transforman en una bomba de tiempo y en una piedra más en el camino al éxito de alguien que quiere ser un emprendedor y generador de triunfos.

Lo he visto siempre que tuve ocasión. Los ejemplos de fracaso que van de la mano de una pareja interesada o tóxica son innumerables. Desde siempre, algunas mujeres u hombres han buscado un lugar en el mundo, tratando de conquistar a una pareja adinerada o poderosa. Algunos lo logran, otros no. Muchas veces, ante la inseguridad de sus vidas, se unen con alguna pareja de ocasión a la cual le ven algún potencial económico y, por ende, un paraguas de seguridad para sus existencias. Al tiempo, resulta que fue toda una mentira la que compraron y aparecen las decepciones, acompañadas, en ocasiones, de furtivos nuevos amores, hasta que se corta definitivamente esa relación mal iniciada.

Numerosas personas, lamentablemente, suelen elegir mal a sus parejas, que en muchos casos resultan ser farsantes del amor y mitómanos compulsivos por excelencia.

Una persona incapaz de proyectarse en los negocios compra interesadamente ilusiones que nunca se harán realidad, ve capacidades en el otro que no existen, todo termina en desilusión. Algunas personas logran salirse de la telaraña tejida, otras no pueden; se preguntan a dónde irían y entonces soportan y perdonan —supuestamente— todo tipo de afrentas, de traiciones y mentiras.

Quien sufre de mitomanía también sufre de envidia y traiciona invariablemente. Estas prácticas solo retrasan y perjudican a quienes las practican; tarde o temprano, estos oscuros personajes son descubiertos y jamás alcanzarán los sueños a los que aspiran en sus vidas, solo experimentarán fogonazos cual fuegos de artificio.

Otras personas quieren dominar con su mediocridad y destruyen las capacidades de la pareja para poder alcanzar su destino. Tanto hombre o mujer que ostente esta posición perjudicial contra su pareja son traidores en potencia y una piedra en el camino también.

Recordemos que detrás de alguien grande existe como pareja alguien igual o más grande aún. El éxito no lo obtendremos de la mano de la persona equivocada, interesada o negativa, no nos engañemos a nosotros mismos.

Si amamos a nuestra pareja, entonces, curémonos juntos leyendo libros de motivación, hagamos deporte juntos, salgamos a divertirnos como el primer día de la relación y emprendamos juntos también la empresa. No se arrepentirá jamás de la decisión de compromiso que asumió. Primero el cambio interior, luego la decisión, el proyecto y la acción certera de ambos en familia.

Mis piedras han sido muchas. Las fui pateando una a una. Algunos ejemplos e historias comienzan por algunos empleados o parejas mal seleccionadas que nunca dejarán de aparecer en nuestras vidas, pero estará en nosotros saber identificarlas y tener el coraje de sacarlas del camino.

Un caso particular que sirve de ejemplo acerca de lo que estamos queriendo explicar se nos presentó en la oficina que abrimos en Perú. Su nombre es digno de olvidar. Lo llamaremos Fatalicio. Todo comenzó en Buenos Aires, en nuestras oficinas como distribuidores de la marca americana. Era un muchacho, al parecer, humilde y puntual.

Cuando se lo requería, allí estaba. Nos acompañó en la aventura de Perú. Allí sufrió mucho el desapego, sobre todo de su novia, una secretaria de nuestra empresa. Vivía deprimido, a pesar del departamento lujoso que le alquilábamos, un semipiso en avenida Benavidez de Lima que habíamos dispuesto para empleados y que compartía con otros tres elementos que también nos acompañaron. Manejaba una de las camionetas Mercedes que pudimos llevar hasta Lima, Perú. En esos meses, el amor resurgió en la vida de Fatalicio de la mano de otra secretaria peruana.

Cuando fuimos a abrir la sucursal de México ante el cierre de Perú por razones ajenas a nuestra voluntad, Fatalicio no estaba muy seguro de acompañarnos. La venta en Perú, cuando cayó en sus manos, precisamente, cayó y se estrelló, llegando a los niveles más bajos nunca vistos en nuestra historia. Era una piedra de las pesadas. Llegó a Ciudad de México un mes después de nosotros. Fue alojado en una casa de una familia que le brindaba una habitación en alquiler. En ese mes, usó la línea telefónica para hablar en secreto con su novia peruana. La devastó al llegarles una facturación muy abultada que no pagó, pues antes se fugó.

En ese ínterin estábamos en los preliminares para el comienzo de la operación en México con la empresa de seguridad americana. Al mes de llegar, nos planteó que se volvía a Perú. Que quería estar para el cumpleaños de su novia peruana era la tonta excusa; su mundo era una excusa ante los fracasos continuos.

Habíamos gastado en pasaje, en vivienda y en su manutención durante este tiempo. Antes de partir, le advertimos de que, si volvía a Lima, su novia no lo miraría con los mismos ojos, pues regresaría derrotado. No tendría ya el lujoso apartamento ni la camioneta que ya habíamos vendido. Nuestro consejo fue que esperase a que tramitáramos el ingreso legal de su novia a México para así vivir juntos otra vez sin complicaciones. No nos escuchó. La impaciencia le ganó.

Lo último que supimos es que el romance duró poco tiempo. En ese entonces, la madre de su novia lo puso a manejar su local de fotografía. Al tiempo, la piedra lo fundió y cerró. La chica lo dejó por otro, seguramente sin tanta mala vibra, y, como corolario, tuvo que regresar a Buenos Aires, según nos relató un tiempo después en un *e-mail*, sentado en los escalones de un autobús cuyos chóferes eran amigos del padre y que cubrían la ruta Lima-Buenos Aires. Tres días en esos escalones y sin un centavo en el bolsillo. A eso realmente llamamos gente piedra.

Conclusión: nunca traslade a nadie, por más de confianza que crea que sea. Nadie es indispensable, solo usted. Debemos destacar que es fundamental alejar a los chismosos de la empresa. Nunca trasladar a ningún amigo, empleado, familiar, etc., si hemos decidido emprender el camino de reubicarnos en otras tierras con nuestro proyecto.

Otro consejo es el de no relacionarnos fácilmente. La gente es muy simpática en todas partes, pero todos buscan algún beneficio de usted, lamentablemente.

Son pocas aquellas personas que obran con el corazón y realmente creen en la amistad. La mayoría está a la búsqueda de alguna ventaja. Estemos con los ojos bien abiertos. Toda piedra tiene un gran componente de envidia. La envidia retrasa y es de los peores sentimientos que puede tener un ser humano. La envidia es la antítesis del amor al prójimo. Está en el lado opuesto de la palabra «amistad». La envidia demora, hunde y mata.

Por ende, al detectar alguna piedra en el camino, no tengamos piedad, pues ellos no la tendrán con nosotros y nuestros intereses. El que sepa oír que oiga. No se queden en su ceguera creyendo que todos tienen buenas intenciones para con usted. No sea inocente. Las piedras existen, son tortugas mentales que abundan, son parásitos que ingresan a nuestras vidas para trabarlas y destruir nuestro progreso. En definitiva, son grandes resentidos.

Capítulo 11:

Abriendo puertas

«El hombre se auto realiza en la misma medida en que se comprometa con el cumplimiento del sentido de su vida».
VIKTOR FRANKL

A finales del año 2001, Argentina se sumía en el caos una vez más. Esta vez, de la mano de un corralito bancario. La gente empezó a sumirse en el pánico y empezó a retirar todos sus ahorros de los bancos. Estos, por su parte, decidieron no entregar ni un solo centavo con el argumento de que el dinero de los clientes ya no estaba en sus arcas. Sí, así de simple era. Esta situación, creo yo, fue el punto culminante de la esperanza que albergaba en ese país. Era un escenario que no esperaba escuchar ni ver jamás, era el infierno por Dante descrito en su obra. Pero allí, en ese país, se presentó de la mano de algunos inescrupulosos banqueros y políticos con todo su esplendor y desfachatez.

Para ese entonces, teníamos una empresa exitosa, distribuidora en Buenos Aires, con empleados como los que describiera anteriormente, en un clima de fiesta y logrando las metas del millón de dólares en un año fácilmente. Era todo paradisiaco, ideal; vivíamos en una burbuja mientras afuera de nuestras oficinas corría el magma de la discordia pronto a estallar; se recalentaba como en la caldera de un volcán.

Decidí emprender una nueva aventura siguiendo con el mismo rubro, como empresa asociada al grupo de EE. UU. Para ese tiempo, empezó el rumor de que en Perú estaban por abrir operaciones, así que hacia allí me dirigí sin meditarlo más. Era la prisión del corralito o la libertad de continuar por la senda del éxito que habíamos experimentado en Argentina. Previamente, comuniqué mi decisión a nuestro socio, con el cual hicimos un finiquito.

Él intentó convencer a mi socia de que se quedara, pero fue inútil. La incertidumbre, las marchas, los cambios de gobierno se sucedían, tres o cuatro en un año, la rotura de las vidrieras de los bancos por hombres encapuchados que se enfrentaban en las calles con la Policía, las cacerolas de los vecinos sonaban por las noches cual sinfónica y las reuniones de los mismos en cada esquina de la ciudad al atardecer eran ya un clásico; no era un buen signo de que algo cambiara, sino de que empeorara. La gente nunca más pudo recuperar el total de sus ahorros.

Viajé primero a Chile. Allí se encontraban los directores para Latinoamérica de la corporación de EE. UU. No conocía a nadie de esos niveles, y mucho menos en Chile, ni siquiera sabía a quién tenía que dirigirme, y hacia atrás no quedaba nada más que gratos recuerdos con sabor a tango.

En Argentina eran mis socios quienes tenían la relación con los directivos de la central argentina; por ende, ni siquiera era un punto de referencia mi presencia en Chile. Conmigo llevaba una carpeta de presentación de los logros obtenidos como una de las oficinas más exitosas y con mi plan de UFV (unidades de fuerzas de ventas) que tanto había sorprendido a los entrenadores de ventas de la corporación.

Averigüé, mediante la guía de Páginas Amarillas, la dirección de la corporación en Santiago de Chile, pues ni con ello contaba. No llamé por teléfono; en cambio, decidí presentarme directamente solo con mi carpeta, mi plan de negocios y mi traje.

Era un edificio corporativo de muchos pisos con una puerta y una recepción de lujo, como correspondía a semejante corporación estilo Nueva York. Me acerqué al mostrador donde se encontraban las recepcionistas. Una de ellas, sin mucha sonrisa en su rostro, me saludó. Presenté mi tarjeta personal y le dije: «Fui distribuidor en Argentina y quisiera hablar con el director general de Chile para presentarle un proyecto sobre la apertura en Perú, que es la nueva región que se abrirá».

La sorpresa de la señorita fue mayúscula cuando también agregué que no tenía cita alguna ni sabía con quién hablar al respecto. Inmediatamente, su respuesta fue que era imposible que algún director me atendiera, porque nunca atienden a nadie, y mucho menos sin cita previa, según comentó, muy segura de lo que decía.

En vez de conformarme con su respuesta, insistí sin saber de dónde saqué las fuerzas y le dije: «Vengo del otro lado de la cordillera especialmente para esto, por favor, ayúdeme a obtener esta entrevista; si no se la da, me voy por la misma puerta que entré y no me ve más».

A lo cual me contestó que lo intentaría, pero que era seguro, como ya me había manifestado, que no me recibirían. Tomó el teléfono y llamó al director del país, es decir, el director de ese gran edificio, de la mega corporación desde donde la corporación manejaba toda Latinoamérica. No podía creer lo «bien» que se había portado la recepcionista. Yo creo que llamó porque estaba convencida de que no me atenderían y así me demostraría que ella estaba en lo correcto, y para que, en definitiva, no la molestara más.

Su cara se transformó cuando del otro lado del teléfono le dijeron que subiera, que sería un placer recibirme. Me comentó luego que era el primer caso que veía que sucediera algo así y que estaba en mi día de suerte. Pasé y subí hasta las oficinas del director general del país, que era un mexicano. Me recibió excelente. Yo le relaté nuestra experiencia y los logros que habíamos obtenido en Argentina.

Le mostré nuestro álbum de fotos de los viajes de entrenamiento, los diplomas obtenidos y nuestro plan de negocios. Quedó satisfecho y sorprendido por nuestro método.

Le manifesté nuestra intención de invertir en la nueva apertura que la multinacional estaba proyectando en Perú. Luego de un largo rato de plática, me ofreció que nos quedáramos en Chile, pero le dije que yo consideraba que Chile era ya un mercado muy saturado, ya que ahí fue uno de los primeros países de

Latinoamérica donde desembarcó la multinacional; en cambio, Perú era un país virgen.

Lo entendió perfectamente, entonces me pidió que me pusiera en contacto con quien llamaremos Carlos, que, por ese entonces, estaba a cargo de la apertura de las oficinas en Lima. Salí muy contento de esa reunión, las puertas estaban abiertas.

El corolario de esta historia es que nunca se dé por vencido, aunque crea que es un imposible. Mientras haya vida, habrá esperanzas y nunca se sabe cuándo será la oportunidad donde se abrirán las puertas al éxito definitivamente. Digamos «no» al miedo de intentarlo miles de veces hasta lograr el objetivo que nos proponemos en nuestro camino. La perseverancia es la clave, la acción y la convicción de triunfo son determinantes.

Crear una vida diferente y maravillosa también depende solo de ti

Capítulo 12:

Persiguiendo un objetivo

«Sigue el camino opuesto a la costumbre
y casi siempre lo harás bien».
JEAN JACQUES ROUSSEAU

Corrí al primer teléfono que encontré para comunicarme con mi socia y esposa ya en ese entonces. Del otro lado de la cordillera, parecían fuegos artificiales llenos de alegría los que estallaron a través del teléfono. El primer paso estaba dado. Ella preparó todo para la partida. Se sumaron a la aventura aquel Fatalicio de quien habláramos, una secretaria, una supervisora y un supervisor de ventas, todos ellos argentinos. Me olvidaba de los dos gatos, un siamés y una gata negra que años más tarde el tan mentado Fatalicio dejaría tirados en algún lugar de México ante nuestra ausencia.

Partieron desde Buenos Aires con todo tipo de equipaje en una de las camionetas Mercedes Istana. Salieron desde Buenos Aires y cortaron por la mitad el territorio argentino, recorriendo varias provincias. Cruzaron los Andes cual san Martín y arribaron a Santiago de Chile.

Yo, por mi parte, mientras se sucedían esos preparativos en Argentina, viajé a Lima para tomar mi primer contacto con Carlos. En Lima aún no estaban dispuestos ni siquiera los muebles en la central corporativa. Todo se limitaba a un semipiso en una buena zona de Lima. Era el primero en aparecer solicitando una distribución, pero fui el último en obtenerla. Luego les relataré los pormenores, les hablaré sobre la envidia y de lo mal director que resultó ser este Carlos. Su final también fue lamentable, ya que, al mes de comenzar la operación en Perú, fue echado de las oficinas sin poder tomar ni siquiera una pluma del escritorio que ocupaba.

Unos años después, en Ciudad de México, la vida a uno le muestra algunas veces el rostro de la justicia de Dios o de las leyes del universo que Dios plantó; para nuestra sorpresa, nos visitó este Carlos, pues éramos los números uno en ventas y, por ende, un potencial cliente para lo que estaba vendiendo como promotor libre: cable para instalaciones.

Siempre vimos cómo terminan quienes obran con mala intención en la vida. En este ámbito, hemos visto que a muchos directores comerciales les nubla la visión su soberbia. Se creen eternos e intocables en lo alto de las corporaciones, y nada más alejado de la realidad. Caen como granizo del cielo cuando menos se lo esperan.

Como verán, me he desviado de mi primer contacto con el inefable Carlos. Muy simpático, pero resultó ser muy falso. Parecía todo increíble en un principio.

Alquilé un piso completo en Miraflores, sobre la avenida Benavidez, para el grupo de viaje en una primera instancia. Inmediatamente, regresé a Santiago a esperar el contingente que venía con mi socia.

Estaba realmente excitado en ese momento por los grandes cambios a los cuales nos íbamos adaptando. Por primera vez, estábamos tocando territorios desconocidos. Países nunca soñados, paisajes de ensueño, comidas diferentes, culturas increíbles.

Si bien ya conocía Europa, Cancún, Brasil y Punta Cana como turista, pero esto era algo totalmente diferente, pues se trataba de instalarme en un país diferente al de siempre y montar una empresa por primera vez en un terreno desconocido.

Nos quedamos en Chile un par de días antes de arrancar el periplo que iba desde Santiago hasta Lima. Fueron cinco días con sus noches increíbles de viaje por desiertos, mares y selvas, paisajes únicos que marcan esos antiguos territorios de la civilización inca.

Debido a que en Argentina nada se podía vender, pues el dinero estaba congelado en los bancos y las camionetas habían costado bastante, decidimos, para no perder parte de nuestro capital, viajar con él e intentar vender la camioneta en Perú luego de nacionalizarla, y mientras, usarla para las unidades de fuerza de venta.

Arrancamos una mañana de febrero de 2002. Cruzamos todo Chile. Hermosos paisajes. Nuestro destino primero fue el desierto de Atacama, uno de los más calientes del mundo. Mientras rodábamos por la Panamericana, iba al volante Fatalicio. En un momento, una patrulla de carabineros nos paró por exceso de velocidad. Sabíamos que eran duros estos tipos, pero suponíamos que podríamos hablar simpáticamente como sucedía en Argentina. Nada más lejano que esa suposición.

Le retiraron el carné de conducir a Fatalicio, un ejemplo más del hombre piedra, y nos pidió que esperáramos tres días para pagar la multa. Pedimos, rogamos, pero todo fue en vano. Entonces, condujimos hacia el pueblo donde radicaría la falta y donde se encontraría el carné de conducir. No podía ser de otra manera, tampoco la suerte en este caso acompañaba a Fatalicio. El juzgado le manifestó que era imposible adelantar la fecha para poder pagar la multa y así recuperar su carné.

Decidimos continuar en ruta y abandonar el mentado carné de conducir, que es muy difícil de obtener en Argentina. En esos países se debe pasar por muchos exámenes, como si de una carrera universitaria se tratara; igualmente, y a pesar de tanto trámite, no dejan de sucederse los accidentes de tránsito, lamentablemente. En cambio, en países como México, donde todo es fácil y la burocracia brilla por su ausencia, se obtiene rápidamente un carné de conducir en el mismo día que se solicita e, increíblemente, los accidentes no son tantos y la gente conduce prudentemente, así me sucedió allá por el 2003; hoy en día no sé si sigue siendo así, pero en ese entonces todo era fácil en México.

Nos aproximábamos al desierto de Atacama y el calor se hacía sentir. Era un paraje blanco como la nieve, pero era de arena hirviendo. En esa ruta, que parecía de polvo, apareció un último puesto para parar, comer algo y cargar agua, pues el próximo lugar quedaba bien lejos de este último punto.

Empezamos a avanzar por un paisaje lunar salpicado, por momentos, de restos arqueológicos de la cultura inca increíbles. Paramos en uno de ellos. Era irreal.

Nunca paramos a dormir. Manejábamos por turnos. Luego de unos días de viaje, llegamos a la frontera peruana.

Increíblemente, en el apuro por viajar, una vez más, Fatalicio y las otras dos chicas no habían podido terminar el trámite del pasaporte y creyeron que Perú limitaba con Argentina y no necesitarían pasaporte. Nada más lejos de la realidad, pues Perú no hace frontera con Argentina y es allí donde se dieron cuenta de su mal cálculo geográfico. Para lo cual, bajaron a hablar con las autoridades peruanas, que, siempre muy amables, los dejaron pasar, al tiempo que les llegaban los pasaportes a Lima.

Seguimos por caminos nunca imaginados. Bordeando montañas donde solo un auto podía pasar y por donde, en algunos tramos, la pequeña ruta o estrecho pedregoso estaba inclinada en cuarenta y cinco grados por los terremotos que se daban en la zona. A los costados de la ruta se sucedían una serie de capillas improvisadas, cuadradas y pequeñas, con velas prendidas en su interior; no me imaginaba quién realizaba esa labor, pues no se veía a nadie en esos parajes deambular. Suponíamos que eran camioneros que tomaban esas rutas para llevar sus mercancías. Algunos altares eran dedicados a la Santísima Virgen y otros vaya a saber a qué tipo de idolatrías que realmente metían miedo al observar. Cuchillos colgados de estos santuarios improvisados daban marco a una escena sacada de una película de terror por momentos.

Parecíamos envueltos en una atmósfera traída de otros tiempos, la soledad absoluta, el desierto en toda su extensión y expresión, las montañas golpeadas por los constantes sismos retorcían la senda de la ruta junto a sus precipicios dignos de respeto, que parecían terminar en el averno. Una noche de madrugada llegamos a un punto sin retorno.

Los pueblitos que surcaban la carretera solitaria no tenían luz eléctrica, solo iluminaban las luces de las candelas. Las caras de sus habitantes en la oscuridad de la noche impenetrable dibujaban un paisaje de sombras difusas, cuasi fantasmales, que se sucedían al borde del oscuro asfalto, entre el polvo, la tierra reseca y las estrellas. En ese contexto, esa noche pasamos por uno de estos lugares con sus penumbras y extraños habitantes.

Comentamos luego la suerte que tuvimos de que nadie nos parara y nos asaltara, pues esa era la impresión que daba el trayecto, cuando, de repente, alguien casi ahogado en sus palabras entrecortadas, ante el susto, gritó: «¡*Waico* adelante!».

Waico es la palabra que utilizan en Perú para describir un desborde de un río que arrastra piedras grandes y todo tipo de cosas. Nos detuvimos. Lo primero fue pensar en regresar al pueblito inmerso en la oscuridad de la noche, donde relucía la gente con machete a la cintura y donde el alcohol era la moneda corriente entre penumbras. Hacia atrás, la nada y tal vez el infortunio; nos arriesgábamos a pasar un mal momento. Por delante, solo una oportunidad de pasar con vida, tal vez. Por fin surgió el coraje de pasar ese río desbordado. En ese momento, pensé que, si todo este rollo valía la pena y era necesario para continuar nuestra exitosa empresa en otro país diferente al que dejamos atrás hecho cenizas, tras el momento de la duda, dije: «¡Pues adelante!».

Por un momento, llegué a añorar el corralito, las manifestaciones nocturnas de Buenos Aires, las marchas sindicales y los cortes de rutas. Para colmo, éramos tres hombres y tres mujeres jóvenes. Si veían bajar en esos páramos a mi socia, rubia y muy hermosa, y las otras dos chicas, también bien presentadas, estábamos perdidos. Pero decidimos cruzar el *waico* sin dudar más. Lo consultamos entre todos, incluso los gatos participaron del debate, pues me miraban desconcertados, con los ojos grandes como la luna llena. Parecían percibir el peligro.

Todos nos persignamos y tomamos coraje. Delante de nosotros se veía un río, del cual no sabíamos su profundidad. Se veían algunas rocas grandes cruzadas en la ruta que tapaban a la mitad las aguas que venían del lado derecho, bajando de la montaña, mientras que a mi mano izquierda el río caía en cascada vaya a saber hacia dónde, en un precipicio sin fin.

Cada vez que lo pienso, no lo volvería a repetir. Todos a un solo grito decidimos avanzar y no parar de gritar hasta estar al otro lado. Esquivando piedras que seguían cayendo, más las que estaban ya dispuestas en el camino, llegamos al otro lado; no había tanta profundidad, aún hoy no sé cómo lo cruzamos.

Al día siguiente, llegamos a un pueblito ya en la sierra peruana. Estábamos muy hambrientos después de semejante noche. Entramos al primer local que parecía un despacho de comida típica. Otra cosa no había. Habíamos recorrido todo el pueblo y lo más decente parecía ser este lugar. Al entrar, pedimos una carta o el menú del día, pero no existía.

Había un solo platillo que degustar. «Bueno —nos dijimos—, nada podría ser peor, al menos algo era mejor que nada». Pregunté qué era el manjar. Me contestaron que el platillo era un cui. Nunca había escuchado esa palabra. Pedí que me mostrara de qué se trataba. En el fondo del restaurante estaban unas personas degustando este platillo de tan curioso y diminuto nombre. Cuando vi desplegada en el plato una especie de rata de campo abierta por la mitad, con larga cola y todo, decidimos salir corriendo y esperar al próximo pueblo. Tal vez tendríamos mejor suerte y algún sándwich de jamón y queso nos esperara.

Y pensar que la gastronomía peruana está entre las mejores del mundo, y eso lo certifico, pero por ese pueblo parecía no haber pasado.

La ruta comenzó a desviarse por parajes un tanto silenciosos como hermosos, por mares y selvas, por las líneas de nazca, desiertos solitarios con dunas que desembocaban en un mar de unos colores de azules profundos increíbles, cuyo contraste con el desierto, combinados, daba como resultado una imagen única.

Llegamos a Lima después de cinco días de viaje ininterrumpido. Todo por abrazar un sueño de éxito.

> *No hay límites, como verán, cuando los sueños son más fuertes. No hay waicos, ni selvas, ni desiertos, ni precipicios, ni piedras en el camino que puedan entorpecer el avance hacia el destino que, con pasión y certeza, trazamos. Cuando estamos conscientes del éxito, este nos alcanza irremediablemente.*

Nuestro primer objetivo estaba cumplido: llegar a nuestro nuevo hogar e instalar nuestra empresa. Antes de emprender mi regreso a Santiago, dejé a un abogado armando la sociedad comercial. Al llegar, alquilamos nuestra primera oficina, una vieja casona en Miraflores, y esperamos la firma del contrato de distribución. Habíamos llegado primero, pero firmaríamos últimos gracias a la mala predisposición del director comercial, el soberbio Carlos.

Capítulo 13:

Nuestra historia peruana, entre el pisco y la causa limeña

«Si pretendemos avanzar, debemos volver atrás y descubrir de nuevo los valores preciosos, porque toda realidad gira en torno a fundamentos morales y porque toda realidad tiene un control espiritual».
MARTIN LUTHER KING

Aún no estaba estructurado nada en Lima. Solo estaban Carlos y un par de empleados más. Llegamos demasiado temprano. Comenzamos a hablar con otros distribuidores de Argentina. Pero, una vez más, caíamos en la trampa de la amistad en los negocios.

En los negocios no existe la amistad; es más, es una mala palabra que no debemos tener en cuenta, siempre saldremos defraudados.

Ante la situación que se vivía en Argentina por el corralito, muchos recogieron nuestra idea de apertura de una distribución en un país virgen como lo era Perú. Todos empezaron a comunicarse con nosotros para averiguar acerca del lugar y las condiciones para ingresar al negocio. A estas instancias, también se sumaron unos viejos conocidos nuestros. Viajaron hasta Lima y les conseguimos una cita con Carlos.

Hablamos muy bien de ellos. Ellos no nos retribuyeron el favor, hablaron mal de nosotros sin razón alguna, pues nunca habíamos tenido mayor trato comercial con ellos. Su estrategia era defenestrarnos ante la multinacional diciendo que no teníamos experiencia, pues ante la falta de personal para trasladar hasta Perú, la idea de estos empresarios era asociarse con nosotros, y así se lo plantearon a Carlos.

Precisamente, con el tiempo, Carlos nos propuso hacer una sociedad con ellos como la única forma de obtener un distribuidor en Perú. No podíamos creerlo. Como ellos no tenían a quién mandar para organizar todo allá, preferían el 50 % de algo que el 100 % de nada, y sabían de nuestra experticia en organización de ventas; por ende, era negocio seguro asociar nuestras fuerzas para ellos, pero no para nosotros.

Inversión no necesitábamos, su presencia tampoco, pues siempre estaban por debajo de nuestros números en Argentina; esta gente no aportaba nada, así que era todo una trampa. Estábamos indignados. Carlos nos comentaba que, si no era de esa forma, no podía ser. Qué mala persona pensamos que era este, quien tiempo después se convertiría en aquel vendedor de cable en las calles de México.

Después de tanto esfuerzo, debíamos compartir nuestra empresa con dos buitres de poca monta que no tenían más que un año de experiencia empresarial en este rubro. No podíamos creer que no hubiera nadie más a la vista para saltarnos a este enano mental del director comercial.

La operación comenzó con algunas empresas peruanas. Ya llevábamos dos semanas esperando, más los meses de espera anterior desde nuestra llegada hasta ese día.

Nos enteramos de que nos visitarían por esos días los directores para Latinoamérica, dos chilenos que resultaron muy queridos para nosotros en el tiempo. Pedimos una reunión y Carlos nos la negaba. Nos pusimos a hacer guardia en las oficinas hasta que apareció uno de ellos. Por fortuna, quiso entrevistarnos. Supo de la recomendación que había hecho el director de Chile. Nos preguntó que por qué no habíamos empezado todavía, pues para él todo estaba en orden.

Le comentamos el tema de Carlos. Nos prometió hablar con él. Nuestros ruegos se hicieron realidad. Aparece, entonces, en escena el nuevo gerente comercial a nivel nacional, que llamaremos Mayo.

Todo un motivador y un excelente director comercial. Nos entrevistamos con él y, al día siguiente, firmamos el contrato con casi dos meses de retraso con respecto a otras empresas. Carlos, como comentáramos, fue despedido al mes sin mediar notificación alguna previa o tiempo para explicar el porqué de sus políticas. Aquellos otros dos conocidos que quisieron ponernos la trampa con Carlos poco vendieron en el trascurso de los meses, las malas acciones nunca pagan bien.

Inmediatamente, escalamos a la primera posición en ventas sobre todos los distribuidores, más de veinte. Abrimos una nueva oficina en el lujoso San Isidro. Empezamos a viajar al interior para disponer otras oficinas allí. Las ventas iban en ascenso. Hicimos un viaje a Paracas de entrenamiento. Un lugar realmente mágico. Nos alojamos en un hotel de categoría de la zona con todos los vendedores de la empresa.

Aplicamos el mismo método de ventas. Los resultados estuvieron a la vista durante los meses que duró la presencia de la empresa americana en Perú.

En ese entonces, por ostentar el primer lugar en ventas, visitó nuestras oficinas el vicepresidente de la corporación a nivel mundial. Hicieron una gran cena en el mejor hotel de Lima en aquel tiempo. Despliegue de buen comer y bailes típicos, discursos y bebidas.

En otro orden, a esas instancias, asumió la total conducción de ventas Fatalicio, pues las dos chicas que llevamos, inexplicablemente y ante nuestro asombro, abandonaron la empresa por una supuesta mejor propuesta económica que terminó en una frustración total para ellas, pues al poco tiempo se volvieron a Buenos Aires luego de pasar por experiencias terribles donde fueron llevadas a la selva amazónica, sufriendo todo tipo de vejámenes hasta poder escapar, como le relataron a mi socia antes de volverse a Buenos Aires, en una especie de confesión y arrepentimiento. También le contaron que fue la piedra de Fatalicio quien las incentivó a dejar nuestra empresa, y que luego de hacer esto, él se quedó con todo el mando de la operación, para nuestra desgracia.

Conociendo al personaje y pasados los años, las he terminado creyendo. De esta forma, bajamos a un tercer lugar inmediatamente, como era de suponerse con semejante lastre. También fue el último mes de ventas en Perú. Dos oficinas, una estructura, todo se paralizaba debido a que la acción en Wall Street cayó a la más baja expresión.

Un día de septiembre de 2002, los directores de Latinoamérica reunieron a todos los distribuidores nuevamente en el mismo hotel de la inauguración para comunicarnos el cierre definitivo de las oficinas de Perú.

Todos los distribuidores se indignaron. Nosotros, después de unos pocos meses de operación, muchos de ellos en el primer lugar, habíamos recuperado la inversión y ganado algunos dólares, pero el resto estaba por empezar a operar o se había comprometido con compra de camionetas, acondicionamiento de oficinas, entre otros.

Todos los distribuidores en la sala del hotel habían quedado estupefactos ante la noticia. Comenzaron a planear irse por la vía judicial. Nosotros, en cambio, vimos la oportunidad y el lado positivo, así que perseguimos en su rauda salida hacia los ascensores a los dos ejecutivos de la corporación.

Realmente corrí para alcanzarlos. Pude interceptar a uno de ellos. Mientras el ascensor descendía, le manifesté nuestro deseo de continuar en otro país con la compañía. Me preguntó si estábamos locos después de lo que había sucedido. Le contesté que no, o tal vez un poco, pero no era nada grave. Me dijo que me estaría enviando un *e-mail* para contestarme y poder ampliar el tema, pero que sí era factible.

A esto lo llamo perseverancia. Mientras las otras empresas se lamentaban y debatían en cómo hacer un juicio por los daños y perjuicios supuestamente ocasionados, nosotros no lo dudamos. Sabíamos que todo juicio conlleva una espera eterna sin garantía alguna, y a ello hay que sumarle el costo de los abogados más el dolor de cabeza. Los juzgados de cualquier país están atiborrados de expedientes inconclusos y los malos abogados abundan y abusan.

Fuimos invitados en varias ocasiones a participar de largas tertulias con abogados que resolverían todo de un plumazo, eso nos comentaban otros distribuidores, pues nosotros jamás acudimos a perder nuestro tiempo. Apurados en cerrar dos oficinas, liquidar la planilla de empleados que teníamos y esperar confiados en un futuro lleno de luz fue lo que hicimos.

En menos de una semana, apareció el esperado correo. Nos pedían, a cambio, firmar una liquidación y retirar un cheque por el pago de comisiones que nos habían retenido por posibles futuras bajas y que por un buen trabajo de ventas no habíamos generado. Accedimos inmediatamente, y esa misma tarde pasamos a cobrar y a firmar.

El mismo día de la liquidación, recibimos una llamada del director de Latinoamérica, ofreciendo reunirse para conversar sobre una propuesta para nosotros. Fue una tarde en el Larcomar, un centro comercial de Lima frente al mar muy bien logrado en cuanto a arquitectura y encanto. Allí, café de por medio, nos ofreció trasladar nuestra empresa a uno de cinco países que nosotros quisiéramos y donde ellos tenían centrales de la corporación.

Las opciones fueron Argentina, Chile, Brasil, Costa Rica o México. Las dos primeras las descartamos por lo que ya les comenté anteriormente. Por ejemplo, en Argentina la situación seguía igual, en Chile estaba saturado el mercado, y en Brasil, el idioma portugués no era nuestro fuerte. Quedaban dos opciones: Costa Rica, que es un país de ensueño y con mucho potencial económico para hacer inversiones, pero nos dejamos tentar por la enormidad del mercado que nos ofrecía México, cien millones de habitantes, su buena gente, sus paisajes de ensueño y su rica gastronomía.

Ya había estado de vacaciones una vez en la Riviera Maya y me gustó todo, y ni que hablar de sus paisajes. También, en

México, se había reducido el plantel de distribuidores. Teníamos todo por delante. Nos dio el contacto en Ciudad de México y hacia allí nos dirigimos. Tomé el primer avión a la vista mientras mi socia terminaba de liquidar todo una vez más.

Lima y Perú nos encantaron, la gente es amable, con una rica cultura, abiertos a la inversión extranjera. Me parece uno de los destinos ideales para recomenzar.

Lima es una hermosa, arqueológica y cultural ciudad, comida exquisita, el ceviche, el pulpo al olivo, la causa limeña de pollo o camarones son mis favoritos, junto al pisco, bebida de sabor increíble; un mar que se asemeja a una postal traída de otros tiempos; el barranco es la bohemia de la noche, mientras que la perla que se adentra en el mar es, sin duda, la Rosa Náutica, y si agregamos un paseo por Miraflores, quedaremos prendados del encanto limeño. Si nos queremos enamorar aún más, podemos leer un poema de Gustavo Adolfo Bécquer, mi poeta preferido, mientras degustamos un pisco en el Salto del Fraile, que es el lugar ideal, donde rompen las olas con toda su bravura hasta salpicarnos.

A unos pocos kilómetros de allí, las playas de Asia son una delicia. Para llegar debemos pasar por un paisaje de tipo lunar lleno de mar, desierto y pirámides incas. Algo increíble.

Para finalizar, voy a traer a colación una anécdota que nos sucedió en Lima y que pinta perfectamente un tema importante que debemos tener en cuenta cuando montemos nuestra organización de ventas en el país que sea.

Vivimos la experiencia de lo que era pagar una comisión alta u otra baja, pero con incentivos de corto alcance, premiando la alta producción. Comenzamos, como siempre, premiando la producción con bonos y premios, sumados a una comisión de bajo importe por cada cuenta. En ese entonces, dispusimos de dos oficinas, una en San Isidro y otra en Miraflores.

Pagábamos un sueldo más una comisión al vendedor de veinte dólares, mientras que los otros distribuidores pagaban cien por cada nuevo cliente captado, lo cual nos parecía una comisión exagerada.

En ese entonces, comisionaba cada nuevo contrato en casi ochocientos dólares. Realmente un negocio memorable; con ese importe, debíamos comprar el equipo y hacer la instalación y su servicio técnico cuando correspondiera. Era el tiempo de oro para la corporación americana y su acción en Wall Street estaba siempre al alza. Todo parecía salido de un cuento de Disney.

Nosotros teníamos una estructura interesante de ventas e instalación que pudimos formar inmediatamente después de llegar a Perú. Cuando algunos empresarios empezaron a contactar algunos elementos que elimináramos por baja producción, fue que se nos complicó un poco el panorama. Ellos pagaban una comisión de cien dólares y nosotros de veinte. Nos preocupamos.

Un mal consejero es sentir miedo; el mismo en ese momento penetró nuestros cimientos. Estábamos primeros en ventas en todo el país entre unos veinte distribuidores. Ante el miedo y pensando erróneamente que podían llegar a ofrecer a nuestros vendedores mejores condiciones y así desbaratar nuestra fuerza de ventas, fue que aumentamos también a cien dólares por cuenta la comisión al vendedor. Entonces todo se derrumbó. La gente ya no estaba motivada como antes del aumento.

Era como que mucho de golpe, y para qué más, se preguntaban. Ahora no había premio que alcanzase. Todo se veía como pequeño. El esquema no servía y nunca sirvió a todos aquellos distribuidores que vimos implementarlo en todos los países en que montamos nuestras organizaciones.

La gente se mueve mejor con ganancias altas a producciones altas. Una comisión alta por una producción baja entumece, no motiva, no produce energías positivas, mata la ambición. Esta fue nuestra primera lección en organización de ventas. Fue así que siempre, a partir de ese momento, pagamos comisiones normales y grandes premios a la producción, logrando los resultados, que la empresa necesitaba mil cuentas nuevas mensuales, y tanto así que nuestros coordinadores de venta siempre superaron la línea de los cuatro mil dólares al mes en ganancias.

Como corolario, Perú es un lugar maravilloso, con gente increíble y un país digno de cualquier inversión inteligente.

Tener miedo es solo una opción

Capítulo 14:

Llegando a tierra azteca

«Cuando percibas los aplausos del triunfo, que suenen también en tus oídos las risas que provocaste con tus fracasos».
JOSÉ MARÍA ESCRIVÁ

Llegué en noviembre de 2002. Me pareció una ciudad gigante. Cuenta con treinta millones de habitantes. Sus volcanes, el Popocatépetl y la «mujer dormida», coronan la ciudad. Es una vista hermosa en días despejados. Alrededor de la ciudad, sus bosques y montañas la colman de un verdor único. Lugares como el Ajusco, Cuernavaca, Valle de Bravo, el Peñón de Bernal, Tequesquitengo, las aguas termales en Tequisquiapan, Guanajuato u otros tantos destinos hacen las delicias los fines de semana. Es un país de una policromía y paisajes tan diversos que uno nunca se aburrirá de descubrir nuevas aventuras turísticas. Allí hay parajes inéditos, gente amable, una atención inigualable, manjares únicos que degustar y una historia que nos dejará boquiabiertos, donde las culturas azteca y maya se mezclan con lo español y nos deslumbran a cada paso.

Cuando hablé en un capítulo anterior de la falta de burocracia que existe en México y las grandes posibilidades para el inversor extranjero, no exagero en nada. Para muestra, un ejemplo concreto. Para conseguir la residencia, llamado el documento FM3, nos acercamos al consulado mexicano en Lima, Perú. Allí dijimos que queríamos invertir en México y que éramos distribuidores de aquella empresa. En cuarenta y ocho horas obtuvimos nuestra residencia como inversionistas en México y nuestros FM3. Increíble México, un gran país, a diferencia de otros países donde resulta todo mucho más complicado, como nos sucedió en El Salvador, por ejemplo.

Perú o Panamá son países muy receptivos también y fáciles para obtener la residencia, se abren mucho a la inversión extranjera y son pueblos muy cordiales, como el mexicano.

Lo primero que hicimos fue asistir a la reunión de presentación de nuestro proyecto ante el nuevo director comercial en México, un norteamericano muy amable de San Diego. En la corporación americana, conocí muchos americanos en esos años que eran directivos de la multinacional; debo decir, en base a mi experiencia personal, que nunca me crucé con un americano con mala actitud en las corporaciones, siempre andan de buen humor, son muy amistosos y emprendedores dignos de imitar.

En una ocasión, jóvenes americanos desconocidos se presentaron ante mí y mi esposa y nos ayudaron con un pequeño altercado en un hotel de Cuzco cuando visité la maravillosa Machu Picchu. Así son siempre, dados a ayudar en toda ocasión y lugar estos simpáticos americanos del norte. Tal vez no por nada hayan llegado a la cumbre del éxito como país, a pesar de las crisis y guerras.

Nosotros, en particular, se podría decir que aprendimos muchísimo de los métodos de venta norteamericanos y de su filosofía. Son grandes impulsores de cultura que se plasma en sus grandes pensadores, cine, libros, empresas, y transmisores de una idiosincrasia de vida encaminada a la cultura del trabajo y al éxito personal como ninguna.

El director de México se entusiasmó bastante, estábamos avalados ya por una trayectoria de algunos años en dos países en la misma compañía, así que lo asombraba nuestra perseverancia. Inmediatamente, me encaminé a armar una sociedad comercial, primer paso ineludible para comenzar un camino empresarial.

Al mes estábamos listos para empezar. Sociedad inscrita en el registro público, en el seguro social, en el instituto de inversión extranjera y en la dirección impositiva.

Salimos a la búsqueda de la oficina que conseguimos en Colonia Roma, donde un sismo de magnitud importante nos hizo bailar como nunca, y también bailaron los escritorios mientras, muy agarraditos en trencito, tratábamos de esbozar alguna plegaria entrecortada entre los tres que estábamos ese día en la oficina, ya tarde en la noche. Los fuegos, a lo lejos, de las instalaciones eléctricas de los postes de luz chisporroteaban como si de fuegos artificiales se trataran en Año Nuevo. Así nos recibía México, con una fiesta algo movida, solo faltaban los mariachis. Por suerte, en esa ocasión no pasó a mayores ni hubo heridos ni caídas de edificios.

Inmediatamente, el director nos comentó que de los ochenta distribuidores solo quedaban tres, pues al resto los habían echado porque acumulaban muchas bajas y fraudes. Estos tres distribuidores que habían quedado estaban completamente decepcionados, ya casi ni vendían. Nos solicitó que conversáramos e intentáramos motivarlos en base a nuestras experiencias en cómo podían reorganizarse. Nos encaminamos a lograr el cometido que nos encargara el encargado de la operación del país; entonces, eso hicimos, contactamos con ellos.

En una primera reunión, nos interpelaron sobre qué hacíamos allí si todo había ya acabado. Nosotros, por el contrario, comenzamos a platicar sobre las virtudes de la compañía americana y las grandes perspectivas de crecimiento que había, pero ni los casi ochocientos dólares que pagaban ya los entusiasmaban; eran ochocientos dólares por cada nuevo contrato comercial o residencial, para nosotros todo un desafío y un excelente pago por nuestros servicios por parte de la corporación.

Nos concentramos en nuestro crecimiento al ver la falta de motivación que tenían estos últimos distribuidores de la marca. Luego de ver nuestros comienzos en ventas, todos se entusiasmaron y comenzaron a desarrollarse nuevamente. La corporación alcanzó más de cuarenta distribuidores al poco tiempo, basado un poco, creo yo, en el impulso de entusiasmo que les imprimimos.

Dispusimos en un comienzo el aviso para captar personal en todas las áreas. Como recordarán, el argentino que habíamos llevado con nosotros, Fatalicio, nos dejó por su supuesto amor peruano. Estábamos solos mi socia y yo cuando recibimos un correo desesperado de un tal Javier, todo un personaje que habíamos conocido en Lima y que era gerente de aquellos empresarios que quisieron asociarse a nosotros intentando perjudicarnos de la mano de Carlos en Perú. Era un tipo simpático, muy alegre, no había vendido casi nada en Lima y sabíamos que solo se había dedicado a cortejar a otra peruana y andaba enamorado por allí, sin ser muy retribuido en el amor por aquella.

En el correo, nos pedía que, por favor, lo lleváramos a México, pues se había quedado en Lima sin un dólar debido a que aquellos empresarios amigos de Carlos tampoco le habían pagado y habían regresado a Argentina huyendo de la situación.

Estaba prácticamente en la calle, pues el exdirector comercial de Perú lo tenía alojado en la casa por unos días, pero ya se estaba terminando su límite de estadía por obvias razones. Nuestro primer pensamiento fue negativo. Nos habíamos quemado con este Fatalicio que había retornado a Lima y no queríamos pagar otra vez otro pasaje. Fue tal la insistencia que nos terminó llamando Mayo, aquel director comercial de Perú, pidiendo él también por este desdichado.

Nos conmovió la situación, los sentimientos en una empresa son malos consejeros, ya lo dijimos; igualmente, decidimos pagarle un pasaje y conseguirle una ubicación en la ciudad. Su paso por la empresa no fue más allá de los ocho meses, pues nos abandonó también por su amor peruano y una serie de peripecias que relataremos.

En ese entonces, la venta se podía realizar solo a quienes fueran usuarios de tarjetas de crédito, lo que limitaba mucho el mercado. Pero esperábamos mejores tiempos. De eso se trata, siempre esperar el momento en estas corporaciones cuando se es distribuidor.

Y aquí hay una enseñanza importante. Cuando se trata de grandes compañías que utilizan distribuidores y dictan sus políticas que los agentes deben obedecer a rajatabla, van a existir diferentes contextos o momentos. Es importante saber que no hay mal que dure cien años; por lo tanto, sepamos esperar, tener paciencia, acompañar los diferentes momentos de las corporaciones sin renunciar.

También intuimos que el enamoradizo Fatalicio retornó a Lima por esta razón, el tema de las tarjetas de crédito, junto con la excusa del amor, que poco le duró. Su paradigma le dictó a su cabeza que era imposible la venta a clientes que solo disponían de tarjeta de crédito, no habría mercado a su entender, todo sería un fracaso, atisbó a pensar con su pequeña mente y el miedo al fracaso lo paralizó. Y como creía que en Lima podía desarrollar algún delirante negocio, tomó esa decisión de marcharse.

En cambio, este Javier nada tenía que perder. Se sabía buen vendedor. Lo era, y así lo demostró, lástima que su desequilibrio emocional también lo traicionó.

Nosotros no teníamos miedo a vender solo a usuarios con tarjeta de crédito, y así avanzamos con fe ciega en el proyecto y en el país que habíamos elegido. Nunca retroceder es la consigna. Si vemos que la corporación cambia por cualquier motivo sus políticas, sigamos firmes al lado de ella para, cuando arrecien los buenos vientos, tomar impulso y navegar hacia el éxito que nos espera.

En este contexto, vendimos y escalamos al primer lugar de entre los otros distribuidores que habían quedado. La gente empezó a incorporarse, las capacitaciones eran diarias y la motivación también. Aplicamos el método aprendido, que a continuación del libro explicaremos, y también dio los resultados esperados. Rápidamente, estuvimos en facturaciones de cinco cifras altas vendiendo a clientes con tarjeta. Tanto camino recorrido y se nos coronaba de esta manera, estábamos muy felices.

Al poco tiempo, liberaron el crédito. La expectativa que habíamos acumulado para poder incrementar las ventas resultó hacerse realidad. Recordaba entonces todas las empresas que estaban en conflicto con la corporación americana y que aún estaban lejos de hacer realidad sus demandas, mientras nosotros seguíamos facturando el mismo importe de comisiones que pagaban desde un principio, aquellos ochocientos dólares por nueva cuenta que se daban solo en México, mientras en otros países había variado el esquema y se habían recortado las mismas.

Increíblemente, y a pesar de la baja de las acciones en Nueva York y de su principal CEO fuera de juego en ese 2002, la corporación en México continuaba adelante, queriendo crecer y mantener un mercado prácticamente cautivo que había logrado obtener en tres años de operación. En ese año 2003, logramos conectar unos dos mil nuevos clientes y superamos ampliamente la cifra del millón de dólares.

Luego, como veremos después de un pequeño corte, retomamos en mayo de 2004 con un nuevo esquema de comisiones en el que, si el aliado comercial llegaba a una meta prefijada por contrato, rondarías los seiscientos dólares de comisión. Entre esa fecha y mayo de 2006 logramos la cifra de tres mil quinientos nuevos clientes y ocupamos el primer lugar siempre entre más de unos cuarenta distribuidores nuevos.

Habían reestructurado la corporación y todo se empezó a encaminar para bien. Año tras año, superamos ampliamente la cifra del millón de dólares en facturación como distribuidores.

Volviendo a la situación del inicio de nuestra empresa en el Distrito Federal de México, mientras duró el tema de la venta a clientes con tarjeta, permaneció nuestro gerente de ventas, Javier. Pues, increíblemente, también le picó el tema del amor por correspondencia con su antiguo amor de Perú. Con el tiempo, descubrimos que la chica se dedicaba a la vida fácil y él le facilitaba aún más la situación, enviándole mensualmente unos mil dólares al mes, un tercio de lo que percibía en nuestra empresa.

Convocó a trabajar con nosotros a un amigo, un supuesto vendedor estrella al que llamaremos Metiche —el apelativo utilizado en México para nombrar a los metidos—.

Este personaje desgarbado de origen uruguayo era todo un metiche. Él apareció con su novia a cuestas, cual mochila, para la cual solicitó también trabajo. La joven decía dominar las artes administrativas a la perfección, y Metiche, el arte de la venta, por lo que quedó dirigiendo una fuerza de ventas en zona con nuestro esquema. Al principio, lo hizo bastante bien y entendió el método.

Javier empezó a argumentar que se sentía muy solo y que era su intención traer a su novia peruana. No lo podíamos creer. Se repetía la historia una y otra vez con las novias peruanas. Para poder traerla, se necesitan permisos especiales, como, por ejemplo, la visa, y para residir se necesita un FM3, documento indispensable para extranjeros en México.

De lo que sabemos, consiguió un abogado especialista en migraciones. En menos de un mes, contábamos ya con la presencia de esta simpática chica de costumbres un poco extrañas.

Los viajes de entrenamiento se sucedieron sin escatimar en los costos para vendedores y supervisores, donde efectuábamos diversas actividades.

Los realizamos en Acapulco o encuentros con jugosas parrilladas en el cerro Ajusco, hasta capacitaciones en el lago de Tequesquitengo o en el Valle de Bravo y su Golf Club.

En lugares como Teques, donde luego del entrenamiento de ventas tomábamos las lanchas, en las que surcábamos el lago del mismo nombre y atábamos un *banana boat* o esquíes acuáticos para diversión de todos, y por la noche nos subíamos a un barco que hacía un recorrido por el lago al son de la discoteca que allí sonaba.

Una vez participamos en un temascal azteca, que es un horno-sauna construido de ladrillos donde varios se meten y ocupan la figura del círculo junto a alguien que auspicia de director del encuentro en la oscuridad casi total, y donde, por una puertecilla, van introduciendo piedras calientes que generan un vapor irresistible por momentos, incienso de por medio, y donde uno tiene que poner su cabeza en tierra para poder respirar cuando el ambiente se torna irrespirable. La duración es de tres horas para quien quiera llegar a considerarse un guerrero. Lo hicimos con nuestros gerentes y algunos supervisores, recuerdo. Todos fueron saliendo rápidamente de uno en fondo siempre que se abría la puertita para meter más piedras e incienso.

Luego, al salir de ese infierno, lo bañan a uno en hierbas y le dan a tomar una infusión. Al día siguiente, no haga ningún plan, no lo podrá realizar, pues dormirá todo el día. Pocos llegamos a graduarnos ese día como guerreros aztecas soportando las tres interminables horas.

Otros encuentros con gerentes los llevamos a cabo en Cancún y en Valle de Bravo, un paraíso digno de descubrir. También realizamos un entrenamiento en las hermosas playas de Huatulco. Con todo esto quiero decirles que, como verán, con nuestra metodología de ventas para implementar es posible estar en los mejores lugares y compartirlos hasta con sus empleados o programar cursos y entrenamientos para los mismos. El dinero fluirá como fluyen los ríos desde las montañas hasta las entrañas de los mares, esto es seguro. Por ende, no escatime en invertir parte de lo que gana en su mayor valor agregado, sus activos más preciados, sus líderes y empleados de su empresa.

En esa etapa de México, Javier terminó yéndose tras ser abandonado por su amor peruano. No lo pudo soportar y la siguió a Perú, donde le perdimos la pista. No lo hizo sin antes, junto a Metiche, vender parte de nuestra fuerza de ventas a la competencia.

Los descubrimos a la semana de ejecutar su plan y tomó la decisión acertada, que compete a toda gran compañía, de echar a ese distribuidor. En ese entonces, comenzaba a asomar una nueva camada de supervisores que estábamos preparando y que se encontraban distantes de estos dos.

Siempre que hay viejas estructuras en el medio es difícil formar nuevas, pues los viejos elementos de venta intentarán que uno se vuelva dependiente 100 % de ellos y que los premios o cualquier compensación pasen por sus manos y no por las de la gente nueva.

Es muy importante estar en el detalle cuando uno capta personal nuevo. Debe aislarlo del resto para capacitarlo por separado. Es esencial incentivarlo por fuera hasta que esté en su punto de madurez, hasta que cada uno se haya puesto la camiseta y se encuentre en un grado de excitación tal de motivación que se note, es decir, que veamos que no puedan resistir un día más sin salir a la conquista de las ventas.

Concluimos que Javier, a pesar del apoyo recibido por nuestra parte en todos sus caprichos, más los tres mil dólares que se llevaba mensualmente, pergeñó todo el proceso de la mano de su amigo Metiche. Fueron descubiertos por mi socia, que, al pasar por una avenida de la ciudad, vio con estupor cómo salían grupos de vendedores vestidos con nuestros uniformes comprados, y a su cabeza, como organizador de los mismos, aparecía este triste y malogrado Metiche.

Antes de abandonar el país, Javier, el argentino, nos llamó llorando. Pidió perdón por robar unos treinta equipos de la bodega y argumentó que mantener a su novia era muy costoso. Nos dio risa, era cómica toda la situación. Con el tiempo, desistimos de la denuncia, ya no tenía sentido.

A Javier le habíamos pagado el pasaje desde Lima y tres mil dólares mensuales, lo invitábamos a cenar por lo menos una vez por semana y le dábamos una camioneta de la empresa para moverse. Incluso le había prestado un departamento para que viviera con su novia sin pagar arriendo; además, recorrió con la empresa Cancún y Acapulco todo pago y pensé qué pena que así nos respondía, me sentía apenado en verdad por su actitud.

Era realmente para llorar como lloró. Lo considero un idiota, un loco o un poco de las dos. Es increíble, hay veces que pienso que alguna gente no valora lo que tiene, abusa de la confianza y termina traicionando. Es más triste cuando gente del mismo país que mi socia, que es argentina, traiciona tu confianza después de que se le brindara de todo como a hermanos.

Igual el final siempre es conocido, todos ellos terminan mal, pues las malas acciones no pagan para quien las ejerce.

Existen otros empleados que, imbuidos de envidia, intentan destruir aquello que construimos. La envidia crece en sociedades postergadas donde el fracaso, a cada paso, marca el ritmo de vida y aquellas mentes negativas no encuentran otra salida que desplegar esos bajos sentimientos para quienes le tienden una mano.

Por eso uno debe dar en la justa medida con quienes nos sirvan para avanzar en el camino trazado para el éxito empresarial, nunca dar de más, aunque le caiga simpático un empleado. Nunca debe aceptar posturas caprichosas. Nunca dar una segunda oportunidad.

Capítulo 15:
Nueva etapa en México lindo

«El compromiso es la respuesta valiente de quienes no quieren malgastar su vida, sino que desean ser protagonistas de la historia personal y social».
JUAN PABLO II

Corrían los meses finales de 2003. Todo había retornado a su lugar. Los nombres de los coordinadores eran otros: Mauricio, Ariel y Flavio.

La corporación contrató un nuevo director comercial que venía acompañado de una especie de secretaria o ayudante argentina. Revolucionó el letargo en el que había entrado la corporación en México. También cambió el director general, uno de los mejores directores corporativos que hayamos conocido.

Este nuevo director aplicó nuevas ideas, todas muy buenas, entre ellas la incorporación de este nuevo ejecutivo de alta *performance*. El nuevo director comenzó limpiando la casa por dentro, barrió con la mitad del personal de la corporación. Es lamentable que sea una práctica muy común de los malos directivos, que, por esas cuestiones del destino, aterrizan en las corporaciones. Lo vivimos incluso en Panamá y Costa Rica, en otras empresas completamente diferentes entre sí. Tal vez es debido a su temor a relacionarse con elementos históricos que están en las mismas. También liquidan en los primeros meses a viejos distribuidores, aunque sean exitosos.

Descubrí que tienen, por lo general, un denominador común estos directores: su gran ego, una envidia marcada ante los éxitos de algunos distribuidores, desprecio por el empleado y un manejo dictatorial de las situaciones.

El nuevo director comercial armó una gran presentación del nuevo esquema de comisiones, en el que se premiaba a quien más producía. El lugar del lanzamiento fue Acapulco, en un hotel cinco estrellas.

Fue algo que captó todos los sentidos de toda la compañía. Todo era fastuoso, muy bien logrado, con un alto grado de motivación. Duró tres días dignos de recordar. Ya durante el tiempo de venta generaba desayunos semanales con todos los distribuidores, en los que se evaluaba la proyección de cada agente y sus resultados concretos. Movió desde el fondo los cimientos. Esto le ganó algunos enemigos en el ámbito internacional, pues iba ganando poder en el seno de la corporación o, al menos, eso creía.

A los pocos meses, antes de cumplir un año, fue despedido por la dirección de la región latinoamericana. Su proyecto quedó y fue implementado por sus sucesores, mientras que él regresó a su antiguo puesto en telefonía celular en México.

En aquel 2004, nos tocó a nosotros en carne propia el intento de ser liquidados por este director en su vorágine de encontrar víctimas que ejecutar cual zombi de película de terror. Luego de varias presentaciones y aprovechando la ausencia del CEO mexicano de la compañía, pidió que firmáramos un finiquito sin esgrimir excusa alguna. Al regreso del CEO, le escribí un *e-mail* para saber cuándo firmábamos el mismo.

Ante la sorpresa y confusión, nos invitó a un almuerzo de trabajo que el director comercial frustró, por lo que insistí y nos recibió en las oficinas de la avenida Insurgentes, en la Ciudad de México.

Nos pidió que, por favor, no nos fuéramos, ya que éramos los números uno en ventas y en verdad no sabía a ciencia cierta el porqué de esa decisión del novel director comercial en su ausencia. Sin pensarlo ni un minuto, dijimos que sí. En verdad, estábamos muy a gusto con la compañía. Durante años, hasta nuestro intento de secuestro, ocupamos el primer lugar en ventas todos los meses y aquel director comercial no tardó en ser despedido.

Justo el día de su despedida, nos encontrábamos en la central viendo unas cuentas de clientes con mi socia. Fue cuando entró uno de aquellos directores de Latinoamérica chilenos que tanto nos ayudaron en Perú y luego nos invitaron a participar en México, para llevar a cabo una operación casi quirúrgica para despedir al director comercial, con cheque en mano y una caja de cartón para disponer las pocas pertenencias del mismo. Él y su secretaria argentina se quedaron en menos de media hora en la calle, literalmente hablando, llorando en nuestro hombro; increíbles las vueltas de la vida.

En ese entonces, nos contactó un nuevo elemento huido del panorama económico argentino y que nos había conocido en Lima, un tal Francisco, gerente de otro distribuidor que se había relacionado muy bien con mi socia.

Cuando llegó al Distrito Federal, lo fuimos a buscar al aeropuerto por cortesía. Nosotros habíamos programado un viaje a Cancún al día siguiente. Es una anécdota que engloba y nos dibuja el perfil de ciertos personajes que, con seguridad, nos toparemos en el ámbito de las ventas. Son los que conocimos que se venden como los grandes genios de la venta.

En algunos casos, hay que sacárselos de encima; en otros, agarrar las palabras justas y empezar a golpear fuerte, metafóricamente hablando, sobre cada comentario o postura de soberbia que insinúe.

Este era el caso de Francisco, de cuarenta años; cuanto más adultos y más fracasados, más soberbios se ponen. Durante el trayecto entre el aeropuerto y su lugar de alojamiento, donde ya vivían Flavio y su familia, nos comenta acerca de su empresa en Argentina. Había dejado hasta una fábrica en manos de su hermano. Generalmente, otra característica es que fungen como mitómanos compulsivos. Ante tanto éxito abrumador que nos exponía, supusimos que estaría de paseo por México y que, en realidad, no venía a trabajar. Al menos, este se había pagado su pasaje, pensamos.

Al llegar a la locación, le presentamos al equipo de gente al que se sumaría al día siguiente. La propuesta se la habíamos hecho vía

Internet y la había aceptado gustoso. En ese momento de despedirnos, él me pide hablar un momento, a un costado y a solas.

Increíblemente, me solicita un adelanto, pues no tenía un centavo, aunque fueran cincuenta dólares, que él se las arreglaba toda la semana. No conocía el lugar, no sabía de los precios de la comida, no conocía a nadie, y en su desesperación me pedía solo cincuenta dólares. Le dimos cien y le dijimos que a nuestro regreso platicaríamos sobre su lugar de coordinador dentro del esquema.

A pesar de su soberbia, resultó ser un buen elemento junto a Flavio, el otro coordinador; ambos hicieron tres campañas muy buenas junto a nosotros, como las de 2004, 2005 y 2006. Mauricio, ese 2004, decidió regresar a Argentina, pues su esposa estaba embarazada y quería que naciera el niño en su país. Lo volvimos a ver a principios de 2006 y se incorporó a la nueva etapa en telefonía celular.

Fueron tres años maravillosos de estabilidad absoluta, más de un millón de dólares al año, proyectando siempre el mismo esquema. En enero de 2006, cambia nuevamente la conducción corporativa al más alto nivel. Durante ese tiempo de auge, los tres directores generales fueron buenos timoneles en momentos difíciles de la compañía. Sin embargo, el cuarto director fue todo un fracaso. Se vislumbró el ocaso.

Una de sus primeras medidas y objetivos era liquidar las viejas estructuras existentes, bajar las comisiones a la mitad y declararnos «promotores comerciales» en vez de aliados comerciales, en los que nos habíamos transformado a partir del 2004. Entre el 2000 y 2003 fuimos *dealers*, luego nos llamaron aliados y ahora éramos solo promotores y cobrábamos menos de la mitad de comisión. Eso no nos agradó, nos pareció un abuso y, sobre todo, la mala forma con que nos trataba este nuevo director. En noviembre de ese año 2006, firmamos un finiquito después de casi siete años completos de acompañar el proyecto de la corporación americana, en el que teníamos una fe ciega que hasta nos hizo cruzar montañas, desiertos, ríos y selvas; en definitiva, tierras extrañas para acompañar nuestros sueños y afianzar ese compromiso con la multinacional que tan bien nos respondió siempre.

Nuestro finiquito contabilizó una excelente *performance* en ese último periodo. Eso rezaba el documento que se nos entregó como liquidación final. Lo consideramos todo un éxito y no comprendíamos muy bien el porqué de este cambio tan radical en la política de comisiones y en la selección del nuevo director general, que no tenía idea de dónde estaba parado. Al percibir el panorama, decidimos implementar un cambio de rumbo para saltar rápidamente, de ser necesario, hacia otras opciones empresariales.

Investigamos todas las posibilidades, televisión por cable, telefonía fija, tecnología para automóviles GPS y telefonía móvil. Optamos por esta última. Con nuestro antecedente, era fácil negociar nuestra incorporación en este tipo de compañías.

En este caso, solo había que dar con el momento justo en que se necesitaban distribuidores nuevos para incrementar las ventas de toda corporación. Y nos llegó el momento justo. Mi socia, que tiene intuición para todo, mencionó a un administrativo cubano que teníamos en nuestras oficinas, que se comunicara con una de estas compañías de celulares y solicitara una entrevista. Así lo hizo y consiguió la reunión fácilmente. Nunca crea usted que no será recibido con los brazos abiertos, alguien siempre estará esperando por sus servicios profesionales empresariales en organización y administración de ventas, su experiencia e inversión en el proyecto.

La reunión no se hizo esperar, la firma tampoco. En ese entonces, vivía en un campo de golf en la ciudad de León, Guanajuato, pues la inseguridad en la Ciudad de México era ya de temer. Iba una vez por semana y me alojaba en un hotel cercano a las oficinas, que se encontraban sobre la avenida Reforma, justo frente al Ángel de la Independencia y frente al Sheraton Hotel. Luego las trasladamos a dos cuadras de allí, a la calle Londres, siempre en la zona bancaria, conocida como Zona Rosa de México. Es una zona muy turística de la ciudad. Allí alquilamos dos pisos de oficinas completos y que mantuvimos durante nuestra incorporación a la telefonía celular. Posteriormente, dispusimos dos pisos más en nuestro viejo edificio de colonia Roma por lo grande en que se había transformado la operación comercial.

El primer mes en telefonia celular vendimos cuatrocientos cuatro nuevos clientes con valores de contrato que superaban los cincuenta dólares, por lo que percibíamos una comisión aproximada de tres veces el plan vendido por cada cliente nuevo que adquiría un plan pos pago a término más premios que otorgaba la marca.

Esta cantidad fue solo con una unidad de fuerza de ventas compuesta por un coordinador, dos supervisores y unos ocho vendedores dispuestos en zona. El segundo mes duplicamos a ochocientas once activaciones al pasar dos coordinadores más a la estructura de telefonía, mudándolos desde la corporación americana, que ya empezaba a implementar su nuevo esquema de promotores comerciales con baja comisión.

Imaginen que, por una alarma, en este nuevo esquema, pagaban igual que lo que en telefonía celular pagaban por un contrato pospago de cincuenta dólares, y convengamos que no es lo mismo vender uno que otro producto. Lo importante es saber adaptarse a las circunstancias empresariales del momento que nos toca vivir, sin desesperar y sabiendo que siempre habrá una oportunidad nueva que nos encamine al éxito si no dejamos de enfocarnos en nuestras metas económicas.

Por ejemplo, un sistema electrónico de seguridad es mucho más complicado de vender porque conlleva una instalación que dura aproximadamente unas tres horas y la gente no se desespera por obtener un equipo de estos; por ende, la producción que se logra es menor comparada con la de la telefonía celular.

El tercer mes nos coronó con mil doscientas noventa y seis cuentas. En solo tres meses tocábamos en telefonía celular los dos mil quinientos contratos con nuestro método de selección, organización, capacitación y motivación. También, en ese mismo tiempo, trepábamos a una facturación de casi medio millón de dólares. Este esquema también en telefonía celular es aplicable perfectamente en el ámbito del tiempo de aire pre pagado con recarga o en todo producto que se nos presente para vender.

Como unidades de fuerza de ventas de *Knocking door*, fuimos de los pioneros en la telefonía celular en América Latina en aquel temprano 2006 en México; ya lo hacíamos en Argentina con otra compañía en los años 1997-98, aplicando el mismo método que perfeccionamos, basado en nuestra experiencia, precisamente en esos años en México. Hoy infinidad de empresas llevan a cabo, o lo intentan implementar, este sistema de venta tan exitoso. Pero sabemos que la compañía distribuidora que lo implemente debe haber vivido, palpitado y respirado el éxito que se experimenta con este tipo de ventas. Hemos visto a muchos fracasar por no poder organizarlo adecuadamente. Ejemplos han sobrado de conocidos en la telefonía celular que no pudieron controlar este esquema, y mucho menos lograr resultados exitosos a largo plazo.

Esta es la propuesta. Las cartas están echadas. Las jugadas para implementar están a continuación. Que nada ni nadie os frene, luego podrán ocuparse de esas deudas, de sus amigos, de sus estudios inconclusos, de sus *hobbies*, de sus nueras, suegras o suegros, de sus padres, de sus hermanos, de su comunidad o país.

Primero lo primero, lograr la estabilidad económica, compartir y generar puestos de trabajo para activar economías deprimidas en los países donde sienten sus raíces o en su propia tierra, cuidándose de las piedras, de las cuales ya hablamos, y aislándose, aunque sea por un tiempo, de su entorno más cercano.

Las energías son muy sutiles cuando actúan tanto para bien como para mal, estas últimas impulsadas por sentimientos negativos de quienes nos cruzamos o, a veces, de quienes nos rodean.

En estos periodos de estabilidad económica, una vez puesto en marcha el aparato de ventas del que hablaremos a continuación, nos ha permitido a mi familia y a mí recorrer el mundo de un extremo a otro. Europa toda, desde la Costa Azul hasta la Amalfitana, Venecia, Porto fino, Génova o Roma. Ámsterdam, los Picos de Europa, Suiza, Austria, Alemania, Portugal, Andorra, Grecia, Croacia, Rodas, Estambul, Amberes, Londres o París fueron algunos de los destinos. Es interminable describir todos los lugares, son más de treinta y cinco países los que recorrimos, y vivido en ocho. Canadá todo, incluyendo Quebec, Toronto y Montreal hasta

Wistler o Lake Louis, en las rocallosas canadienses, siempre parando en unos hoteles que son sacados de un cuento de hadas, se yerguen cual castillos en el medio de las montañas, circundados por la nieve o a la orilla de lagos congelados que se usan como pista de patinaje y donde disponen de fogatas también.

En el Caribe, las islas vírgenes británicas son mis preferidas, junto a St. Maarten o Riviera Maya, desde Tulum hasta Cancún, desde Punta Cana a isla San Andrés, Aruba o Curazao. Cruceros de la marca italiana o americana por todos los mares, las islas griegas o el Caribe, Roatán, Jamaica, Caimán o Cartagena han sido algunos de los periplos, conocemos todo Centroamérica y Sudamérica. Hasta manejamos nuestro propio velero en una travesía desde St. Martens hasta las islas vírgenes británicas con amigos italianos.

¿En qué momento trabajamos?, se preguntarán; pues siempre. Hay tiempo para disfrutar y trabajar a la vez, es solo cuestión de planear bien, liberar la mente y saber derivar a quienes intuyamos lo ameriten, pues nadie es perfecto. Siempre encontramos empleados y gerentes que se hicieran cargo de la operación. Quise traerlos a esta situación no para comentarles mis *tours* a través del globo, sino para que se dieran cuenta de que todo ello está al alcance de sus manos si aplican una buena organización de ventas, y para que sepan que no es un trabajo esclavo, como tantos otros, en el que no se puede desviar la mirada de la caja registradora o no se cuenta con fines de semana o noches libres, como sucede en un restaurante, por ejemplo.

En nuestras empresas raramente se trabajaba en sábados y domingos. No es necesario, la producción siempre estará. Cuando se pone en marcha la maquinaria, nada la detiene, será como un tornado de pasión que genera cuentas de clientes nuevos siempre, todos los días, se lo aseguro. Y su inversión será mínima, como veremos también.

Lo que mató el proyecto de México fue la inseguridad, que ya era todo un tema a diario, a diferencia de cuando llegamos, que no estaba tan peligrosa la situación como se generó a partir de 2005-6. En aquellos años, vivía en un PH en la Colonia del Valle, a la vuelta de mi restaurante preferido, donde noche por medio nos deleitábamos con las delicias culinarias del lugar. Luego me mudé, temiendo por la seguridad, a La Herradura, una hermosa colonia cerca de Polanco y Chapultepec. Tenía una piscina climatizada, garita de seguridad para los residentes, que no éramos más de diez, y para colmo quedaba cerca de la oficina.

Un mediodía, en avenida Revolución, en medio de un semáforo bastante concurrido de tráfico, se acercó, mientras yo estaba en mi camioneta 4x4 con la ventanilla bajada fumándome un habano, un hombre rubio con saco, muy bien vestido.

Supuse que vino hasta mí para solicitar alguna referencia, ya que el tráfico no avanzaba. Pues no, lo hizo para pedir mi cartera y exhibió una pistola de grueso calibre. Mi socia, que estaba en el asiento de al lado, se quedó estupefacta al momento. Yo le pedí que guardara el arma. El tipo parecía bastante educado. Me tocó en suerte un ladrón ejemplar y encima de traje, qué más podía pedir. Le entregué mi billetera, que contaba con unos quinientos dólares en efectivo, y le dije que no se llevara las tarjetas, a lo que accedió y, razonablemente, me devolvió las mismas. Luego me solicitó mi reloj TAG H, valorado en unos mil dólares. Yo creo que se había hecho el día. En ese ínterin había guardado ya su arma. Le rogué que el reloj me lo dejara, pero amenazó con sacar su arma nuevamente y disparar, por lo que, con una sonrisa, accedí a su no muy simpática petición.

Luego desapareció entre los autos, cruzó la avenida Revolución y se perdió al cruzar la calle. Inmediatamente, la gente salió de los autos, alguno lo insultó incluso cuando ya estaba bien lejos, por supuesto. Fue el día que decidí irme a vivir al interior del país y pisar lo menos posible el Distrito Federal.

El lugar elegido fue León, Guanajuato, último bastión español en la independencia mexicana, y allí se quedó la hermosa ciudad perdida en el tiempo. El cielo de León es de una claridad tal que parece como si reflectores al atardecer lo iluminaran, al igual que el de Madrid. Allí viví el mundial de fútbol de 2006, obvio que mi selección era la italiana, y también le íbamos a la argentina; allí, en León, extrañamente le iban a Francia, país que los invadió en su momento. Nunca entendí muy bien su particular preferencia. Ante cada jugada de Francia, avivaban a los gallos franceses, pero cuando la selección *azzurra* liquidó con sus históricos goles a

Zidane y a sus compañeros, mis gritos los llevé hasta fuera de mi casa, en medio del campo de golf, un poco en revancha porque la mayoría quería que Italia perdiera.

En definitiva, era un lugar de encanto la región de Guanajuato, sin mácula; parecía como una de esas ciudades perdidas entre callejones del tiempo, pero con algunos toques modernos. Allí abrimos una sucursal donde logramos unas trescientas cuentas pospago más mensualmente. El viaje a la ciudad lo realizaba una vez por semana o cada dos semanas para control de la situación y apuntalar aquello que ameritaba.

Tal vez hayan descubierto, por las historias reales que hemos vivido y que les estoy relatando, lo simple que será mantener esta organización una vez que uno la pone en marcha; comienza a caminar sola. Al ejercer un control normal e inteligente de las situaciones, todo seguirá el curso necesario para lograr el éxito esperado.

El secreto está en dar, en invertir en el marketing interno hacia nuestros empleados, mientras que para mantenerse en el tiempo es necesario brindar una atención posventa a los clientes para evitar las quejas del cliente. Son dos organizaciones vitales en este negocio que planteamos. Una administrativa, de seguimiento del cliente, y la segunda una estructura de ventas bien seleccionada, permanentemente capacitada y motivada.

Luego de años de hermoso vivir y rico comer en tierras mexicanas, no bastó el primer robo que había sufrido, lo peor estaba por llegar. Sucedió lo impensable. El campo de golf estaba altamente custodiado. Era imposible entrar. A nadie había informado nunca dónde vivía. Nadie sabía en qué momento podía aparecer por la oficina. Mi indumentaria era muy informal, me sentía protegido en cierta forma. Había tomado todas las medidas de precaución necesarias ante la ola delictiva que se cernía cual nube negra sobre el México de ensueño y mariachi que tanto había cautivado todos nuestros sentidos.

Mauricio tenía muy mal genio. Teníamos unas diez empleadas administrativas y una contable permanente en las oficinas. Toda el área administrativa estaba a cargo de dos hermanas que resultaron ser siniestras, parecían las novias del muñeco de la película de terror *Chucky, el muñeco maldito*.

Comenzaron trabajando en el 2004. En 2005 se habían retirado por una discusión fuerte que tuvimos con una de ellas, la más joven y nefasta. Muy alejada de lo que es una flor —así se llamaba—, esta empleada, en esa ocasión, instó a su hermana a retirarse también; nada importante era el caso que se discutía, pero lo transformó en algo personal y terrible, arrastró también al novio de su hermana, que era un supervisor de ventas. Se llamaban igual, insólitamente. Las dos eran Flor, pero una su nombre lo tenía en idioma indígena y su hermana mayor en español; en definitiva, eran Flor y Flor, para nosotros resultaron ser un ramo, pero no de flores precisamente, sino de problemas.

Nunca permitamos en nuestra empresa la formación de parejas, es una bomba de tiempo dentro de la misma, solo hay que esperar el momento de la detonación, tampoco hermanos, amigos y novias, porque los hemos probado en todos estos formatos. Hermanos pelean, amigos envidian, novias celan con otras empleadas, y así podríamos seguir y ampliar, pero no vale la pena.

Un tiempo después, ante las muy malas experiencias por las que pasaran las jóvenes hermanas, poca paga y abuso de parte de sus empleadores, comenzaron a llamar desesperada e intermitentemente. Con nosotros ganaban unos mil quinientos dólares mensuales. ¿Dónde iban a conseguir ese dinero? Imposible para dos chicas que no superaban los veintiuno y veinticuatro años, donde el sueldo base en México no llegaba a doscientos dólares.

Fue debido a su insistencia, el mal momento por el que pasaba la administración y por no encontrar el personal adecuado para enfrentar el rápido crecimiento de la empresa que, por error, decidimos tomar a una de ellas, la mayor, que no fue la del anterior problema, pero que había participado en cierta forma.

En su trabajo era seria y eficiente, era aquella que nunca generaba los problemas, pero que indefectiblemente se veía arrastrada por su envidiosa hermana a hacer cosas que limitaban con la estupidez y el sinsentido.

Unos meses habían transcurrido cuando surgió una nueva vacante administrativa. La hermana mayor nos suplicó la reincorporación de su hermana menor día tras día. Otra vez nuestra estupidez nos jugaba una mala pasada. Debido al gran crecimiento que estábamos experimentando y a la falta de personal idóneo, accedimos. No cuidamos el detalle, pensamos que podríamos controlar la situación si volvía a presentarse. La enseñanza resalta que segundas veces no son buenas, y mucho menos cuando renuncian con semejante despliegue.

Como comentara en un párrafo anterior, Mauricio tenía mal carácter. Se peleaba con la administración en la vorágine diaria de ventas debido a que no llegaban a procesar semejante cantidad de solicitudes diarias correctamente, a pesar de contar con unos diez administrativos.

Un día por el mes de septiembre de 2006, Mauricio las insultó y eligió a la menor para su ataque desenfrenado. No solo corrieron insultos, sino también solicitudes por el aire, apuntando a la cabeza de la chica cual misiles. Todo ello hecho en nuestra ausencia. Mauricio, sin tacto alguno, al estilo de barra brava del fútbol, destruía así la armonía que durante tanto tiempo logramos cosechar. Nosotros estábamos de viaje por negocios.

A nuestro regreso, reunimos a los implicados, teníamos programado un viaje a Madrid para instalar una sucursal y queríamos dejar todo muy en orden y cortar de cuajo aquella hostilidad. Todos nos pusimos de acuerdo, pero su obstinación y orgullo fueron más fuertes; es gente que pareciera llevar consigo una piedra al cuello, nunca cambian, los reconocerá por su estúpida soberbia, aferrados a su mundo de costumbres egoístas, por momentos se inventan un mundo económico que no es real para exigir ganancias que ni en sus sueños imaginaron cobrar, poseen una alta dosis de envidia; por ende, tienen muy mala fortuna en todo lo que emprenden.

Recuerdo que era de noche, mientras caminaba por el Palacio Real de Madrid, cuando recibí el llamado. Era Flavio comentando que todo había explotado de nuevo, pero peor. La hermana menor, que estaba en su tercer mes de embarazo, denunció a Mauricio por intento de violación y llamó a la Policía. Mauricio era todo lo anterior, pero nunca un violador.

Por la acusación de la embarazada, este se tuvo que esconder en el departamento del portero del edificio. La Policía lo buscó durante una hora, la oficina era un caos. Todos anonadados. Mi noche madrileña tirada por la borda. El error cometido era nuestro, el de volver a contratar gente que una vez te defraudó; este tipo de individuos serán quienes sellarán tu desgracia.

Regresamos inmediatamente a México. Ambas hermanas fueron echadas; en realidad, les pedimos que se tranquilizaran y se tomaran un tiempo hasta decidir qué hacíamos. Pensábamos, igualmente, compensarlas por los servicios prestados y acabar la relación laboral. Teníamos que reestructurar el área administrativa, pero contábamos con todo el material intacto de la fuerza de ventas. Eso era positivo. Pero ocurrió lo peor.

Mauricio era una baja también, lo suspendimos. Se ocultaba en su hogar con su familia, esposa e hijo pequeño para evitar a los agentes de la Policía, que resultaron ser amigos del barrio de las dos «flores», uno de ellos primo de las hermanitas aquelarre. Nosotros intentábamos poner paños fríos a la situación. Uno de los jefes de ventas mexicanos había desaparecido unos días sin explicación.

Alguien lo vio complotando con las hermanas en un bar nocturno, junto a un grupo de personas de dudosa reputación, lo que llamó la atención de quien nos vino con el comentario.

Durante esos días fue secuestrado por policías judiciales uno de nuestros coordinadores argentinos, Francisco, el soberbio. Seis horas estuvo retenido a punta de pistola en pleno día, le robaron todos los celulares que llevaba en la camioneta para repartir a los clientes que habían contratado en días anteriores; todo ello ante el estupor de todo un grupo de ventas de la empresa que quedó temblando. La extorsión telefónica de las hermanas y su novio era ya intolerable. Querían un pago importante a cambio de dejarnos en paz. Mientras negociábamos las condiciones, cual película con

Denzel Washington, aquella que recordarán seguramente, la del secuestro de la niña rubia americana en México, nos dan un golpe en la oficina, esperando encontrarse con una bodega repleta de celulares; por suerte, no la había.

Flavio y otros empleados quedaron atados en el suelo. Para rematar, fueron a buscar en tres autos a la hermana de mi socia hasta la casa donde vivía, en Guanajuato, con su pareja y su pequeño hijo Luciano, de dos años.

En ese momento no se encontraba, por suerte, como si un ángel hubiera pasado en un lapso de tiempo prudente previo y los hubiera sacado con sus alas de su casa y de las garras de los policías convertidos en maleantes y secuestradores en sus horas libres. Pobre mi querido México, qué sufrimiento están pasando, lo he vivido en carne propia.

El coordinador mexicano parecía estar en la componenda, a pesar de ganar más de dos mil dólares por mes. Ya no quisimos seguir negociando. Teníamos un abogado de gran prestigio a nuestro lado que no olvidaré. De personalidad aguerrida, era único en su especie. Nos contactó con las más altas autoridades de la ciudad. Nos trataron excelente, atendiendo nuestro problema inmediatamente y derivándonos a los jefes de la Policía judicial, hoy ya desaparecida, según tengo entendido. Francisco hizo un reconocimiento fotográfico y pudo reconocer a quienes lo habían retenido contra su voluntad a punta de pistola, mientras que otros reconocían a quienes habían robado la oficina, nombres y participantes en los hechos salieron a la luz, todos ellos eran de la Policía judicial. A Mauricio lo seguían buscando las patrullas, ya de uniformes vestidos los amigos de las hermanitas floreadas.

Nosotros, mi socia y yo, dedujimos que, ante las denuncias interpuestas por Francisco, sumada a la nuestra, todo se pondría más peligroso si sabían dónde vivía la familia de mi socia; era cuestión de tiempo averiguar lo del campo de golf en Guanajuato.

Es entonces que decidimos sacar pasajes para toda la familia y encaminarnos a la seguridad que nos planteaba Europa. Al ser ciudadanos italianos, nos resultaba fácil volver a casa, lejos de tanta injusticia e impunidad.

Fue la mejor decisión, para qué arriesgar más, no valía la pena. Lo intentamos todo. Fue inútil. Las denuncias se perdieron en los juzgados, los judiciales fueron apartados por un momento de sus cargos, luego reincorporados. Dejábamos atrás años hermosos, llenos de buenas anécdotas. Creo que dejé en México un poco de mí.

La citación para presentarme a prestar declaración llegó un año después, me avisó el abogado de que debía retornar. Imaginen la bienvenida que nos podría aguardar, ni por un millón de dólares tocaríamos suelo azteca una vez más. En ese año que tardó la justicia en convocarnos, nos podríamos haber convertido en una estadística más, pero la justicia tiene sus tiempos, dicen. Imposible regresar para declarar sobre hechos acontecidos un año atrás en un marco de inseguridad como se vivía en el país.

Mi inversión desperdigada. Vendidos apresuradamente muebles, casa, autos, todo lo de una vida. Toda mi vida había quedado atrás. Por suerte, mis ahorros estaban a buen resguardo en Europa; era todo lo que nos quedaba, junto a mis libros de motivación, mi colección filatélica, mi guitarra y miles de fotos acumuladas de tanto andar.

Capítulo 16:

El sueño español

«Hay quien adquiere la mala costumbre de ser infeliz».
GEORGE ELIOT

España la visité en varias oportunidades como turista. Me sentía muy atraído por su cultura, su comida, sus costumbres y su gente. Una vez liquidado, lamentablemente, nuestro proyecto de México, debíamos empezar una vez más en tierras lejanas. Se sucedían a diario en los primeros tiempos las llamadas a nuestro plantel de coordinadores en México, quienes se encontraban aún liquidando todos los cabos sueltos que habían quedado; la liquidación de tantos empleados, de los cuales, en muchos casos, guardábamos gratos recuerdos; todo en un contexto truculento, todo había que hacerlo mientras esquivaban las amenazas de todo tipo de las hermanas Flor y sus socios policías, las cuales eran citadas por las autoridades, al igual que otros empleados. Nadie fue a dar testimonio, prefirieron esconderse, y la justicia brillando por su ausencia.

La familia de mi socia en pleno, papá, mamá, hermana y sobrino, se trasladó a España para evitar el secuestro prometido por las hermanas y sus cómplices en *e-mails* que aún guardo en la casilla de correo de la empresa. Todo fue de película. Para evitar salir desde Guanajuato, decidimos trasladarlos hasta Cancún en automóvil alquilado, para, desde allí, abordar el avión que los llevaría hasta Madrid. Previamente, unos días los alojamos en lo de un sacerdote católico, todo un icono y amigo en la ciudad de Guanajuato. Una vez en Cancún, abordaron seguros el avión. Las hermanas le habían jurado a mi socia que su familia no escaparía sin que pagáramos una gran suma de dinero, así de difícil se planteaba la situación.

Nos entrevistamos con la gente de la multinacional americana nuevamente en Madrid, en ese 2007. Pagaban muy bien, cuatrocientos euros la cuenta, y nos entregaban el equipo homologado por ellos aparte. Toda una diferencia del sinsentido que se implementó en México, cuando desistimos de seguir en el 2006.

Nuestros éxitos en ventas habían cruzado fronteras y habían llegado hasta España, donde estaban abriendo un nuevo programa de comisiones que llamaban Programa Alliance; era el tan mentado aliado comercial que se inventó en México en su momento, con excelentes resultados, y que la nueva conducción del año 2006 había transformado de aliado comercial a promotor comercial bajando la comisión a la mitad. Mientras España subía, México bajaba, aunque era la misma corporación, así de increíble son las cosas en las corporaciones internacionales algunas veces.

> *Tomen en cuenta que siempre existirá una nueva oportunidad a la vista; cuando se cierra una puerta, se abre otra para un empresario que tenga claro aquello de una organización de ventas. Es cuestión de buscar y encontrar siempre una puerta abierta donde desarrollar su proyecto.*

Debemos saber que el proyecto siempre debe ser presentado ante grandes corporaciones que necesiten vender sus servicios o productos. Son ellas las que podrán liquidar en tiempo y forma las sumas de dinero importantes que producirá su estructura, y son las únicas que pueden y que tienen contemplados importes significativos en sus presupuestos para el pago de comisiones a sus distribuidores o que pueden llegar a pagar un millón o más al año por la producción que se genere.

Recuerdo que empresas distribuidoras percibían al mes más de un millón de dólares por entregar sistemas de seguridad electrónica sin cargo a los clientes por una cuota mensual que no superaba los cuarenta dólares. ¿Cuál era el negocio entonces? Simple, Wall Street y la cotización de su acción en ese contexto.

En un principio, en España estábamos pasando por un mal momento psicológico. El golpe fue fuerte. Tan fuerte fue que el pobre Flavio, en los primeros seis meses, padeció un infarto con sus jóvenes treinta y nueve años. Le hicieron un cateterismo y tuvo que regresar a recuperarse a Argentina. Era una pérdida importante, pues le teníamos gran aprecio.

Mauricio intentó llegar a España y fue rechazado por las autoridades por declararlo ilegal al pisar suelo español, por lo que fue devuelto a Argentina.

El famoso Fatalicio, convertido en cuñado en México, tras cometer una serie de errores nuevamente, terminó la relación con la hermana de mi socia. Fue el momento justo para sacarnos definitivamente esta pesada piedra de nuestro entorno desde aquel lejano Perú. Sí, leyó bien, el famoso Fatalicio reapareció en escena un mes antes del desastre. Mediante *e-mail*, solicitó trabajo, y como estábamos tan bien económicamente, decidimos darle una segunda oportunidad. ¿Ven lo que sucede con las segundas oportunidades? No pasó un mes de su llegada cuando sucedió todo lo que aconteció en tierra azteca, muy extraño, en verdad; hay veces que pienso si personas tan negativas pueden en verdad desencadenar desgracias tan grandes. En ese ínterin, el mentado Fatalicio se había incorporado a la sucursal de Guanajuato como gerente. También se puso de novio con la hermana de mi socia. Así que ahora se había transformado en una especie de cuñado, para colmo.

Al nosotros trasladarnos a España, dejamos en sus manos la venta de nuestras cosas personales de la casa. Él quedó a cargo del traslado de la familia de mi socia hasta Cancún para, desde allí, tomar el vuelo a España. No queríamos hacerlo desde Ciudad de México o desde León, Guanajuato, pues no sabíamos a ciencia cierta si los secuestradores podrían tener controlados esos aeropuertos; al ser policías, bien podría ser así, imaginamos.

De la venta de todo no quedó nada, pues fue utilizado para vivir por Fatalicio. Luego alquiló una camioneta para el traslado hasta

Cancún que costó una fortuna. Estando ya en el aeropuerto de Cancún, dijo no tener para su pasaje.

Mi socia me pidió que lo reconsiderara por el niño de su hermana. Conclusión: terminé enviándole unos mil dólares más para su pasaje y, a los pocos días, lo tuve que recibir en el aeropuerto de Barajas.

En España no aprovechamos la oportunidad que nos tendió la multinacional una vez más. Estábamos un poco saturados después de tantos años en las filas de la corporación y aún un poco desestabilizados por tanta mala experiencia con aquello del robo e intento de secuestro. También tuvimos una entrevista con el director corporativo de una importante compañía de telefonía celular. Este director quedó entusiasmado con nuestra propuesta. El esquema de comisión que nos presentó era muy complejo, por lo que preferimos tomar otra propuesta.

Nos quedamos, entre todas las opciones, con la de la empresa alemana y un proyecto de asesoramiento en *marketing* en su incipiente proyecto de seguridad electrónica. Firmamos también una distribución con esta gran compañía de origen alemán.

Era muy lento el equipo de trabajo con que contaba en ese momento, convengamos que eran sus comienzos en este negocio en España. Todo se movía a un ritmo desconocido para nosotros, un sistema de seguridad tardaba quince días en ser entregado e instalado; imposible así proyectar grandes cifras de producción.

Recordemos que debemos buscar productos de alta demanda que podamos entregar al cliente dentro de cuarenta y ocho horas, a más tardar setenta y dos, para mantener latente en la mente del mismo la necesidad de la compra que efectúa.

Al ver la lentitud del esquema y otros inconvenientes, crisis de por medio en 2007–08, decidimos no continuar perdiendo nuestro tiempo y decidimos, luego de un año, proyectar lentamente retornar a Latinoamérica; sumado a eso, Fatalicio echado, Flavio infartado y Mauricio rechazado en el aeropuerto; solo Francisco seguía en pie, parecía una derrota en la peor de las batallas y en retirada. Otros en esta circunstancia se hubieran desmoronado, nosotros estuvimos al borde, pero comprendimos que esta situación era parte del camino en zigzag del que hablamos de transitar en algún momento en toda vida empresarial. Los errores cometidos eran nuestra culpa y estábamos pagando por ellos, fuimos muy permisivos con algunas situaciones que nos llevaron a estas instancias.

Mientras, transcurría nuestra realidad y priorizamos tener un periodo de distensión y hacer algo de turismo para sacarnos el estrés de encima, para lo cual recorrimos y disfrutamos de toda España, ¡qué hermoso país! Historia a cada paso más sus ricas comidas.

Siempre hay que validar o, mejor dicho, tantear el terreno cuando llegamos a un nuevo lugar e intentar ayudar e influir en las políticas de las corporaciones para mejorar su operatoria. En nuestra experiencia nos hemos encontrado con elefantes blancos como empresas, donde todo cambio para mejorar un esquema preestablecido se hacía esperar bastante.

A pesar de todo, vendimos sistemas de seguridad y GPS para control de flotas muy bien.

Vendimos muy bien durante un corto tiempo, pues nos cayó la crisis encima cual ola gigante. Las empresas de transporte se contrajeron en sus gastos y se paró la venta drásticamente. Todo el mundo quería esperar a que pasara la situación.

Madrid hermosa, España también. Nosotros nos ubicamos en Las Rozas, un lujoso barrio en las afueras de Madrid. Los bancos redujeron drásticamente el crédito, la construcción se paralizó y nos encontramos de golpe con la tasa de desocupación más alta de Europa.

El valor de las hipotecas se había disparado, por lo que en toda España las familias que reservaban un dinero para esparcimiento, ocio o turismo se vieron afectadas. La crisis iba por dentro y ello se notaba en la población.

En ese contexto, por cada empleado sin papeles, las multas partían desde los seis mil euros; por ende, esa opción estaba descartada. Los costos de operación se tornaron insostenibles, las continuas inspecciones se sucedían en un restaurante y una cafetería en los cuales invertimos.

En plena crisis logramos venderlos. Fue muy interesante cómo lo logramos y puso de manifiesto, una vez más, que la perseverancia y la decisión son claves en todo negocio que tratemos de llevar a cabo. Creo que acá radica la enseñanza que contiene este capítulo, el resto es anécdota de nuestra experiencia española.

La cafetería de estilo y productos argentinos se vendió un tiempo antes de partir de Madrid. Por el restaurante hubo intentos de compra, pero ninguno prosperó.

Lo dejamos en las manos de la hermana de mi socia. Pasaban los meses y nada sucedía, mientras nosotros, en Centroamérica, planificábamos nuestro regreso al escenario de las ventas en Latinoamérica.

Fue cuando nos cansamos de esperar y decidimos regresar a España para liquidar el negocio en una semana a más tardar, afirmábamos en esos días. Fue así, sacamos el pasaje y planeamos el regreso solo por una semana. La crisis era entonces más intensa en España, pero eso no nos importaba. Teníamos la firme convicción de lograrlo, vender el traspaso de un local cerrado hacía ya seis meses parecía todo un imposible, y mucho menos realizarlo en solo una semana que nos habíamos dado de plazo.

Llegamos a Madrid en silencio, nadie sabría de nuestra presencia, todo a fin de evitar las negatividades de nuestros simpáticos vecinos, que estaban pendientes. Publicamos un pequeño aviso en el diario. Llamaron dos interesados. Uno de ellos compró. Los papeles los firmamos un día antes de la partida de nuestro vuelo ante un notario, nos reunimos con el dueño del local y liquidamos una deuda pendiente, lo cual agradeció bastante.

Quedé yo mismo admirado del poder de una decisión absoluta que uno proyecta, donde no se concibe dar marcha atrás alguna, y que había dado sus frutos en los tiempos que nos habíamos impuesto y en medio de una crisis nunca antes vista.

Este es un claro ejemplo del poder de la mente, de los pensamientos enfocados con precisión milimétrica que todos podemos implementar y la toma de decisión irreversible. Nosotros no dudábamos de que algo iba a acontecer cuando tomamos la decisión de volver a vender en una semana el traspaso del restaurante. Solo debemos creer en ello y pasar a la acción, solo debemos pedirlo al universo y se nos otorgarán nuestros deseos.

Quienes no tienen objetivos claros no podrán avanzar en la jungla de las negatividades que existen a nuestro alrededor. Aunque aparezcan los miedos que podamos tener por un instante, hagámoslo igual, avancemos hasta lograr el resultado buscado. El subconsciente da todo lo que se desea y que cree que es posible. En esta frase hay dos afirmaciones importantes. Para comprender bien qué es el deseo, imagine que ha caminado por el desierto diez horas sin agua, ¿cuál sería su deseo? ¡Beber! Su deseo de dinero debe ser así de imperioso si quiere que su subconsciente atraiga para usted la prosperidad que busca. La naturaleza profunda propia del universo es la abundancia y la prosperidad.

La segunda afirmación importante es «todo lo que cree que es posible». Esta noción es muy sutil y debe comprenderla para sacar el máximo beneficio de su subconsciente. Si su deseo fuese ganar el primer premio en la lotería, su espíritu consciente rechazaría esa idea porque su razón le estaría diciendo que es imposible. Debe ser realista y considerar un deseo de dinero que se corresponda con su sistema de valores.

Pasar a la acción es la clave, es lo que destruye el miedo, es lo que anula la parálisis mental, a la cual estamos muchas veces expuestos. Nos gobierna la parálisis paradigmática, en ocasiones, fruto del miedo a tomar una decisión que nos involucre en un todo y que debamos avanzar en terreno desconocido. Parece que queremos avanzar, pero las excusas empiezan a aflorar a cada instante o, peor aún, pensamos en el qué dirá de nosotros nuestro entorno ante nuestras acciones.

Queremos, pero la impotencia que experimentamos, madre de las malas experiencias que nos anteceden, nos brinda las principales razones para no movernos, no arriesgamos, preferimos mantenernos en nuestro mediocre mundo o que las cosas se solucionen por inercia y por sí solas sin nuestra injerencia. A veces pensamos que nos es más fácil auto convencernos de que lo acontecido sucedió por alguna razón extraña del destino, no nos queremos hacer responsables ni involucrarnos en nuestros fracasos, ni que nuestro entorno nos juzgue como tales fracasados; es por ello que preferimos no avanzar, no movernos.

Debemos retomar la acción en nuestras vidas, fijar puntería y disparar al blanco que proyectamos y donde tenemos que concentrarnos; solo la acción planificada nos acercará más y más a la meta. Proyectar y ejecutar, es decir, pasar a la acción con fe inquebrantable en el resultado positivo de lo que vamos a emprender se hace indispensable.

En Centroamérica, retomamos nuestra profesión de la venta en toda su expresión. España estaba muy atormentada por toda esta situación que le estaba tocando vivir durante esos años. A diferencia de Latinoamérica, que son países donde las crisis son el pan de todos los días y donde la gente ve las crisis como algo normal, pero no los paraliza. La negatividad arrastra hacia el fondo de la situación siempre y no nos deja salir a flote, nos ahoga irremediablemente.

Capítulo 17:

Entre dos mares

«Más te ama quien te corrige de los defectos que tienes que quien te alaba por cualidades que no tienes».
Biblia, Proverbios 9

Una de las economías impresionantes de la región centroamericana era, sin duda, la plaza de Panamá en 2009. Era una Miami en pequeño. Se concentraba por aquellos años mucha inversión extrajera. El dólar es la moneda oficial. Tiene un Gobierno estable, equilibrio económico, impuestos asequibles con un IVA del 7 %, una bahía para enamorarse, edificios modernos, una cinta costera que mira directa al mar, una franja que abraza la entrada al canal, que es de una belleza sin igual, llamada Amador.

Luego de nuestro periplo por Centroamérica y después de un breve paso para conocer El Salvador, que nos llevó allí una asesoría comercial para la empresa de radiotelefonía Red, propiedad de un simpático colombiano, nos establecimos en Panamá definitivamente.

El Salvador y su exagerada burocracia para poder residir legalmente en el país o instalar una empresa se tornaron insostenibles en esos años, a pesar de la buena oferta de aquella empresa. Existe hasta una cárcel para inmigrantes ilegales, aunque usted no lo crea, y con la ascensión al poder en esos años de un ex grupo guerrillero, sumado a la inseguridad latente que existía, no era un destino muy recomendable para hacer negocios en aquel tiempo.

Igual pudimos descubrir un país inédito, la gente es muy amistosa; en ese corto tiempo, hicimos un número importante de relaciones y amigos. Tiene lugares turísticos de ensueño y sus playas invitan al surf, que es un deporte muy practicado allí. Muy recomendable para darse unas vacaciones exóticas, no para residir, al menos en aquellos años.

Panamá fue nuestro siguiente destino por casi ocho años; al llegar, todo fue fácil, desde obtener residencia o una cuenta de banco y recibían al extranjero con los brazos abiertos.

El corolario de nuestra experiencia para seleccionar un buen destino para la inversión es que debemos mirar meticulosamente quién gobierna, sus futuras medidas económicas, si son pro empresa o están en contra de la inversión extranjera, son pautas muy importantes para saber qué hacer. Todo tiene que ver con la capacidad de quienes gobiernan, más allá de sus tintes políticos. Es una cuestión de capacidades, garantías, justicia y visión de estado que puede perjudicar la instalación de nuestra inversión extranjera.

En ese tiempo, allá por el 2009, decidimos desembarcar nuestras naves en la Ciudad de Panamá. El nombre Panamá significa 'abundancia de peces'.

Ciudad moderna, paisajes incomparables con la entrada al canal entre islas en medio de una bahía de aguas tranquilas, calor todo el año, infraestructura completa para invertir. Decían que era un territorio pequeño, pero donde el dinero fluye fácilmente, y pude confirmar esta versión en esos años.

El único problema que le veo a la Ciudad de Panamá es el descontrol de un tráfico infernal. Los choques entre autos se suceden en forma permanente. Los semáforos son como si fueran árboles frutales en las esquinas.

No obstante, el empleado panameño es muy eficiente en el trabajo y sabe trabajar con metas y objetivos cuando se le capacita. En síntesis, la evaluación es muy positiva en cuanto al factor humano. Bueno, allí me nació uno de mis hijos, así que me quedó algo del compromiso con esta acogedora tierra entre mares.

Avanzando con el tema que nos compete en Panamá, al principio había dos compañías de telefonía celular. A finales de 2008 se sumaron otras dos. Entraron con un gran despliegue publicitario. Lo que tiene de interesante este negocio de la telefonía celular es que está virgen. Ante este comentario dirán que me volví loco, pues no.

Yo les aseguro que hasta en los países más saturados del mundo en el mercado de celulares se puede hacer una superproducción de ventas.

¿Por qué defiendo especialmente esta posición? Es muy simple. En más del 90 % de los usuarios, los clientes utilizan el sistema prepago, es decir, la famosa recarga electrónica; es el sistema por todos conocido donde uno le va agregando saldo a medida que se le acaba, con el consiguiente dolor de cabeza que trae por las noches conseguir saldo o el alto costo de las llamadas, y qué decir del Internet.

Quienes distribuyen este producto perciben comisiones miserables, el negocio apunta a la cantidad, pero es necesaria una muy importante cantidad de clientes para obtener ganancias interesantes y hacerse de una importante red de distribución que, por lo general, ya está tomada por la competencia.

La solución a los locales en un centro comercial es, sin lugar a duda, la organización de una fuerza de ventas puerta a puerta, UFV (unidad de fuerza de ventas), de planes pos pago, sumando en la actualidad las prestaciones de televisión, Internet y telefonía fija para el hogar, que muchas compañías en muchos países han desarrollado como otra fuente de ingresos importante.

También lo que propongo es hacerse distribuidor de productos que lleven un contrato a término. El contrato o amarre de un cierto número de clientes es lo que las grandes corporaciones buscan, y allí encontramos siempre nuestra oportunidad de negocios, nuestro nicho en todo tipo de producto y lugar.

El ejemplo de la telefonía celular es más fácil, la necesidad está creada, lo que debemos incentivar es cambiar el viejo celular o plan prepago por otro de contrato pos pago donde el cliente paga una cuota mensual por el subsidio del equipo o la compra del mismo y el servicio de comunicación más Internet por un precio irrisorio, ahorrando, de esta forma, una importante cantidad de dinero, a fin de cuentas.

Imaginen que existe un 90 % del mercado por conquistar alrededor del mundo en esta modalidad.

Existe, dentro de esta modalidad, la posibilidad de vender planes híbridos, es decir, aquellos que cuando se termina el plan contratado el usuario le puede cargar tiempo aire.

Las comisiones que estas empresas pagan, de dos o hasta tres veces el plan vendido, otras compañías del sector suman incentivos por alcanzar ciertas producciones de venta.

Debemos cambiar la cultura del no compromiso a un contrato a término. Debemos cambiar esa visión de las cosas primero nosotros como emprendedores, luego cambiar a nuestros empleados e inyectar una nueva cultura de ventas.

Cultura implica formas de comportarse. El juicio o evaluación que el cliente tome de nosotros es el sentimiento que gobernará su psique. Somos evaluados permanentemente a diario en cada conversación de ventas.

Luego de la compra, los tres primeros meses son de vital importancia, pues el convencimiento de los beneficios de nuestro producto será consecuencia de nuestro buen servicio o atención a las inquietudes que el cliente pueda presentar. Pasados esos primeros meses de evaluación por parte del cliente, la fidelidad es un hecho. Si no existe un óptimo aparato de contención posventa, una parte de nuestras ventas se diluirá.

Acá debemos tener confianza en nuestra marca, de que hará las cosas bien. También es importante contar con una estructura que dé seguimiento al novel cliente.

Siempre un cliente quiere probarnos una vez que contrata. Siempre habrá algo que no entendió correctamente o se olvidó algo de lo explicado. Los mismos se acercan a los centros de atención y allí la organización deberá contar con personal idóneo y capacitado para explicar planes y promociones.

En Panamá logramos lo que nadie había logrado hasta ese momento implementando nuestro esquema. Una de las empresas de telefonía celular se encontraba desesperada en el momento en que entraban al mercado dos competencias de las grandes en 2009, pero pudo estabilizarse con nuestro impulso. Fueron 6174 nuevos clientes pos pago en un primer año, aunque se vendía el doble, pero no lo podían procesar debido a la falta de personal idóneo para la tarea y a pesar del esfuerzo de la gerencia general, que incluso abrió los domingos para nosotros.

Cuando llegamos a Panamá, nadie vendía un solo contrato. Las estructuras de distribución estaban abocadas al prepago y totalmente deprimidas ante la amenaza de la nueva competencia. Si uno se acercaba a una tienda, no sabían cómo ofrecerle un contrato, mucho menos se sabía cómo completar un contrato. En ese año 2009, sobre un total de 41 905 nuevos abonados —según diario *La Prensa de Panamá*, 12/1/10— en todo el país, en esta modalidad de contrato pos pago, nosotros contábamos con un 15 % del total del mercado, habiendo establecido solo una oficina de cien metros y a un promedio de comisión por cuenta que rondaba los casi doscientos dólares con los premios.

Cuando llegamos a la costa panameña, teníamos una reunión en una de estas empresas que también acababa de poner pie en tierra. No nos dieron mayor importancia. La segunda reunión la suspendieron. Nunca supimos bien el porqué. Son esos directores comerciales con visión limitadísima.

Tal es así que, en menos de un año, esos directores que nos habían atendido tan mal y nos habían descartado ya no estaban ocupando sus cómodas butacas. Cuando están en esas posiciones de dirección, algunos se creen dioses del Olimpo en la tierra. Luego, en 2013, contactamos nuevamente con nuestra empresa y fuimos aceptados como distribuidores inmediatamente, previa investigación minuciosa que a los socios siempre les hacen para poder ingresar a una de estas corporaciones.

En ese entonces, un ex subdirector de telefonía celular de una de las 4 grandes del mercado, nos solicitó formar parte del equipo, a lo cual accedimos. Ante la importante oferta que surgió en Costa Rica, que luego relataremos, decidimos regalar la empresa a nuestro amigo y emprender el camino solos a Costa Rica. Hoy sigue siendo el más importante distribuidor en Panamá de esa marca, aunque nunca pudo formar una fuerza de ventas de pos pago como nosotros explicamos en este libro, según nos confesó en una amena cena que mantuvimos años después.

Volviendo a nuestros inicios en Panamá, el día que despegaba nuestro avión para volver a El Salvador, se nos ocurre llamar a nuestra antigua divisa mexicana de celulares, que no habíamos visitado aún, pues creímos segura la primera opción de claro en base a una primera reunión que habíamos sostenido por recomendación de unos conocidos cercanos a la dirección general de esta corporación internacional que habíamos tratado en El Salvador.

Una voz del otro lado llena de entusiasmo se escuchó, nos dijo que precisamente era lo que estaban buscando, nuevos distribuidores, y caíamos como anillo al dedo. Nuestro avión salía en unas horas, por lo que nos propuso que nos acercáramos hasta las oficinas centrales de la corporación en una zona llamada Costa del Este para conocernos; en ese momento, nos ligó con otro director igual de entusiasmado que asistió a la reunión. Todo fue de maravilla cuando estábamos a unos minutos de rendirnos agobiados por una mala experiencia con el otro operador de telefonía celular.

Las puertas estaban ya abiertas. No tenían un proyecto como el nuestro. El primero en atendernos era un recién llegado a las estructuras corporativas; era por ello lo de su frescura; mientras, el segundo no duró un mes más, pues luego de conocernos prescindieron de sus servicios. Ello comenzó a retrasar un poco nuestra incorporación.

Ante nuestra insistencia, el subdirector comercial, un peruano, apresuró el tema y todo se desarrolló en perfecto orden. Era otro de esos directores inteligentes que, por suerte, existen en las corporaciones también.

Logramos cifras nunca vistas. Tal es así que la compañía cambió todo el esquema de trabajo y despojó a toda la organización de distribuidores de los locales que les habían asignado para la atención y los puso a trabajar en copiar nuestro esquema de solo vender contratos. Previamente, nos convocaron a una reunión con el CEO de Centroamérica para exponer nuestro proyecto y así tenerlo un poco más claro para clonarlo en toda la región, al menos esas fueron sus palabras. También allí presentamos un esquema de *Network marketing* que llamamos NECXUS para telefonía celular que, con los años, implementaron sin contar con nuestra presencia.

Los resultados de aquellos distribuidores no fueron sorprendentes, pues eran malas copias; jamás nos consultaron para poner en práctica el sistema, solo éramos infiltrados por personal de estos distribuidores y sistemáticamente copiados, pero nunca les resultaba fácil, pues los secretos que guarda este esquema y esta profesión son muy vastos y sí podrán encontrarlos en estas páginas, en los próximos capítulos en la parte III.

Todo esto nos tenía un poco molestos, pues en todos estos años y países sumábamos la atención de otros distribuidores, copiaban hasta nuestros avisos en los diarios, los sacaban idénticos.

Vendíamos unas dos mil cuentas al mes y la mitad iba a parar a la basura por error y falta de capacitación del personal de la corporación. Siempre se cuidaban de felicitarnos, salvo los directores generales, que casi siempre estuvieron de nuestro lado y que reconocían nuestro trabajo y nos apoyaban, mientras que en ámbitos de direcciones intermedias solo levantábamos envidia por nuestros resultados y el dinero que ganábamos, supongo. Esta siempre fue la contracara de nuestro éxito.

En México fuimos molestados, como pocos, con la excusa de las bajas, pero cuando terminamos —y está firmado en un finiquito que realizamos ante notario—, solo contabilizaron doscientas ochenta y cinco bajas sobre tres mil quinientas ventas en nuestro último periodo de operación, que abarcó año y medio. Otro número o justificación no pudieron encontrar. Pero el calvario por el que habíamos pasado nadie nos lo quitó de encima; las canas que peino hoy, tampoco.

Su mayor competencia no estará en la calle, sino en las mismas entrañas de las corporaciones, en sus compañeros de ruta, los otros distribuidores de la misma marca; allí estarán los competidores más acérrimos cuando vean sus resultados en ventas.

Para finalizar, el CEO de Panamá decidió emprender una campaña de acoso a nuestra compañía para negociar una disminución de las comisiones. Términos no aceptados por nosotros.

Decía que ganábamos más dinero que él y que ello no era posible. Aquello que lo movía era su mediocridad y envidia evidente. Se olvidó de que uno asume un riesgo en estos casos e invierte su dinero y tiempo a sabiendas de que puede perder todo y no ganar nada, pues solo percibe comisiones por las ventas.

El riesgo asumido con fe y determinación a corto plazo paga, y muy bien, en una organización de ventas. El CEO desarrolló toda una trama ficticia de infundios que, al final, se demostró inexistente. Tal es así que su mano derecha, un ecuatoriano, que fuera quien implementara tal estrategia para la baja de comisiones en Panamá, luego ya como director comercial en Costa Rica, nos solicitó como distribuidores, carta que guardo como recuerdo, y al poco tiempo de asumir su flamante posición, la corporación lo sacó de entre sus filas para siempre.

Capítulo 18:

Pura vida

«Qué lástima dejar de ser felices en el ahora por dedicarse a llorar y suspirar por un pasado que ya no podemos remediar y a sufrir por el futuro».
JOHN LENNON

Costa Rica es un país cuya actividad se centra en su capital, San José. Rica en naturaleza, de gente amable y sumamente curiosa. Le preguntan a uno todo acerca de su vida a cada instante, en cualquier circunstancia y lugar, en un ascensor de un hotel, en el aeropuerto, comprando el periódico o en el taxi.

Llegamos allí invitados por una de las empresas de telefonía celular en 2011. Era una oportunidad que daban a sus mejores elementos internacionales. Este país estaba por abrir sus puertas a la telefonía celular, que hasta ese entonces estaba solo en manos estatales.

Por ser una nueva operación internacional, la empresa que nos invitó estaba colapsada en un caos en todos sus departamentos. Fuimos convocados dos veces, tomamos un avión, pagamos hotel y todo resultó muy informal. Durante el tercer viaje, decidí irme a tocar la puerta a la competencia, literalmente, ya cansado de tanta inoperancia.

Los periódicos alarmaban de que la empresa estatal perdería el 50 % del mercado. Vi en ello nuestra oportunidad. Llegamos solicitando una reunión con la responsable de contrataciones de proveedores, quien nos recibió con los brazos abiertos. Nuestro planteo era simple, frenar el ingreso de todas las compañías de telefonía móvil con nuestro esquema de unidades de fuerza de ventas. El proyecto caló fuerte en sus principales directores, que pronto nos recibieron y pudimos plantearles nuestros planes en una presentación de PowerPoint.

Accedieron al poco tiempo a firmar un contrato único en su tipo hasta ese momento. Seríamos el único socio pos pago entre unas doscientas empresas del país que venían trabajando con ellos, algunas desde hacía más de diez años. Esto levantó resquemores más adelante en el tiempo.

La venta fue todo un éxito. El plan era vender solo a clientes históricos con mayor consumo de minutos y hacerles un contrato para retenerlos por un periodo de tiempo de unos dieciocho meses para que no optaran por las nuevas competidoras. Solicitamos a cambio tres meses del plan adquirido como comisiones por nuestros servicios. Todo parecía sonreírnos con el tiempo. Las ventas fluían como el agua de un río caudaloso. Los grupos de venta eran muy buenos. Nosotros nos habíamos llevado dos gerentes panameños desde Panamá que tenían toda la experiencia para dar los pasos iniciales. Allí nació mi primera hija; los profesionales en Costa Rica son excelentes, los médicos, abogados, entre otros profesionales.

No sé si será muy buen país para invertir, pero debo reconocer que sí es muy fértil, pues allí procreé mis dos hijos después de quince años de matrimonio.

Pero llegó el momento de las intrigas de un sector. Eran empleados sindicalizados por ser del Gobierno. Las doscientas empresas comenzaron a presionar para que les dieran nuestro suculento contrato también a ellos. Una directora de un departamento, un personaje para olvidar, en verdad les digo, de una maldad y xenofobia fuera de serie, tomó las riendas del tema a favor de estos últimos. Nos llegó a decir que prefería matar a su tía, en referencia a nosotros, que matar a su familia, que eran supuestamente las doscientas empresas prepago, a las cuales defendía y se había encumbrado como su paladín.

En el otro extremo estaba el director comercial del país, otro extranjero como nosotros, un salvadoreño que fue el mentor de nuestro contrato. Logramos parar el ingreso ese año 2012 de aquellas dos grandes compañías de la telefonía celular. Solo lograron entre ambos un 5 % del mercado. La empresa estatal retuvo todos sus clientes gracias a nuestra presencia en las calles con más de cien vendedores dispuestos en este esquema que mencionamos de unidades de fuerza de ventas motivadas puerta a puerta.

En un momento, el CEO de la parte de telefonía nos quiso entregar todo el paquete de la telefonía a nosotros, incluso pre pagada, al ver y comprobar nuestros resultados. Pero la presión fue de tal magnitud de aquella desubicada señora que tuvo que ceder a sus doscientos distribuidores y a gran parte de los empleados jerárquicos, que veían en nosotros una invasión extranjera de sus dominios y que ponían en riesgo su cómoda vida de letargo inoperante muy bien pagada por el Gobierno. Terminamos siendo muy bien indemnizados por la finalización del contrato con medio millón de dólares más las comisiones, que fueron siempre pagadas.

Lo más triste fue cómo terminó el otro extranjero que fungía como director comercial y que nos firmara el contrato; fue removido de su cargo. Nuestra contratación fue todo un éxito, pero no querían seguir pagando tres veces el plan en comisiones y tampoco querían dar a sus doscientos distribuidores de prepago esa comisión, por lo que decidieron cortar por lo menos conflictivo, que éramos nosotros, y así fue.

Poco tiempo después, aquella empresa que nos invitara a participar de su nueva operación y su CEO solicitó nuestra incorporación. Lamentablemente, por haber fracasado ese año y recogido menos del 3 % del mercado, fue removido de su cargo unos días antes de firmar contrato con nosotros. Ante este cambio imprevisto es que decidimos terminar nuestra aventura costarricense y volver a Panamá.

Allí concebí dos restaurantes muy famosos en esos años, uno de cortes de carne estilo argentino y otro de cocina histórica, el primero de su tipo, creo yo, a nivel mundial, basado en los platos preferidos de los famosos de la historia, desde César o Da Vinci, pasando por Napoleón y llegando a Marilyn o J. F. K., pero esa es otra historia. Panamá en 2016 entró en una profunda crisis económica que lo devastó.

Mi recorrido siguió por Medellín ante la propuesta de obtener una distribución de telefonía celular con la compañía número uno de ese país. Medellín, ciudad premiadísima a nivel internacional por su modernidad, entre otras cosas, paisajes montañosos de incomparable hermosura, pero tiene dos problemas aún que resolver, la contaminación, que mata más personas que el narcotráfico, y la inseguridad, que es latente; por lo demás, creo que es un excelente destino para plantear una inversión.

Capítulo 19:

¿Existe el país ideal para invertir?

«Antes de diagnosticarte de depresión o baja autoestima, asegúrate de no estar rodeado de idiotas».
SIGMUND FREUD

«Tanto más pequeñito es el carácter de una persona cuanto más pequeñitos son los problemas que logran ponerle triste y de mal genio».
PASCAL

En Panamá dediqué mis días a escribir este libro que hoy les presento. Corría el año 2013. Solo visité dos editoriales de las más importantes en 2014, y la CEO de una de ellas lo aceptó inmediatamente, pero debía viajar hasta otro país y mis niños estaban muy pequeños y aún quería agregar otros detalles al mismo, cosa que puse en práctica por ese entonces.

A la vez, tuve mi segundo hijo, concebido en la montaña «tica», pero nacido al lado del mar de Panamá. En esos años también estudié todos los detalles del esquema de ventas a través de las redes de mercadeo, el *Network marketing*, que quería incorporar a estas páginas como otra forma de mercadeo importante, y la venta a través de robots en redes sociales, el comercio electrónico que expongo en capítulos finales.

Uno estilo asador y el otro fue el primer restaurante histórico del mundo, un concepto diferente, donde se exponían todos los platos preferidos de los famosos de la historia con sus recetas originales, lo que me costó meses de investigación. Entre estos dos y un club del vino, entre los tres contaba con cincuenta mil seguidores, que no está nada mal en un país como Panamá. Ambos duraron hasta que la crisis en Panamá fue extrema en el 2017, y los alquileres, imposibles de sostener; en uno pagábamos doce mil dólares y en el otro seis mil. Siempre debemos tomar en cuenta que un restaurante va a ser redituable siempre y cuando el alquiler no supere el diez por ciento de su facturación.

También en esos proyectos tuvimos que construir la obra de ambos desde cero sin ser arquitectos ni nada por el estilo, pero nos la apañamos y lo logramos con mucho esfuerzo y determinación.

> *Antes que nada, debemos tener la firme convicción y pasión por lograr los resultados en cualquier tiempo y lugar. Para elegir el sitio ideal, debemos sentirnos cómodos, a gusto; será como un amor a primera vista que entra por los ojos. Nos debe fascinar desde el primer instante.*

Todo país nos debe garantizar seguridad financiera y jurídica para nuestra inversión física, y para nuestra familia con una amplia oferta de casas de estudio para nuestros hijos.   Facilidad para poder alquilar una vivienda y una oficina con rentas económicas sin mayores trámites de fiadores y toda esa historia que existe en algunos países.

Rapidez y facilidad en trámites de residencia son fundamentales también, y donde vea que no hay xenofobia hacia el extranjero. Una vez me sucedió en Medellín que la jefa de migración me sentenció que, si en veinticuatro horas no llegaba el certificado de nacimiento de mi hija de seis años, la cual solo debía renovar su trámite, tendría que deportarla, cuando yo tenía residencia por tres años como inversor, la mamá por dos y el hermanito por otro año más; por ende, todos en regla. Nos estaba diciendo que nos fuésemos y no invirtiéramos en su país, evidentemente, ese era el mensaje. Pensé: «Qué locura la de esta persona». Al día siguiente, llegó la tan mentada partida y le renovaron la visa que por ley le correspondía. Fue un hecho que realmente me tocó y determiné al poco tiempo acabar con esa inversión en ese país. Por ende, hay que estar muy atento con este tipo de situaciones que pueden complicar todo.

El país de elección tiene que tener apertura de cuentas bancarias sin mayores trámites, que se abran en el día y se pueda obtener tarjeta de débito al menos y chequera impresa en el momento para un extranjero. Por ejemplo, México o Colombia no tardan en otorgar una identificación de residente más allá de quince días.

Debemos tener en cuenta que sus habitantes sean amables y receptivos a los extranjeros, se respire en sus calles la buena energía de una población con buen servicio, donde su infraestructura sea moderna y amigable con la naturaleza y los medios de transporte modernos. Un lugar donde las comunicaciones, la gasolina y la canasta familiar sean accesibles. La seguridad pública sea un hecho y la tasa de delincuencia sea baja, el sol brille todo el año y existan oportunidades más allá de lo imaginable. Fundamental es que la actividad comercial esté en movimiento permanente y la gente consuma, compre y los restaurantes estén llenos, es un dato que tener en cuenta que nos dice mucho.

Donde la naturaleza embellezca todas sus calles con esplendor, los empleados sean amables y entiendan lo que es brindar un buen servicio. Los impuestos no deben ahogar la inversión, las cargas sociales de empleados sean llevaderas y los sueldos también para dar margen a potenciar las ganancias a partir de premios, abundantes comisiones e incentivos. Pretender que la calidad de la comida sea superior, orgánica y de producción local es importante, con variedad de productos internacionales de alta calidad a muy buen precio.

Donde exista una moneda fuerte, que puede ser dolarizada, y su economía sea pujante. Donde exista la libertad de expresión y que la justicia sea seria en sus decisiones y garantice la seguridad jurídica de las personas y empresas. Donde comprar una propiedad de alto *standing* sea algo fácil y económico, sin tener que pasar toda la vida pagando una hipoteca. Donde los bancos ayuden con crédito a su población. Donde los servicios sean todos de un alto nivel. Donde el lujo sea algo usual en sus tiendas, comercios, ciudades, en sus centros comerciales, en su rica gastronomía y en sus barrios.

Si su opción de vida encuentra todas o algunas de estas cualidades, no lo dude, pero le debe latir en su corazón. Mejor desarrollarse en ciudades que cuenten con millones de habitantes siempre que en pequeñas urbes. Hay países que terminan siendo verdugos de nuestros intereses e inversiones. En otros sentirá la xenofobia, que se hace presente lamentablemente y que parte de una cultura de ignorancia de algunas personas. La inversión extranjera es el motor de las economías en muchas regiones del planeta y que ningún Gobierno debería descartar.

Obviamente, muchos países del orbe tienen algunas de estas características positivas, pero sus economías no despegan y entonces las personas se vuelven negativas, deprimidas o abunda la inseguridad, como en México, que, en mi opinión, es un país que reúne todas las condiciones positivas para invertir, pero le falta solo esta última para cumplir en un 100 % con las características anunciadas.

Perú, Argentina o Colombia también son excelentes puntos para iniciar el viaje como emprendedor. Europa es increíble por su belleza, comida, cultura y sus gentes; por ende, no es de descartar para iniciar allí, en la zona euro. Estados Unidos o Canadá siempre están entre los mejores, sin duda.

En definitiva, lo importante será donde les lata el corazón, allí siembren con pasión y obtendrán los frutos proyectados e imaginados.

PARTE III

El camino al éxito: cómo
lograrlo paso a paso

Capítulo 1:

El secreto del proyecto comercial

«Se consigue muchísimo más en un mes interesándose por los demás que en dos años tratando de que los demás se interesen por nosotros».
CARNEGIE

En primer lugar, es muy importante plantear un proyecto comercial a las corporaciones o empresas proveedoras de un servicio o producto que nosotros estemos interesados en representar, con las cuales contactaremos, ya que ellas siempre buscan distribuidores que realicen buenas producciones de venta con un buen perfil de clientes que se comprometan con una compra de un producto o en un contrato a término a cambio de un servicio. Siempre debe hacer un estudio previo del mercado en el cual pretende desarrollar su empresa distribuidora. Existen muchas puertas por tocar de grandes marcas, pero deberán elegir la más conveniente para sus intereses. Vayan buscando una empresa a la vez hasta ver si le agrada o no la propuesta económica, es lo más conveniente.

Es mi recomendación buscar aquella empresa que tenga estas características: una muy buena trayectoria internacional o local; que esté pasando por un momento de cambio o haya deshecho su aparato comercial, incorporando recientemente un nuevo elenco directivo; que tenga ante sus puertas una competencia importante planteada y ella se vea en desventaja «mentalmente» respecto a estas, o que, tal vez, se encuentre en sus inicios comerciales en ese país o región.

Ejemplos en los cuales me baso por experiencia propia fueron casi todos. A principios de siglo, la empresa americana en todo el mundo estuvo buscando distribuidores de su producto de seguridad electrónica, donde por cada equipo de seguridad electrónica instalado sin cargo y entregado a sus clientes pagaba una cifra aproximada a los ochocientos dólares; existieron distribuidores con producciones de mil nuevos clientes al mes.

Siempre existirá una oportunidad, por ejemplo, en nuestro caso se dio en Perú cuando inició por primera vez operaciones en ese país, o en México cuando retiró a todos sus distribuidores para reorganizarse y nos dio la oportunidad de acompañarlo en el año 2003, o en España, inaugurando el programa Alliance, donde ambas empresas pagaban cuatrocientos euros por venta en el mismo periodo de 2007.

Otro ejemplo fue Panamá, donde, ante la llegada de dos grandes de las comunicaciones en el año 2009, la empresa con la cual firmamos estaba sin ventas importantes, con distribuidores deprimidos hasta nuestra llegada. En cierta forma, impulsamos la compañía gracias al entusiasmo que le pusimos para contrarrestar a esas dos empresas, logrando el primer año en contratos pos pago con nuestra técnica de organización, el 15 % del mercado pos pago de nuevos contratos a nivel país entre las cuatro operadoras existentes.

Nuestro corporativo pagaba a razón de entre tres y cuatro veces el plan vendido y vendíamos planes de cincuenta dólares en adelante; por ende, nuestras comisiones iban desde los ciento cincuenta a doscientos dólares por cuenta.

Otro ejemplo: aquel de Costa Rica, donde en el año 2011, más precisamente noviembre, y ante la inminente llegada de otros dos grandes por la apertura del mercado de la telefonía celular, la cual dejaba de ser de exclusividad estatal, contrató nuestros servicios para frenar este ingreso, meta lograda, pues estas dos grandes compañías solo llegaron al 5 % del mercado en aquel lejano ya 2012, su primer año, lo que les costó la cabeza a sus principales directores.

Y así podríamos seguir de relato en relato, sabiendo que esta es una realidad. Siempre las grandes compañías multinacionales necesitarán servicios de distribución, por lo cual es un excelente nicho para incorporarnos.

Yo reconozco que lo importante en este tipo de multinacionales de las comunicaciones es vender el tiempo aire y no un equipo celular, pero debemos saber que es mejor tener un mercado cautivo por contrato que otro efímero y prostituido por el prepago que no conlleva contrato alguno.

Crear solo una estructura de prepago en telecomunicaciones, descuidando la posibilidad de armar una estrategia ganadora en el ámbito del pos pago con contrato a término, es como tener una estrategia incompleta, al 50 %, en una corporación que ofrece este tipo de productos de venta de tiempo aire; no deberían descartar ninguna opción para la venta de tiempo aire.

Desde mi punto de vista, es fácil desarrollar dos fuerzas de venta puerta a puerta, bien separadas en espacio y tiempo, una de prepago y otra de pos pago, incluso paralelamente, utilizando una red de mercadeo aplicando el concepto del *Network marketing*. Además, podemos sumar con igual estrategia una tercera opción para PYMES con contratos pos pago.

Lograremos siempre el éxito en cuentas de contrato si uno pone en marcha una fuerza de ventas como la que proponemos en estas páginas; convencerán a los clientes de aquello que nosotros queramos, pues el mercado, es mi apreciación personal, lo hace en un 80 % una fuerza de ventas profesional y motivada y en un 20 % las preferencias de los clientes, pues estos se mueven al ritmo de sus emociones que sembró el vendedor profesional.

El cliente, por lo general, no compra; el vendedor vende con técnica profesional aquello que la empresa quiere ofrecer como producto y el mercado, en general, lo acepta y se impone contra viento y marea. Como aquella película, El lobo de Wall Street, donde nadie compraba, sino que solo sus profesionales de la venta les vendían lo que querían, aunque fuera basura, como se exponía en el filme.

Tenemos que focalizar nuestra oferta a unos pocos productos, dos o tres, y siempre a un periodo determinado de contrato, a doce o dieciocho meses, pues es allí donde más comisión se paga, y verán que para los clientes da lo mismo con los argumentos de venta que planteamos. Debemos hacer notar que nuestro producto es único y cubre una necesidad siempre, una necesidad que debemos captar en base a saber escuchar al cliente potencial que tenemos delante.

Además, para toda corporación es muy redituable retener a un cliente individual o PYME por un lapso de tiempo y luego intentar renovarlo con algún valor agregado a la propuesta original. Es contar con un mercado cautivo si se le ofrece un buen servicio luego de la contratación.

En Argentina, Perú o México, las alarmas que vendíamos eran solo de un tipo y marca, sin ningún adicional para no complicar la instalación y para que esta se desarrollara más rápido para cubrir más instalaciones diariamente. Si el cliente deseaba un adicional, era en otro momento y debía combinar su instalación mediante una nueva visita.

En telefonía celular, en México, vendimos tres modelos de celular y a una sola tarifa por arriba de cincuenta dólares. Solo en los tres primeros meses de abrir la operación, logramos más de dos mil quinientas activaciones en el año 2006 y una facturación en dólares al cambio de entonces de aproximadamente quinientos.

Quienes nos seguían en cuentas contaban con un 50 % de esta producción, pero con treinta locales al público y donde sus costos se disparaban comparados con nosotros, con una sola oficina, pero plena de capacitación y motivación diaria.

Sabemos que, a nivel mundial, casi el 100 % de las personas tienen un teléfono celular, pero la mayoría de ellas tiene celulares que funcionan solo cargando tiempo aire pre pagado. Se calculan cifras que describen que alrededor del 90 % de la población mundial ha optado por esta modalidad. Quiere decir que existe un mercado potencial inmenso sin un contrato o plan pos pago híbrido o abierto de telefonía celular.

Imaginen el desarrollo que podemos tener en este nicho de mercado virgen en todo el mundo. Es por ello que las mayores promociones se dan en esta modalidad de contratación. Las compañías de telecomunicaciones disponen de un arsenal de promociones para comprometer a sus clientes con un contrato y, por lograrlo, a las organizaciones de venta les pagan muy bien. Esta es una muy buena opción de negocios.

Sin embargo, al no saber comercializar estos productos basados en una estructura de empresas distribuidoras sin motivación, por falta de capacitación y *know how*, todas las empresas y sus directivos optan por seguir la corriente y pugnar por un mercado altamente competitivo, como lo es el prepago de minutos y donde la lucha es encarnizada.

Son los directivos de las corporaciones los primeros que deben saber que sí se puede montar una estructura de distribución importante y calificada de empresarios que remen en el mismo sentido de la marca, con fuerza de ventas, hasta incluso para el desarrollo del mentado prepago.

También podemos implementarlo con otras opciones de negocio, como televisión por cable, seguridad electrónica, tarjetas de crédito y una lista larga de productos y servicios.   Un ejemplo de ello lo conocí y lo viví por dentro como un distribuidor más y quiero ponerlo como ejemplo.

En Argentina, en el periodo de tiempo de un año fiscal 2000-2001, cuarenta distribuidores de la compañía de alarmas vendieron a 66 564 nuevos clientes con una inversión cero en publicidad por parte de la corporación, la más grande del mundo en seguridad electrónica.

Todo esto con un equipo en comodato de un sistema electrónico de seguridad en cuotas de aproximadamente treinta y cinco dólares mensuales. Jamás hizo una publicidad en ningún medio en ese tiempo, sino que la compañía basó toda su estrategia en la fuerza de ventas a través de distribuidores a los cuales motivaba continuamente y pagaba muy buenas comisiones, como ya describimos.

Al año siguiente, en los tres primeros meses, su venta aumentó en un 50 % y vendieron 25 877 nuevos clientes en los tres primeros meses del año. Hasta allí llegué yo ante la llegada del corralito bancario en Argentina, que expolió de sus ahorros a todos y se hizo imposible seguir con la empresa, por lo cual decidimos trasladar a otro país nuestra operación.

Existieron distribuidores con 14 510 cuentas en ese periodo y el que le seguía rondaba las 7183 en igual tiempo, donde una empresa distribuidora en mitad de la tabla se posicionaba con cuatro mil quinientos contratos en esos quince meses y el promedio entre las cuarenta empresas rondaba las 2311 cuentas.

Imaginen que pagaba por cuenta ochocientos dólares, imaginen también cuántos nuevos millonarios nacieron ese año; fueron empresarios que supieron aprovechar la oportunidad que se les presentaba y no tuvieron miedo a nada.

El grado de miedo en un empresario se mide por su producción.

El *ranking* de distribuidores mide el nivel de temor a vender que experimentan sus integrantes. En conclusión, fue la compañía número uno del mercado de la seguridad en Argentina y el mundo en esos primeros años del actual siglo y en solo su primer año de operaciones. Eso se logró con técnica de ventas basadas en fuerza de ventas, estrategia organizacional y mucha motivación.

Las pruebas son contundentes, sí se pueden lograr superproducciones de venta con este esquema de distribución, y usted, amigo lector, puede ser uno de los protagonistas.

Tengamos en cuenta algo importante, y es que el mercado de las alarmas es muy difícil penetrarlo, pues la gente cree no necesitar un sistema de protección electrónico. Estos resultados fueron los de una gran corporación americana, inteligente en su estrategia, que solo con una fuerza de ventas y sin publicidad alguna logró la conquista de un mercado como el argentino, chileno y mexicano, y que repitió la misma experiencia en varios países del mundo; imaginen cuánto más fácil será incorporar este sistema en un ámbito como el de las comunicaciones, en servicios de Internet, en servicios de televisión por cable, en el de los servicios bancarios de tarjetas o seguros, por mencionar algunos.

Entre 1999 y 2000, los distribuidores en México también habían generado a la empresa más de 250 000 clientes con ingresos por alrededor de diez millones de dólares mensuales. No tuvo que invertir ni en infraestructura ni en campañas de publicidad, porque todos estos gastos los absorbía cada una de las empresas distribuidoras.

Gracias a este tipo de operaciones, que se hicieron extensivas a más de cincuenta países, la empresa americana internacional logró para 2001 un valor de capitalización en Wall Street cercano a los cien mil millones de dólares.

En el mercado del pos pago, existe ese porcentaje de la población del que ya hablamos que no conoce los grandes beneficios que esta modalidad conlleva. Es un mercado potencial a nivel mundial en el cual el empresario no se arriesga a entrar por temor, puesto que no lo conoce, al igual que algunos directivos de multinacionales lo miran con desconfianza, pues es un mercado donde debemos saber organizar una fuerza de ventas capacitada profesionalmente, y la mayoría improvisa en este ámbito.

Además, se debe contar con un aparato administrativo de contención muy importante para brindar un servicio basado en la excelencia; sin este último, sería navegar a la deriva.

Este libro responde a las necesidades concretas de toda compañía que aspire al éxito, haciendo hincapié, como hemos visto, en el *marketing* interno y en la gerencia de recursos humanos de negocios, paso fundamental y previo a la captación de clientes.

Si concentramos la mente del vendedor en pocos productos y pocos planes, uno, dos o máximo tres, será muy fácil para el cliente entender la oferta y tomar una rápida decisión, y mucho más fácil será para el vendedor poder explicar las bondades en corto tiempo de la misma.

Luego podremos cambiar la oferta según las necesidades de la corporación, mes a mes, para incentivar la venta de otros productos en la misma modalidad, seleccionando dos o tres a la vez.

Otra ventaja es brindar al vendedor la posibilidad de capacitarse adecuada y rápidamente para poder lograr también altas producciones de venta que en otras empresas le sería difícil conseguir. Para los empresarios les será fácil capacitar y poder desarrollar la selección semanal de más y más estructuras de venta hasta saturar el mercado con su presencia.

No hay que asustarse de ver en las calles un sinfín de unidades de fuerzas de venta ofreciendo el mismo producto, pues nos ha tocado vivir en muchas ocasiones que a un equipo de ventas que pasa primero que nosotros no le compran, y luego aparecía otro grupo y a este sí le compran la promoción.

Va a depender, en gran medida, del desarrollo de una conversación profesional de venta, basado en un guion de ventas que detallaremos más adelante, frente al potencial cliente y la actitud positiva que emane del grupo para captar fácilmente la atención del mismo.

Con la energía con que nuestras unidades de fuerzas de venta conversen con los potenciales clientes, con esa primera energía que le transmitan, energizarán en la misma frecuencia al cliente durante su presentación y verán que, sin pensarlo mucho y en caliente, el cliente tomará el producto o servicio que se le ofrezca. Todo es una cuestión de energías y seguridad en los gestos, en la voz y palabras profesionales con las cuales se muevan nuestras unidades de venta.

Una vez seleccionado el producto y el plan en el que fijaremos su comercialización, estaremos listos para implementar la técnica que exponemos y que barrerá con el mercado.

La tarifa debe ser aquella que nos permita percibir una comisión mínima que parta desde los cien dólares o euros, y más según sea el producto o servicio. Ello va a depender también del país y de la corporación con la cual hayamos firmado. Nunca aceptemos comisiones menores de cien dólares o euros para productos de muy alta demanda, y nunca menos de trescientos en aquellos productos de baja rotación, como pueden ser las alarmas domiciliarias, pues los números no cerrarán.

En todo país, una tarifa normal que debemos aplicar en nuestra oferta y que la gente puede sumar a sus gastos mensuales sin tener que ajustarse demasiado el bolsillo a cambio de un buen servicio rondará siempre entre los treinta y cinco a cincuenta dólares o euros.

Una vez armada y seleccionada la oferta entre todas las que seguramente le planteará la corporación para su beneficio, la técnica es la de ir a buscar el cliente y no esperarlo sentado a que se presente. Eso es para gente que busca un pequeño ingreso de fácil gestión detrás de un mostrador, sin tomarse demasiadas molestias y donde se cumpla el horario sin demora alguna; son los vendedores dinosaurios que esperan que se les dé de comer en la boca cual bebé y sin mayor esfuerzo de ventas a cambio de un sueldo básico, vacaciones y prestaciones.

Nosotros proponemos todo lo contrario, un grupo totalmente motivado que salga a conquistar el mercado cual dragones, con una técnica y un guion de venta muy concreto, que no tenga horarios preestablecidos de salida de la labor diaria en la cabeza, sino que posea metas y objetivos diarios por cumplir y que estén muy claros en sus mentes.

Nosotros conformaremos una unidad de trabajo aguerrida, donde nuestra intención será conquistar parte del mercado y no nos detendremos hasta conseguir las metas, esa tiene que ser la idea que nos movilice.

> *Parte de la estrategia consiste en que el cliente es tomado por sorpresa en su casa entre las cuatro y las ocho de la tarde; es decir, en horarios donde la competencia desaparece, con una oferta comprensible, corta y contundente que lo haga vibrar de emoción, donde esa emoción debe ser transmitida por nuestro vendedor en cada conversación. Proponemos cuatro horas intensas, pues está comprobado que el nivel de excitación de un vendedor son esas cuatro horas.*

Olvidémonos de lograr una alta producción en ventas esperando atrás de un mostrador, publicando avisos en los periódicos o Internet o haciendo pequeñas participaciones en la radio o televisión. Primero, todo eso es muy caro, y segundo, no logra los resultados que buscamos. Todo complementa la imagen institucional de la marca y ayuda en parte, pero en nuestra trayectoria hemos probado todas las técnicas de venta posibles, *marketing* telefónico, reuniones en oficina, envío de ofertas vía Internet, listado de cartera de clientes, puntos fijos con *stand* de ventas, publicidad en medios de comunicación.

En cuanto a las ventas por Internet, tengamos en cuenta que debemos hacer una gran inversión en Facebook Ads, Instagram Business, Google Ads, entre otras opciones, para obtener resultados que puedan ser complementarios a esta modalidad que proponemos.

El método más efectivo entre todos los mencionados ha sido el *knocking door* o, en español, 'tocando puertas', acoplando el de red de redes de venta en una versión propia de *Network marketing* que diseñamos y apuntalado por embudos de *marketing* digital para la captación de potenciales vendedores que dispondremos en un esquema de red.

Lo hemos probado, como queda claro, en ocho países con éxitos similares en cada uno de ellos, con lluvia o frío intensos en Argentina o España en invierno, humedad extrema en Lima, calor sofocante por momentos en Panamá o un clima templado todo el año, con su gran dosis de *smog*, como en Ciudad de México o Medellín.

Lo realizamos con diferentes tipos de vendedores que hemos tratado: argentinos, españoles, mexicanos, salvadoreños, peruanos, colombianos, panameños, con sus pros y sus contras, más difíciles o más dóciles, con carácter o sin él, sentimentales o indiferentes otros.

Logramos nuestras metas con este método que les estamos presentando y ustedes también podrán hacerlo, sin duda alguna.

En Panamá hemos vendido productos como línea fija telefónica o Internet inalámbrico con un tremendo éxito y también celulares bajo el rayo del sol y el calor. No se cierre en vender solo lo que pide supuestamente el mercado. Si su corporación le pide un porcentaje o una cuota de algún otro producto, no tenga miedo, diga siempre que sí se puede, tómela como cierta esa afirmación, no dude y verá los resultados surgir.

El primero que tiene que convencerse y tener fe ciega en el proyecto y en la oferta planteada, sin importar la competencia, es el empresario.

¿Cómo podrá pretender que sus gerentes, coordinadores y hasta vendedores lo sigan con fe ciega si usted es el primero en desertar y no cree en nada, mucho menos en sí mismo y en su poder para cambiar las situaciones? Si viene un vendedor a comentarle que la competencia tiene una tarifa más baja o más alta que la suya, no le haga caso, no se distraiga, eso sí que no importa ni influye en los resultados que encontraremos mes a mes, enfóquese solo en sus resultados, en su objetivo diario, semanal y mensual; en definitiva, en sus números proyectados en principio mentalmente.

Negocios hay muchos. Podemos contar con una distribución de celulares, alarmas, tarjetas de crédito, membresías, electrodomésticos, cursos de idiomas, televisión por cable o satelital, Internet, moda, medicina pre pagada, telefonía fija, publicidad y todo tipo de productos.

O también podemos intentar solos el camino sin el respaldo de una multinacional, mediante mini créditos bancarios que financien a nuestros clientes en su compra.

Un rubro que tener en cuenta, donde es factible aplicar este esquema, es el de la seguridad electrónica. Una forma de poner en marcha una propia empresa es haciendo un contrato con un banco o financiera y donde vuestros clientes puedan adquirir una tarjeta de crédito mediante dicha entidad, de la cual se le debite en cuotas mensuales parte de su saldo para pagar el servicio que ofrecemos.

El banco financiaría, supongamos, unos seiscientos dólares, que es el total que necesitamos para obtener una ganancia de unos trescientos dólares por equipo, y el cliente paga una cuota de monitoreo a dieciocho meses financiada por el banco. En esos seiscientos dólares están incluidos nuestros costos totales, fuerza de venta, equipo que instalar, la instalación, nuestra ganancia y el interés bancario. Es un hermoso proyecto. Imaginen multiplicar esos trescientos dólares por doscientas ventas al mes; obtendríamos 60 000 dólares mensuales vendiendo solo diez equipos por día con una unidad de fuerza de ventas. En menos de dos años superaríamos el millón, siendo artífices de nuestro propio destino sin una multinacional de por medio. Es más arriesgado, pero muy factible.

Otras opciones son la creación de una aplicación web que tenga costo cero para nuestros clientes y que, mediante la misma, incentivemos a la compra de ciertos productos, en definitiva, el e-commerce; así comenzaron Amazon o Alibaba, su versión asiática. Hoy existen aplicaciones como Shopify, Oberlo, que facilitan este tipo de comercio y, como comentara, en ese caso, debemos invertir en publicidad en Facebook, entre los otros mencionados.

Mientras que la otra opción, sin tanto riesgo, es ir de la mano de una marca ya conocida, como hemos planteado. Recordemos siempre que saber aprovechar las oportunidades que se nos presentan en la vida empresarial es de vital importancia para alcanzar el éxito.

Lo más fácil y económico de encontrar es la mano profesional en los diferentes ámbitos, que ayudará a dar forma a sus ideas, planes y proyectos; rodearse de los mejores es clave. Lo principal es huir del miedo que nos da explorar rubros que no conocemos, como el de los negocios vía web o el de las ventas; inténtelo y verá. Le será muy simple encontrar personal idóneo que querrá acompañar sus sueños.

Capítulo 2:

El primer escalón, seleccionar el lugar

«Lo que tiró a Goliat no fue la piedra, fue la fe».
DANIEL HABIF

E ntrando de lleno al tema que nos compete, lo primero que debemos buscar es un lugar, una ciudad que nos brinde las condiciones para iniciar nuestra nueva vida económica.

Si es en la tierra en que nacimos, mejor aún, aunque, como dijimos en capítulos anteriores, no es necesario; no hay fronteras para el éxito, nuestra frontera somos nosotros mismos y nuestra mente.

Considero que muchas veces es mejor para algunos estar en otro país, ya que se puede estar más concentrado y despejado de familiares, amigos, curiosos y muchas negatividades y envidias. Nadie es profeta en su tierra, como dice el dicho.

En general, elegir un país fuera del habitual puede resultar una aventura interesante y enriquecedora, como nos sucedió a nosotros. Puede ser en otra región, provincia o departamento, en el mismo país, pero siempre debemos tener en cuenta que sea un lugar en franco crecimiento y acepte en buena medida la inversión extranjera.

Cuando uno emprende un proyecto, genera más empleos, mejores condiciones de vida para muchas familias, estabilidad, entusiasmo y más riquezas para el país, contribuyendo con sus impuestos al crecimiento del PIB. Generalmente, el inmigrante termina sintiendo un sentimiento fuerte de pertenencia, mucho más que algunos de sus nativos habitantes.

Todos los países son terreno fértil para desarrollarse económicamente. Es muy importante fijarse, sobre todo, en las políticas impositivas, las facilidades para la inversión extranjera, las políticas laborales y que los Gobiernos sean particularmente abiertos a captar inversión y nuevas ideas.

El trámite migratorio siempre es factible cuando uno emprende; jamás nos quedamos sin nuestra residencia legal. Tampoco, por lo general, ponen objeción alguna si uno hace uso de la salida obligatoria cada tres meses para poder volver a entrar y recuperar ese tiempo hasta regularizar la situación.

El problema para elegir un país determinado sigue siendo la inseguridad como talón de Aquiles, aunque la situación, por lo general, es llevadera siempre, aunque debemos andar con los ojos bien abiertos, cuidándonos en la selección de las amistades, empleados o personal doméstico.

En cuanto a la inversión extranjera, podemos decir que es una buena opción elegir algún destino en Latinoamérica para que retocen sus proyectos. En muchos encontrará que el material humano se desenvuelve muy bien, es gente muy agradable en el trato, aunque hay que tener el control de la situación. Verá que les gusta trabajar para el capital extranjero, al cual se brindan muy amablemente.

Los impuestos en Latinoamérica son accesibles para cualquier proyecto de ventas. Además, cuenta con varias ciudades grandes, en las cuales es muy factible desarrollar su nuevo proyecto de vida. Son ciudades modernas, llenas de vida, restaurantes, espectáculos, diversión, etc. Canadá es otra opción atractiva, un país realmente hermoso y moderno. Si soporta bien los inviernos y habla bien el inglés o el francés, no es para nada descartable.

Europa es una hermosa posibilidad. La Unión Europea contiene países donde las reglas del juego son claras. Todo es un lujo y un placer invertir en algún proyecto en esas latitudes mientras disfruta de su cultura, gastronomía y paisajes únicos salpicados de historia. Mi preferencia está puesta en Italia y después España, principalmente, pues tienen un alma muy latina y una cultura muy similar a la de

Latinoamérica, con gente muy dispuesta siempre a dar buen consejo y ayudar, la burocracia es casi nula fuera de sus capitales, a pesar de que existen comentarios en el contrario, pero sé bien de lo que hablo y, si comparo con otros países miembros, acá se sentirán como en casa.

Las crisis económicas que a veces se plantean en algunos países y por periodos llevan a un grado de frustración importante a sectores de la población, cosa que afectará a nuestra inversión y que lamentablemente alimenta la discriminación en algunas personas hacia el extranjero y se transforma en una forma de ver las cosas equivocada contra el trabajador o el inversor extranjero. No debemos prestarle atención a ningún comportamiento de esos.

Lo diferente enriquece, jamás daña a la economía de un país. Latinoamérica se nutrió de inmigración europea en varias oportunidades, y eso fue el despegue del desarrollo en las sociedades que hoy son. Toda esa inmigración española, italiana, china, japonesa, polaca, judía, alemana, inglesa, irlandesa, francesa y más enriqueció, sin lugar a duda, los países latinoamericanos.

En definitiva, la elección es suya. Lo que su olfato le diga. Pero debe tener en cuenta esos aspectos que quisimos acercarle. Conclusión: busquemos países donde gobiernen personas coherentes, que haya libre mercado, apoyo al inversionista y juego claro.

Capítulo 3:

Armar la sociedad comercial

«El secreto de la felicidad no está en hacer siempre lo que se quiere, sino en querer siempre lo que se hace».
LEÓN TOLSTÓI

Lo primero es lo primero, debemos confeccionar una sociedad, es decir, la razón social por la cual usted podrá ir dándole vida al proyecto. Al respecto, recuerdo, en una ocasión, al llegar a México Distrito Federal, convocados por la compañía americana, me dediqué a buscar un abogado que conformara la sociedad anónima que me exigían para poder firmar el contrato. Para cualquier comienzo es fundamental contar con la razón social y la inscripción en los impuestos.

Comencé tomando la guía telefónica y el diario *Universal*, donde se anuncian algunos abogados ofreciendo sus servicios, práctica habitual en cualquier país que debemos tener en cuenta; hoy en día, lo mejor es la web también.

Esto es lo más recomendable para cuando ustedes empiecen a implementar su sociedad: visitar a un mínimo de tres abogados o notarios que le asesoren y quedarse con el que menos comentarios adversos o negativos les haya sugerido; verificar siempre que dispongan de oficinas dignas donde los atiendan, pueden ser pequeñas, no importa si sus servicios y trato son óptimos, y, sobre todo, verificar y comparar los precios, que variarán increíblemente de uno a otro por nuestra condición de extranjeros en ocasiones.

Una vez en España, el estudio de abogados al cual asistí me insistía que no se podía hacer una sociedad solo de extranjeros. En El Salvador, el abogado que consultamos en primera instancia envió un mensajero para que le firmara antes de comenzar con la gestión de la sociedad, prácticamente un testamento donde él era único heredero de todo lo que hiciéramos; por supuesto, lo envié de vuelta y cambié de profesional.

Váyase siempre por lo simple, por el profesional más humilde, el menos negativo o quien menos objeciones le anteponga; de nada sirven esos grandes estudios de abogados para confeccionarle una sociedad comercial. En Panamá, por ejemplo, nos cobraron unos dos mil dólares; sin embargo, más adelante nos enteramos de que podíamos conseguirla hasta por quinientos. Por eso, no se deje engañar, sea precavido y esté atento. Estos trámites no tardan más de una semana, y cerciórese de que nadie le imponga nada, ni siquiera el nombre.

En España, el primer contador que contacté me insistía en que no había casi nombres disponibles para sociedades y, entonces, al nombre que habíamos elegido le agregó unas palabras y quedó horrible, y con ello tuve que lidiar todo el tiempo; era impronunciable el nombre de nuestra empresa.

Sabiendo que los nombres conllevan personalidades y aspectos positivos o negativos, por lo que se hace recomendable que sea siempre un buen nombre el que usted elija. Una vez leí que el número que resultaba de la suma de las letras del nombre de la empresa tenía que ver con su posterior desarrollo. Tal es así que aquellas empresas que sumaban uno, cuatro u ocho eran las más exitosas; Coca-Cola, Microsoft, entre otras.

Me entretuve un rato haciendo este ejercicio con diferentes empresas exitosas y así resultaba en la mayor parte de los casos. Su numerología, la sumatoria de sus letras, coincidía con alguno de estos tres números. Tal vez sea algo que tener en cuenta cuando se piensa en un buen nombre. Nada se pierde con intentarlo tampoco, aunque he desarrollado empresas que no llevaban ninguno de esos números y me fue muy bien también.

Luego encontré a otro abogado con quien confeccioné otra sociedad en España y no hubo problema alguno con los nombres de la sociedad; para este profesional sobraban los nombres, a diferencia del primero. Todo depende del grado de negatividad de los llamados profesionales con que uno se cruce. Por ende, repito, no se deje manipular por los malos abogados, que, por desgracia, existen, que lo querrán llevar solamente por el lado de sus intereses mezquinos y, en algunos casos, con una dosis de xenofobia inyectados de envidia.

Al llegar a México, empecé con mi tarea de encontrar un buen abogado y contador. Regresando al tema de la constitución de la sociedad, me encontré con el mismo problema que se da en casi todos los países.

Lo primero que le van a decir es que no se puede realizar una sociedad solo de extranjeros, ya que debe sí o sí tener un nacional incorporado en la misma. Les adelanto que no es así, por supuesto. Pero esto es lo primero que escucharán hasta encontrar algún abogado coherente que los asesore seriamente.

Las sociedades tardan entre una semana y quince días para tener la inscripción en el registro público. El valor de mercado, en general, son seiscientos dólares o euros si eligió Europa como base para realizar su aventura empresarial o, por ejemplo, en Colombia es gratis prácticamente realizar una SAS y se hacen en el día ante una notaría.

En otros países podemos hallarla hasta en doscientos dólares, como es el caso de Costa Rica, o entre quinientos a mil dólares, como en Panamá. Siempre tenga cuidado en manos de quién cae, pues no todos los abogados son confiables y en algunos casos se aprovechan del extranjero, puesto que lo ponen en la categoría de supuesto idiota.

La idea es hacerlas con el objeto más amplio posible, sobre todo en el aspecto de la comercialización y venta de productos y servicios. Lo primero que le van a pedir para iniciar el trámite, con seguridad, será la mitad del dinero y tres nombres probables.

Contrate un contable, pues será necesario para no erogar dinero en gastos innecesarios en un primer momento; para inscribir al personal en el seguro social u obtener el número de registro en Hacienda y para tomar nota de los impuestos que devengar o el contrato laboral que deberá implementar para con sus futuros empleados. Una vez obtenida el acta y registrada en el registro público, comienza la búsqueda de la oficina ideal para desarrollar el proyecto.

Capítulo 4:

El plan de negocios

«Responder antes de acabar de oír lo que el otro acaba de decir es falta de prudencia».
Biblia, Proverbios 18, 13

Lo primero que debemos hacer luego de haber realizado la composición de nuestra sociedad comercial es armar nuestro plan de negocios para presentar en las corporaciones donde podamos interesar con nuestro proyecto.

En el mismo, debemos poner toda nuestra fe y también las ideas innovadoras que queramos aportar a la operatoria en calidad de agentes o distribuidores y que se plasmarán a través de nuestro plan de negocios.

Nuestro plan nos abrió las puertas en todos los países donde fuimos y de las corporaciones más importantes. Ustedes podrán modificar su plan según las circunstancias, según el producto y según el lugar o país en el que se hallen.

Este tiene que ser simple, pero que denote fuerza y convicción, además de proyectar los resultados mes a mes y cómo los lograremos.

Tiene también que mostrar nuestra filosofía de trabajo y perspectiva de ver las cosas en el mundo de los negocios. La fuerza de una organización precisamente reside en su filosofía de trabajo.

La misma puede estar compuesta de fotografías de capacitaciones, modelo de selección de personal, clasificaciones y logros históricos de ventas si los hubiese, diplomas obtenidos, entre otros. El negocio es mucho más que un plan que será solo una proyección y un mapa del camino que seguir; serán las acciones que en el día a día marcarán la diferencia.

Le dará incluso argumentos para utilizar en sus conversaciones de negociación con la corporación y con el *marketing* interno que deberá implementar. Será un compendio que usted podrá tomar como guía y para obtener los resultados previstos y anunciados. No debemos olvidar que para la presentación debemos disponer, ante todo, del título del proyecto y una breve reseña de la historia de la empresa o un comentario breve y esquemático de su experiencia en el mundo de los negocios o de las ventas.

De no tener un historial importante, no se preocupe; lo importante es demostrar que usted cumplirá con lo prometido, muestre seguridad, muestre fe inquebrantable en los resultados. Usted tendrá una ventaja sobre el resto, habrá leído este libro y tendrá varios pasos adelante a cualquier competidor, pues si sigue al pie de la letra el esquema, el éxito está asegurado. Muestre vehemencia en las aseveraciones que hace frente a quienes deberá pedir la primera reunión en forma telefónica.

Es recomendable siempre solicitar la reunión con el director de distribución o comercial, coordinador de distribuidores... Tengamos en cuenta que las mayores comisiones se obtienen en el negocio de incorporar clientes por contrato.

En esa primera reunión, usted se presentará con la carpeta de presentación que contiene su plan de negocios adjunto. Muestre confianza ciega en lograr resultados importantes de venta, pues será la llave que necesitará para abrir la puerta de la corporación internacional.

Describir con lujo de detalle anotando el año de cada emprendimiento, los logros obtenidos y los números de ventas alcanzados, si es que los hubiera. Destaquemos el equipo profesional que nos acompañará o cómo lo seleccionará.

Describir los conocimientos en liderazgo, administración de calidad, control de operaciones, *marketing*, capacitación y comercialización que se implementarán. Relatar el esquema administrativo, operacional, de control de *stock*, de entrenamiento y de comercialización y los resultados proyectados mes a mes que obtendremos.

Esquema del plan

Debemos partir de nuestra «misión y visión». Desarrollar luego nuestros objetivos estableciendo una proyección de ventas a doce meses. Especificar claramente el modo de operación.

El inventario de equipos debe estar bajo estrictas medidas de seguridad electrónicas de vigilancia con cámaras monitoreadas. En cuanto a sumar mayor seguridad, debemos agregar que cada unidad de transporte, ya sea de personal o de entrega del producto, debe llevar colocado un sistema GPS para saber la ubicación exacta de los mismos en todo momento y corroborar las zonas de trabajo de ventas para evitar las superposiciones de grupos y tener un mejor control de las rutas que cubrir.

Además, debemos contar con una sala de capacitación para entrenamiento diario del personal acondicionada con todo tipo de implementos que harán más fácil el aprendizaje.

Otro tema que desarrollar es el tipo de «organigrama y sus funciones» que cumplir por cada uno de los integrantes.

Destacar en el plan los incentivos motivacionales, como diplomas, ascensos por estrellas, podios de ganadores, club del éxito, viajes de entrenamiento, pizarra de pisos de venta y objetivos diarios y semanales y confección del cuaderno de sueños por realizar de cada elemento de la organización.

Plantear en el organigrama la unidad de fuerza de ventas y su composición, coordinador, dos supervisores y ocho ejecutivos de cuenta.

Disponer los pisos y objetivos diarios y semanales de nuevos clientes que debemos cumplir es vital para que el personal de ventas fije en sus mentes los mismos. Toda la estructura debe estar muy en claro con el entrenamiento diario del guion de ventas.

Toda buena organización debe contar con un jefe administrativo y con una mesa de control, que es la mesa de ingreso de operaciones para la autorización de los nuevos clientes que presentaremos a la central corporativa. La misma brinda la bienvenida al nuevo usuario mediante un llamado telefónico donde se supervisan y corroboran los datos aportados en el contrato firmado, verificando firmas y documentación adjunta y todo lo que implique la contratación del servicio.

Un departamento de atención al cliente realizará un seguimiento llamando a la cartera de clientes una vez al mes para detectar posibles inquietudes

Un jefe de inventario será el contacto permanente con la bodega y el control de los productos que debemos entregar a domicilio, supervisando el asignado diario, organizando las rutas de entrega. Contar con alguien que trabaje redes sociales complementa cualquier estrategia.

En cuanto a la «estrategia comercial» de nuestro plan, contaremos con una fuerza de ventas como la descrita que se desplaza a diferentes zonas en camionetas de la empresa, con la técnica en ventas del *knocking door*.

Las oficinas deben tener un espacio de unos cincuenta metros para talleres de capacitación que realizamos mediante videos y presentaciones en PowerPoint que contendrán temas como el cierre de ventas y sus diferentes formas de llevarlo a cabo, objeciones, clientes difíciles, actitud de venta y la filosofía de vida.

Nuestros grupos trabajarán de lunes a viernes quienes cumplan sus cuotas, y quienes no utilizarán los sábados para recuperar producción. Una vez por mes o cada dos se implementará un súper entrenamiento en una locación de fin de semana.

En nuestro plan no puede faltar la filosofía de nuestra empresa, que desarrollaremos a continuación para su conocimiento y que es de vital importancia para entender cómo podemos alcanzar nuestros objetivos y metas económicas con este tipo de organización.

Debemos aplicar un marketing interno prioritariamente que decidirá la política empresaria elevando la capacidad competitiva de la compañía; es decir, hablamos de la interacción entre las partes que componen el equipo, el grupo humano de la compañía, hablamos de un marketing basado en la gente que día a día hace posible un resultado acorde a nuestras expectativas.

La fuerza de una empresa emerge de lo que el grupo humano que la compone hace por ella. Todo se basa en la actitud que ocupemos frente a nuestros empleados, que, sumado a sus cualidades, generarán el espacio de mercado que queremos conquistar.

El modelo de desarrollo competitivo debemos basarlo en puntos esenciales de un esquema que denominé PAMPA. Saber que el sentimiento de **pertenencia** es sentir la empresa y sus objetivos como propios con **amor**; en definitiva, que los empleados se sientan identificados con la causa, llegando a obtener el surgimiento de la **mística** en ellos para luego poder **proyectar** nuestras metas y lograrlas mediante la **acción** concreta.

Para hacer sentir el sentido de pertenencia, debemos transformar a alguien sin motivación alguna en una máquina de cierres; en definitiva, de una tortuga en un dragón de ventas. Debemos movilizarlo desde su letargo, que empezó en un espacio de comodidad proveniente de sus diferentes experiencias laborales, y mutarlo, o sea, llevarlo a un espacio donde pueda proyectar sus sueños y donde confluyan sus intereses con los de la compañía y el grupo humano que la integra. Hay que lograr que el empleado logre amar la camiseta de la empresa cual seguidor de su selección de fútbol en un mundial, pues este será el mundial que nosotros le haremos jugar, no en las bancas, sino de titular.

Comprometamos a nuestros ejecutivos con una cifra de superproducción en ventas y tratemos de convencerlos de que es posible y de que todo se logra fácilmente. Ello implicará que las políticas que implementemos en nuestro *marketing* interno hagan la diferencia. Marcarán a quien se incorpore a este esquema con el sello de la fidelidad. Debemos lograr generar una adicción en el sentir de pertenencia. Motivar el posicionamiento de una persona dentro de la organización es una de nuestras cartas de triunfo que implementar.

Debemos demostrar que amar y abrazar intensamente lo que hacemos es la clave del éxito. Sin amor hay un desierto en nuestras vidas y en nuestro trabajo también.
Donde no se siente ese amor por lo que hacemos confluye un sentimiento negativo de no realización personal y una angustia donde la negatividad nos invade y no damos el resultado previsto. Amar nuestro trabajo es abrazar nuestros sueños con intensidad.

Nosotros debemos saber transformar a cada individuo frustrado en un individuo nuevo, que busque permanentemente el resultado diario en su trabajo y que no permita que en cada puerta que toca en la búsqueda de un nuevo cliente encuentre una excusa nueva por la cual no se pueda vender el servicio o producto.

En cada conversación de ventas debe existir un cierre. Una de dos: o nosotros cerramos un nuevo contrato en cada plática o cada cliente nos cierra la puerta en la cara, donde nos convence con excusas por las cuales no nos pudo comprar.

Desde esa posición del amor por lo que hacemos, alcanzaremos la mística, que es tener conciencia de grupo y de destino común. Es la visión que proyectamos en sus conciencias para que se transforme en una realidad absoluta en sus vidas.

Mística es fe ciega en el proyecto en el cual estamos inmersos. Mística es entender las metas de venta a las cuales apuntamos.

Mística es la voluntad que nos mueve a lograr en la vida, en todos sus aspectos, resultados que de otra manera no podríamos lograr sin ese condimento, alturas que veríamos imposibles de alcanzar, mares que sentiríamos imposibles de surcar. Es la palabra esencial que nos diferencia del resto y es hermana incondicional de la fe.

Nosotros sabremos cómo conseguirla, cómo mantenerla, aplicarla y llevarla a la práctica en el terreno de juego de las ventas.

Otro aspecto importante es proyectar los resultados diariamente, que es la clave para desarrollar la acción.

Proyectar es materializar aquello que en primera instancia se planeó, cual big bang que destella en nuestro pensamiento, en el interior de nuestra mente consciente.

Si no tenemos un mapa mental que podamos iluminar en nuestro subconsciente y escribirlo en el papel para luego llevarlo a la realidad, es imposible obtener los sueños que cada integrante de la organización persigue para alcanzar la felicidad y el compromiso. Eso es lo que debemos lograr en cada integrante, junto a las metas de la empresa, que confluyan en una misma dirección con sus sueños.

Cuando proyectamos, armamos también un grupo de prioridades como curso de acción que seguir. Proyectar es imaginar, y esa es la fuerza más poderosa del universo. Si lo logramos retener en nuestra mente como cierto, es, en definitiva, lo que obtendremos.

Actuar es el paso siguiente, es saber que sin acción todo lo anterior no tiene posibilidades de concreción alguna. Llevar a la acción toda la organización es lo que dará la vida al proyecto. Desde la primera semana, el primer día, los resultados estarán a la vista y podrán ser imaginados en toda su extensión a corto y mediano plazo. Actuar incluye seleccionar, capacitar y motivar por parte de la empresa a sus empleados. Estas instancias del negocio las debemos asumir como partes indivisibles del actuar de la organización de ventas que planteamos. Este esquema de *marketing* interno que proponemos implica prioridades, ya que primero debe estar nuestro grupo de trabajo, que es el valor más importante que tenemos y que jamás debe ser considerado como un pasivo, sino como aquellos que aliviarán la carga de los costos empresariales.

El porqué de esta firme aseveración es simple; si nuestro equipo de trabajo no siente esa mística, esa pertenencia a las entrañas de la empresa que le debemos inculcar y trasladar, ¿cómo podremos hacer que sienta algo cuando de atención al cliente se trate?

Debe comprender que la atención y el seguimiento posventa, que incluye resolver las inquietudes del cliente, deben ser nuestra meta obligada, pero que solo será exitosa si estamos imbuidos del esquema PAMPA, que se compone de las siguientes palabras: pertenecer, amar, mística, proyectar y actuar.

Necesitamos exigirnos mejores capacidades para seleccionar, capacitar, motivar, compensar y evaluar los resultados de los empleados, que serán considerados siempre como un activo en la empresa y jamás como un pasivo.

Nuestro esquema de negocio plantea un conjunto de programas estudiados y probados que debemos llevar a la acción diaria, esquema con ideas claras previamente elaboradas en nuestra mente, donde las tamizamos hasta conseguir las más nítidas imágenes de nuestros objetivos. En base a ello, descubriremos posibles inconsistencias que debemos corregir durante el avance diario, lo que nos permitirá establecer prioridades y asignar a los responsables de cada sector las metas que deseamos lograr corrigiendo con detalles.

El *marketing* interno es valorar a cada integrante del equipo de trabajo. La prioridad en ventas está puesta en dos lugares: el integrante de nuestro equipo de trabajo y el cliente. Si nuestra gente no compra primero el producto, será imposible que pueda venderlo. Suena muy elemental, pero es una realidad que debemos tener en cuenta.

Debemos mantener una posición de puertas abiertas a nivel gerencial para con nuestro personal. Saber escuchar las inquietudes de cada integrante es pieza fundamental para la organización sólida, encuadrada y motivada.

El ejemplo es contagioso, y así como nosotros inculcamos el saber escuchar, debemos dar el ejemplo. La gente está ávida por ser escuchada. Es una práctica poco usual en el ser humano, ya que no sabemos escuchar; vivimos del monólogo en las conversaciones diarias o, en otros casos, hacemos oídos sordos a la crítica por miedo a ser juzgados y que hieran nuestra vanidad. Nos molesta escuchar otro punto de vista distinto, como sucede en política, por lo general.

Cuando se desarrolla un buen sentido de pertenencia es más difícil que busquen alejarse de la empresa. Afianzar el equipo de trabajo, que es la línea de contacto con el cliente, es vital. Invertir en el talento potenciando sus habilidades y dándole espacios donde desarrollarse para que se sientan parte integrante es una prioridad.

Es necesario que la gente se sienta apoyada, valorada y premiada diariamente; ello genera un vínculo estrecho de confianza difícil de romper.

Debemos desterrar todo comentario negativo, pues debilita cual virus a los grupos. Los líderes de los equipos que prepararemos tienen que tener una alta capacidad de coordinación, además de un buen manejo de la comunicación interpersonal.

Ser una empresa exitosa es nuestro objetivo principal y abarca una superación constante en muchos sentidos.

Integralmente, la empresa se debe percibir como un ejemplo de compromiso con el cliente y con sus empleados.

Formas prácticas de implementar un trabajo en equipo exitoso

El cambio es saber que existen viejos esquemas perimidos de trabajo de organización y métodos de venta. Nuestro crecimiento exponencial será el producto de la filosofía que nos mueva. El cambio debe estar presente como cultura de nuestra organización.

Cambiar la mentalidad de quien ingresa e inyectar en cada miembro del equipo una dosis de optimismo y actitud positiva será nuestra prioridad. Sabemos que la mayoría llega a sus nuevos trabajos con una serie de desilusiones que se transforman en patologías difíciles de extirpar cuando hacen raíz en sus mentes.

Debemos ser flexibles y permeables a los cambios propuestos para poder batir en retirada sus esquemas negativos de trabajo que traen de sus antiguas experiencias. Todo ello se logra mediante capacitación y motivación continua.

El método se basa en crear un ambiente positivo y relajado de aprendizaje, el trabajo en equipo, la lectura de materiales impresos, videos del pensamiento positivo y de técnicas de venta, la teatralización filmada, el relato de experiencias vividas en el terreno para así obtener el néctar del porqué no se ha cerrado una venta. Todas estas cosas conformarán una parte importante en nuestro esquema de entrenamiento diario.

Programa Nuevas Ideas: Es vital contar con un programa detallado de superación constante donde el protagonista sea cada integrante de la empresa. El superarse a diario debe ser parte de la idiosincrasia que marque a los integrantes.

Potenciaremos la creatividad en cada nuevo elemento, fomentando reuniones donde nuevas ideas florezcan. Destinaremos tiempo para esta actividad creativa, donde también descubriremos nuevos talentos con el perfil profesional de liderazgo que la organización requiere; así, una vez descubiertos, irlos modelando mediante capacitación constante, potenciándolos como líderes de grupos de trabajo.

Coach **o entrenamiento**: Será un entrenamiento permanente, diario, cara a cara, que realizaremos con cada integrante. Allí se conoce a la persona en toda su dimensión. Sus esquemas mentales, los procesos familiares que pueden determinar un comportamiento y el grado de motivación e integración a su grupo de pertenencia. Es una especie de confesionario a solas con la gerencia donde se pueden captar las cuestiones que lo están moviendo y en qué dirección. Este *coach* debe ser diario y uno a uno todas las mañanas.

Módulos de capacitación: Hoy los mercados son muy competitivos y, por ende, marcan la necesidad de estar preparados en todos los sentidos, técnica y anímicamente. No nos podemos dar el lujo de tener una organización deprimida sin actitud alguna. Con el proyecto que pondremos en marcha, estaremos un paso adelante de cualquier competencia. Los conocimientos incorporados serán de vital importancia sumarlos a la práctica cotidiana. Hemos detectado, en muchas oportunidades, que el vendedor queda atado a su antiguo esquema mental de ventas y no asimila bien los nuevos conceptos.

Ello resulta en un deterioro de la capacidad de generar superproducciones de ventas individuales.

Otros mezclan un poco de acá, un poco de allá y suman lo nuestro, pero tampoco resulta y se obtienen pobres producciones diarias. Cuando ese mismo integrante aplica el «guion del éxito» que tenemos preparado para encarar profesionalmente una conversación de ventas no necesitará nada más, será una máquina de ejecutar cierres de contratos a nuevos clientes.

Aplicar lo aprendido se torna vital. Los módulos de capacitación determinan un programa continuo de adquirir conocimientos que enriquecen el vocabulario del vendedor y trazan un camino hacia el cierre y, por ende, hacia el triunfo personal.

Es por ello que nuestra piedra fundacional es el trabajo en equipo. La teoría aprendida cada mañana dará sus frutos durante el mismo día de trabajo, algunas veces tardará unos días en prender en sus mentes, pero nunca sobrepasará la semana para verificar que toda la teoría se convierte en más ventas rápidamente.

La empresa debe poner a disposición de sus miembros una escuela del conocimiento donde, por peldaños, sus integrantes podrán ir subiendo, y donde se calificará y premiará cada escalón logrado en cada etapa mediante una serie de incentivos tangibles e intangibles.

La empresa precisamente hará módulos de capacitación no muy extensos, pero sí muy puntuales, dirigidos como misiles al centro de la plática de ventas; dar en el blanco es cerrar el contrato.

Nuestro sistema intenta, con esta técnica, no solo cambiar los viejos esquemas o patrones de venta e inculcar otros, sino también apuntalar el cambio interno que la empresa transmite y que debe experimentar la persona plenamente.

El trabajo en equipo requiere de un constante reconocimiento al buen desempeño de sus integrantes. Un verdadero líder premia el trabajo de equipo y la alta productividad de un grupo de personas que él ha contribuido a formar y con quien trabaja. Una persona elogiada por su jefe recuerda el hecho mucho más de lo que podamos imaginar.

Debemos seleccionar individuos que posean ciertas cualidades, como liderazgo, capacidad de análisis y coraje para la toma de decisiones para resolver problemas y conflictos, conocimiento a fondo de la técnica esbozada en el guion del éxito, destreza para el manejo de las relaciones y automotivación.

Capítulo 5:

La oficina recomendable

«Tú no eres más porque te alaben ni menos porque te critiquen.
Eres lo que eres ante Dios, y nada más ni nada menos».
KEMPIS

Se debe buscar la oficina en una zona de fácil acceso de transporte público. Es fundamental elegir una buena ubicación para que el plan resulte y sea fácil captar gran cantidad de vendedores, los cuales, recordemos, son nuestro activo más importante. No puede tener menos de cien metros. Los costos varían por países, pero como media podemos decir que puede rondar entre los quinientos y mil dólares/euros.

La oficina la debemos acondicionar de forma tal que podamos disponer de una sala de capacitación, que será el corazón de nuestro negocio. Siempre buscar que sea luminosa y bien aireada. Cuando alquile, vaya con la gente que sea menos complicada. Es fundamental detectar la buena vibración que tenga el lugar antes de alquilarlo, hay lugares con muy mala energía y, aunque usted no lo crea, esto impide el normal desarrollo.

Una anécdota al respecto sucedió en una oficina en la calle Berna de la Ciudad de México, en plena Zona Rosa de esa ciudad. Alquilamos un piso de doscientos cincuenta metros justo con vista a la avenida Reforma y al famoso Ángel de la Independencia. Luego de seis meses de operación, vimos que las ventas no se daban en la medida de nuestros deseos. Todo estaba calculado como siempre y no sabíamos bien por qué si éramos todos los mismos, pero no se obtenían los resultados previstos. Un día, mi socia vio pasar una sombra de un niño, según ella. Todos comenzamos a reír, aunque a ella no le causó gracia alguna. Otro día nos quedamos hasta altas horas de la noche trabajando y sentimos llorar un niño. Ya la cosa se iba poniendo un poco más densa y presentimos que algo extraño sucedía.

Luego consultamos con el personal de seguridad de la noche y nos afirmó que así era, que se sentía un niño llorar por las noches en ese piso quinto. Al día siguiente, lo primero que hicimos es llamar a la inmobiliaria que nos había alquilado y le solicitamos al menos un cambio de piso. Resultó que nos ofrecieron el piso 13, lo cual aceptamos. A partir de la mudanza, todo comenzó a funcionar como debía ser y logramos facturaciones increíbles de dinero. Y así hemos tenido alguna que otra historia similar que pudimos salvar rápidamente. Parece fantasía, pero real o no, según quien lo juzgue, perecería que algunas oficinas tienen una energía u otra particular y debemos estar pendientes.

La oficina tiene que contar con una sala de capacitación que será el centro vital de entrenamiento diario, lugar de reunión y desayunos. Debemos complementarla, además, de algún juego, como puede ser una mesa de futbolito para los entretiempos.

Disponer de numerosas sillas para los asistentes a las capacitaciones, una pantalla blanca de video y un proyector, un equipo de sonido para los videos, cafetera con café ilimitado, algún aperitivo, como empanadas o *croissants*, una mesa grande por coordinador para disponer allí los grupos mientras se capacita o motiva, pizarra blanca y marcadores de colores.

Otro espacio vital es la oficina de gerencia de ventas, que será una sala salpicada de diplomas obtenidos por los vendedores y supervisores, estadísticas colgadas y premios que ostente la organización. Será un lugar de puertas abiertas donde se atenderá una a una las inquietudes de cada integrante de la empresa y se le hará un *coach* diario individual y por grupo.

Dispondremos también de una sala de directorio para reuniones más discretas con personal jerárquico. Una sala de inventario que puede ser pequeña, pero debe contar con mucha seguridad y el acceso debe tenerlo una sola persona, aparte de los socios de la compañía, más una zona de administración.

Con todos estos espacios estamos preparados al 100 %; más es un desperdicio en un principio. También podemos alquilar una oficina más pequeña, de unos cuarenta metros, en el mismo edificio para disponer la administración, ya que debe estar en un ámbito mucho más privado y aislado, pues se debe concentrar en cada detalle para lograr una buena gestión de apoyo a la venta. Recuerdo una compañía que visitamos con mi socia en Buenos Aires; tenía la administración y mesa de control separadas de forma que solo se podía ingresar con tarjeta magnética a la misma. Fundamental será la instalación de cámaras monitoreadas que graben las veinticuatro horas, a las que usted pueda acceder a través de Internet y desde su celular.

En cuanto al personal administrativo, ambos debemos velar que, sobre todas las cosas, sea muy ordenado, meticuloso, paciente y con poder de negociación. Debemos tener en cuenta que esta área funge como el apoyo de toda la estructura de ventas. Si tenemos personal desordenado, todo se complicará. En lo posible, tome gente joven para la venta en zona por el desgaste intenso físico al que estarán expuestos, mientras que en otros cargos puede disponer de personal de mayor edad.

Capítulo 6:

La selección de personal

«La mejor medicina es tener un ánimo gozoso que nos hace vivir alegres cada día». SALOMÓN

«Quien sabe dominarse a sí mismo, vale más que quien logra dominar una ciudad». Biblia, Proverbios 16, 32

El aviso

En principio, dispondremos nuestra convocatoria en los portales web de búsqueda de empleo. Aún, en algunos países, se usa también el periódico. Hubo dos variables de avisos que implementamos en nuestra carrera.

El primero, más engorroso y menos efectivo hoy en día, es aquel que se plantea haciendo una convocatoria a un lugar determinado en fechas determinadas. Por ejemplo, lo colocamos un domingo para que se presenten los días lunes y martes siguientes en un hotel en el que alquilamos un salón para tales fines, en un *coworking* o en nuestras oficinas. Este era un método donde se formaban filas interminables, poco recomendable.

La segunda forma es menos complicada y más detallada. En el aviso, disponemos de una dirección de correo electrónico donde podrán enviar sus *curriculum vitae*. En esta selección, evitamos las aglomeraciones y el desorden en nuestras oficinas. Por ende, mi recomendación es poner una dirección de correo electrónico donde lleguen las solicitudes y nosotros, en la comodidad de nuestra oficina, podamos ir seleccionando los perfiles que nos interesan.

Con este tipo de aviso solemos recibir unos quinientos a mil postulantes por vez con sus referencias. Estas cifras son características en Latinoamérica. Es fundamental repetir siempre todas las semanas y nunca conformarnos con la estructura que ya tenemos.

> *Mover la estructura constantemente es importante. Ello genera en quienes ya trabajan en la empresa un sentir de que nadie tiene asegurado ningún lugar en la misma sin producción de ventas.*

Crea movimiento. Genera energías positivas ver que cada semana son entrevistados nuevos postulantes en diferentes días y horarios. Los que ya están trabajando se sentirán presionados para seguir generando altas producciones, pues bien saben que material humano no falta y estará ante sus ojos la evidencia.

> *Nadie trabaja con el mismo entusiasmo que tuvo como cuando ingresó el primer día y veremos qué escoba nueva barre mejor.*

Queremos decir que la mayoría de los vendedores, con los incentivos que otorgamos, es difícil que se vayan o bajen mucho la producción, pero verá que muchos nuevos integrantes rápidamente buscarán los primeros lugares del *ranking* de ventas, y eso empuja a todos hacia arriba, a buscar mejores resultados.

Igualmente, es importante separar los nuevos empleados de los viejos, debido a que los viejos elementos intentan cuidar su posición y acaparar los premios e incentivos y ven en la sangre nueva una fuerte competencia; en cambio, entre viejos se conocen y saben hasta dónde son capaces de llegar.

Por ello, es importante conformar nuevos grupos con nuevos líderes cada vez que disponga un nuevo aviso de captación. Si usted empieza a rellenar equipos donde falta un elemento o dos, no será la solución, intente solo incorporar un elemento por vez en un grupo viejo; tal vez sus compañeros lo acepten y tengamos suerte.

Hay que olfatear muy bien los ánimos e intereses de cada grupo y estar expectantes ante sus inquietudes.

Jamás en su convocatoria hable de solicitar vendedores puerta a puerta, ya que son pocos quienes quieren trabajar bajo esta modalidad; tampoco pida experiencia en ventas ni llame para dentro de varias semanas en una fecha determinada.

Gente que parece no transmitir mucho durante el periodo de selección y capacitación luego resultan ser dragones de ventas en las calles; muchos no se consideran el mejor talento y, por ende, debemos ser nosotros quienes los formemos y los llevemos a creérselo.

Nosotros debemos sacar a flote ese talento escondido que la mayoría de la gente posee y ansía demostrar una vez que toma confianza en su nuevo empleo.

No pida un excelente nivel de comunicación, la cual muy pocos poseen por iniciativa propia, y tampoco advertir que estaremos sujetos a mucho estrés; no usemos palabras negativas en nuestros avisos.

Siempre debemos mencionar la marca de la corporación como gancho, no son necesarios los de nuestro distribuidor. Describir que se convoca por nueva apertura de oficinas en esa ciudad incorporando una foto de un grupo de trabajo muy juvenil con sonrisas y sin saco ni corbata será una opción. Podemos decir que es un producto de alta demanda. Llamaremos en nuestra convocatoria a personal para diferentes áreas y ambos sexos, ejecutivos, supervisores y coordinadores de ventas, promotores, administrativos, cada uno identificados por referencias si se prefiere.

Primero debemos conformar el grupo de líderes en todos los ámbitos de la empresa y entrenarlos durante una semana. Luego, la siguiente semana, convocar los otros puestos de segunda y tercera línea.

La oferta tiene que hablar de un excelente sueldo según aptitud, incluyendo las más altas comisiones y bonos del mercado por cumplimento de metas junto a ofrecer capacitación permanente.

Debemos garantizar desarrollo profesional con proyección internacional si fuera el caso, junto a un plan de carrera y la oportunidad de ascensos a corto plazo, siempre destacando el muy buen ambiente de trabajo, más un viaje mensual de entrenamiento con estabilidad y continuidad laboral, junto al pago quincenal de comisiones y premios, prometiendo un ingreso mensual importante según sea el país en el que nos encontremos.

También debemos solicitar algunos requisitos, como buena presencia, disponibilidad inmediata, disponer de tiempo completo o medio tiempo, sin restricción de horarios, que sean proactivos, dinámicos, con iniciativa, ambiciosos, con facilidad de palabra, actitud 100 % positiva y constancia, actitud de ventas y compromiso con el trabajo, acostumbrados a cumplir metas y obtener resultados y, muy importante, destacar que sea con o sin experiencia. Nosotros los capacitaremos; por ende, la experiencia de poco valdrá para nosotros.

Nos basamos en la búsqueda de gente con actitud positiva. Necesitamos gente que tenga hambre y sed de victoria, de querer avanzar, comerse el mundo y no individuos de buena educación que no tengan ambición alguna. Hemos visto en miles de hojas de vida que analizamos en nuestra trayectoria empresarial que muchos profesionales egresados de las universidades lo primero que hacen es anteponer en su currículo su profesión antes que sus habilidades o el relato del supuesto compendio de soluciones que aportarán para que nosotros, como empresa, nos sintamos tentados a contratarlos.

Debemos saber si aún estudia y en qué horarios. Hemos tenido excelentes vendedores que estudiaban por las mañanas y se incorporaban al mediodía hasta la noche y desarrollaban un alto promedio de ventas.

Aquí es fundamental determinar su experiencia laboral. Si proviene del ámbito de las ventas o de la competencia y está imbuido del mismo producto, no lo tome en cuenta en la selección, pues lo que aportará serán solo malas prácticas o, en su defecto, no podrá sacarse el chip de su anterior experiencia con el mismo producto y comparará constantemente.

Tenemos también aquellos personajes que prometen traer sus contactos o listado de clientes, no los tomen en cuenta; por lo general, la cartera de clientes la han robado a otras empresas, y quien lo hizo una vez lo hará dos, y su próximo objetivo será usted.

Muchas veces tendrá que soportar los espías de la competencia; debemos estar muy atentos a estos personajes, que suelen revelar sus verdaderas intenciones durante las capacitaciones. Son aquellos que se desesperarán por anotar con todo detalle cada palabra que usted diga, cada diapositiva que usted exponga desde su proyector.

Algo importante es saber el motivo del egreso de su último empleo y la remuneración percibida y ahora pretendida.

Esta información es esencial tenerla en cuenta, sobre todo para saber el motivo, puesto que la gente repite en lo laboral sus prácticas, tanto buenas como malas.

La remuneración de su último empleo, sumada a aquella que es pretendida por el postulante, nos brindará el rango mental en el que se encontraría conforme. En este ítem, hay muchos que les parecerán delirantes, que pretenderán sumas irrisorias, dos mil dólares para un cargo; no se asuste, si reúnen el perfil requerido, contrátelo, pues son aquellos que ven el bosque y no el árbol. En su interior, estas personas pretenden mucho dinero y saben que en una organización de ventas seria lo pueden obtener, y acá usted se lo podrá también dar.

Saber cuál es su meta en la vida a corto y mediano plazo es importante. Sabremos si es un deprimido o no tiene objetivo de vida alguno y, si lo tiene, qué grado o nivel presenta de compromiso con sus sueños.

Muchos alcanzan sus metas a corto plazo y allí mueren, se traban, desaparecen de la producción. Es por ello que debemos estar muy atentos a esos momentos para apuntalar al elemento con mucha motivación y seguimiento. Son recuperables con capacitaciones e incentivos diarios. Si ve que no vuelve a arrancar, no dude en sacarlo de su plantel, pues contagiará su negatividad a otros.

Otro ítem importante es detectar la necesidad más inmediata actual del postulante, lo cual nos mostrará el grado de desesperación en el que se encuentra en ese momento o cuáles son sus prioridades. Sabiendo cuál es su expectativa laboral en nuestra convocatoria, de esta forma mediremos el grado de compromiso que pretende aportar a nuestra organización.

Selección inteligente

Aquí expondré algunas de las claves en la selección del personal que son determinantes a la hora de dar un paso tan importante. Ante la llegada de las hojas de vida a nuestro *e-mail*, debemos, ante todo, mirar la foto que nos envían.

La foto es importante que se destaque claramente en las hojas de vida. Si sonríe, esa es la actitud que se busca. Debemos analizar si muestra mucha seriedad en la mirada, ojos inexpresivos o una mirada perdida; siempre debemos tomar nota y evaluar un poco más a fondo en ese sentido. Recordemos que la primera impresión es la que cuenta y la foto es como una primera impresión antes de la primera entrevista.

La segunda etapa es la del llamado telefónico para concretar la primera cita. Debe hacerlo una persona que tenga un tono de voz firme, no un tono bajo, sin motivación para quien lo escucha y que, además, denote un alto grado de seguridad en lo que esté diciendo.

Vía telefónica tendremos también una primera evaluación del interesado. Será observar su empatía ante la llamada, su tono de voz, si nos comienza a interrogar acerca del empleo, remuneración, y se transforma en una entrevista a la inversa.

En ese caso, hay que desistir de esa hoja de vida; a primera vista, es un personaje complicado o desesperado que todo lo cuestionará, y necesitamos gente relajada y divertida, con actitud mental positiva y de fácil manejo, dóciles a las políticas de la empresa, que nos vengan a dar soluciones y no problemas, para eso estamos contratando personal, y lo debemos tener muy claro.

Si pone objeciones por el horario de la cita, puede ser un indicio de un mal elemento, pero no es definitivo, márquelo.

Sepa algo muy importante, no se frustre. Este juego es así. Sobre un total de unas quinientas hojas de vida que pueden enviarle, usted podrá contactar trescientas, y de las cuales acudirán a la entrevista personal el 50 %, donde de los cuales solo le quedarán entre quince a veinte elementos por semana y por aviso. Antes de cumplir el mes de trabajo, se reducirán a la mitad. Cada persona que llama podrá contactar fehacientemente a unas treinta al día que confirmen su asistencia, que ya dijimos solo acudirá el 50 %; esto nos ha sucedido siempre en todos los países del orbe.

En más de quince años de hacer la misma práctica de selección y capacitación de vendedores, en su mayoría sin mucha experiencia, y transformarlos en profesionales es lo que hemos visto como patrón que seguir.

En esa primera entrevista, debemos saber escuchar al potencial empleado, sobre todo sus experiencias laborales anteriores, pues allí es donde residen los detalles que nos guiarán en un análisis certero del entrevistado. El hombre es, en general, un ser de hábitos. Repite esquemas, salvo raras excepciones.

Por ende, si uno de los entrevistados nos comenta que del último empleo renunció debido a que no seguía el método de venta de la empresa o que no coincidía con su jefe en las políticas desarrolladas, o se queja de que tenía que trabajar hasta muy tarde, o que denunció a la empresa ante algún organismo del

Estado y hasta le inició una demanda laboral, sabremos que es un elemento conflictivo y no es el tipo de perfil que estamos buscando; no remará junto a nosotros para llegar a las metas de la compañía. La mayor parte de las veces no quieren que el empresario gane dinero, tienen arraigados en sus mentes preconceptos que nada bien hacen a las empresas de éxito.

¿Qué es un preconcepto, específicamente hablando? Podemos resumirlo con un ejemplo del que alguna vez tomara nota en un curso y que me resultara muy curioso. El mismo dice lo siguiente:

Un grupo de científicos colocó cinco monos en una jaula, en cuyo centro colocaron una escalera y, sobre ella, un montón de bananas. Cuando un mono subía la escalera en busca de tan preciado alimento, los científicos lanzaban un chorro de agua fría a los que quedaban en el suelo. Después de algún tiempo, cuando un mono iba a subir la escalera, los otros lo agarraban a palos. Pasado algún tiempo más, ningún mono subía la escalera, a pesar de la tentación de las bananas. Entonces, los científicos sustituyeron a uno de los monos. La primera cosa que hizo fue subir la escalera, siendo rápidamente bajado a palos por los otros. Después de algunas palizas, el nuevo integrante del grupo ya no subió más la escalera. Un segundo mono fue sustituido y ocurrió lo mismo. El primer sustituto participó con entusiasmo de la paliza del novato. Un tercero fue cambiado y se repitió el hecho. El cuarto y finalmente el último de los veteranos fue sustituido.

Los científicos quedaron, entonces, con un grupo de cinco monos que, aun cuando nunca recibieron un baño de agua fría, continuaban golpeando a aquel que intentase llegar a las bananas.

Si fuese posible preguntar a alguno de ellos por qué pegaban a quien intentase subir a la escalera, con certeza la respuesta sería: «No sé, las cosas siempre se han hecho así aquí». ¿Le suena conocido? «Es más fácil desintegrar un átomo que un preconcepto».

Hay preguntas que nos pueden dar alguna orientación para seleccionar el mejor elemento de ventas, como, por ejemplo, las siguientes: ¿por qué quiere cambiar de trabajo, por qué quiere trabajar en nuestra empresa, si ha estado buscando trabajo por mucho tiempo, si está involucrado en algún otro proceso de selección, si le gusta trabajar en equipo o liderar y qué experiencia tuvo al respecto, si le han echado alguna vez de algún trabajo, que le cuente algún problema que haya tenido en un trabajo anterior, averiguar cuáles son sus fortalezas y debilidades y qué expectativas económicas tiene o cuántas veces al día se comunica con su pareja son algunas de las muchas pautas que nos enfilará a una mejor selección de personal de ventas.

Como vemos, nos enfocamos en conocer el aspecto no solo laboral, sino también el personal en forma sintética. Es muy importante vigilar la actitud positiva y los gestos en cada entrevista. Los arrogantes o soberbios será positivo descartarlos.

Miremos bien en esa primera reunión a aquellos que todo lo critican o que anteponen solo excusas para no obtener el puesto de trabajo solicitado, excusas tales como horarios, estudios, que de esos días de capacitación solo pueden acudir a dos de ellos y que pueden solo por la tarde, porque por la mañana deben terminar algo que están haciendo. Son siempre excusas para no asumir el compromiso.

También descarte, a la hora de la selección, a aquella persona que hace preguntas tales como si le daremos el seguro social, a qué hora se termina de trabajar, si los días feriados se trabaja, qué días tiene libres de la semana, si las vacaciones están pagadas y cuándo serán; todo ello conforma un conglomerado de excusas que posee el individuo conflictivo, aquel que viene para trabar y no para trabajar o solo está en búsqueda de un sueldo básico, es decir, cambiar su tiempo por un mínimo dinero que solo le alcanza para pagar deudas y su vida en cuotas, sin libertad, sin poder volar como águilas.

Por supuesto que tendrá un sinfín de respaldos y que los domingos, por estrategia empresarial y sentido social, no conviene trabajar. También tendrá un periodo de vacaciones y un largo etcétera, pero lo que tenemos que evaluar en una primera entrevista es si el potencial elemento es conflictivo o no.

Si nos está planteando estos temas en vez de venderse como alguien que va a aportar soluciones a nuestra empresa, está plantando en nuestra mente empresarial una serie de dudas negativas que son parte de su personalidad negativa y, por ende, está claro que no será un valor agregado a nuestra estructura; si vamos a contratar a alguien, es solo con la condición de que nos ayude a lograr nuestros objetivos, no pretendemos ser una empresa de caridad, ni mucho menos podemos perder nuestro tiempo con personas conflictivas y que retrasen nuestros planes.

Es por ello que en este libro les doy todos los detalles para que tomen nota y no se tropiecen con estas piedras que pondrán en jaque a su organización si deciden incorporarlos o dilatarán sus tiempos, retrasando las metas que alcanzar. Es aquí donde fallan todas las empresas, por ello es tan importante leer estos párrafos varias veces.

Todos los individuos que hacen comentarios como los antes planteados son perdedores; además, son aquellos que no venderán nada y solo aportarán conflictos en su organización. Son personas que viven del fracaso como una forma de vida.

Del negativismo hacen su norte, de la envidia su sentir, de la crítica destructiva su accionar en contra de los intereses del empresario y de sus compañeros también. Sus ojos y miradas también nos dirán mucho. Sus preguntas, expresiones, gestos, tono de voz, ropa, aspecto en general. Si vende sus cualidades con soberbia, no nos servirá tampoco, debemos evaluar como positiva la humildad y detectar inteligencia y habilidades.

Nuestro perfil es aquel de la gente humilde, abierta al aprendizaje, juvenil, sonriente, con una mirada buena. Aquel que entra exigiendo un sueldo alto, descartémoslo, olvidémoslo, es aquel que solo vende espejos de colores y no trabaja para lograr resultados. Ahora bien, el que pregunta y se interesa por las comisiones y bonos que pueda ganar al hacer una mayor producción es la persona que empujará nuestra empresa al éxito. Nacimos para vender.

El hombre de éxito es un hombre de ventas en todos los aspectos. Aquellos que han probado las mieles del éxito en esta profesión bien lo saben. Es una profesión en la que se necesita mucha perseverancia y estar inmunes al sentimiento de fracaso, pues a lo largo de la jornada laboral recibiremos un sinfín de rechazos a nuestras ofertas de venta.

También allí estarán los «sí» esperándonos después de un «no» o de una objeción de un cliente, pero lo deberán soportar todo: calor, lluvia, frío, platicar sin pausa durante cinco horas o más, sentir el rechazo a cada paso y buscar el éxito cotidiano después de esos rechazos; el resultado medido hora tras hora genera esa adrenalina que nos acerca a concretar nuestras metas día a día un poco más.

Es por ello que hacemos tanto hincapié y aplicamos tantas técnicas de motivación diariamente, porque sabemos que se necesitarán para lograr superproducciones de venta. En el camino sabemos que quedarán muchos que no tendrán la fuerza suficiente para soportar la epopeya, pero también sabremos que llegaremos a la victoria con los más valientes y osados, con aquellos que su norte son las estrellas del éxito.

Una vez seleccionadas las hojas de vida que nos gustaron, imprimamos solo la primera hoja con los datos principales, nombre, dirección, teléfonos, datos personales, profesión, para evitar gastos innecesarios y malgastar impresiones.

Condición importante es que usted y su socio hagan esa primera selección inteligente cibernética del aviso. No lo deje al azar ni a terceros, y mucho menos en manos de las compañías que se dedican a la captación y selección de personal, porque son caras y no sirven para nuestro esquema de negocio. Nadie mejor que su propio ojo para velar por el perfil de colaboradores más cercanos que desea tener a su lado en su empresa.

La base del negocio parte de una muy buena selección. Si sus bases son de barro y no de hormigón, todo se caerá como un castillo de naipes. La selección del personal es una constante en las empresas que adolecen del mismo problema de base, la mala selección de sus ejecutivos, la falta de motivación y, por consiguiente, la alta rotación por no contar con una capacitación constante.

Algunas grandes corporaciones sufren por ingenuidad, un empleado que no tiene la camiseta puesta, o sea, la marca grabada a fuego en su corazón y mente es un enemigo en potencia dentro de la organización; consciente o inconscientemente, boicoteará la excelencia que toda corporación busca tener en la atención de sus clientes o en su organización y en obtener buenas ganancias basadas en superproducciones de ventas y en una óptima administración.

Nosotros, para estas primeras entrevistas, siempre hemos utilizado un *coworking* u oficina virtual, que hoy están tan de moda, para así tamizar la selección sin contaminar nuestro entorno de paz que debe ser nuestro lugar de trabajo habitual. Allí, en ese *coworking*, se descartará el personal no deseado. Incluso se podrá implementar el primer día de inducción, donde aún se detectan los malos elementos que debemos sacar sin contemplación, pues, como dice el dicho, «manzana podrida pudre al resto».

Pregúntese qué tienen en común un chico de dieciocho años que busca un lugar de vendedor con un hombre de cuarenta que busca un lugar de gerente de ventas o coordinador o gerente administrativo. La respuesta es nada. Por ende, implemente capacitaciones diferentes para cada *target*.

También podrán encontrarse en esa fila los eternos buscadores de empleo, profesionales en esta área; los reconocerá porque nada les viene bien, son inconformistas, justifican mediante excusas ante su familia su inoperancia y sus frustraciones.

Algo para destacar es que, una vez que usa un aviso y le resulta, repita siempre el mismo, pues cada semana obtendrá el mismo resultado, es un hecho.

Recordemos que hay que hacer dos entrevistas antes de pasarlos a la inducción en grupo.

En la primera entrevista solo deberá tantear sus perfiles para que, en una segunda fase que se hará al día siguiente, se le pueda dedicar un poco más de tiempo a quienes mejor actitud demostraron para el trabajo y que nosotros evaluamos como positiva.

No tema si se le junta una fila importante porque le haya interesado dedicarles algún tiempo de más a algunos individuos. Si es posible, hágalos pasar a una sala acondicionada donde se escuche buena música o, mejor aún, se les pase un video de motivación o institucional de la empresa mientras esperan su entrevista. Esto los pone más motivados para la misma y no están pensando negatividades o incrementando sus nervios con cada minuto que pasa.

No tire a los feos, porque hemos tenido experiencias increíbles de venta, lo que no tienen de lindos lo tienen de simpáticos y parlanchines. No se deshaga de aquellos que apuntan no tener experiencia alguna, son una joya en bruto que usted pulirá. No deje de llamar a aquellos que dicen que es su primer trabajo, serán lo mejor que obtendrá. No exima a los callados, pues en zona de ventas pueden ser loros parlantes, puede que en un primer momento demuestren cierta timidez, pero cuando se sueltan, no los para nadie. No descarte por clase social, religión, raza, sexo o nacionalidad; todos enriquecerán su empresa, se lo aseguro.

La mayoría de la gente, cuando está desempleada, está ávida de una oportunidad, y lo que usted tiene es mucho más que eso para ofrecerles. Será un modelo de negocio único en el que se sentirán contenidos, valorados y ganarán mucho dinero, lo cual no obtendría en ningún otro trabajo.

En solo cinco minutos se venderá o no. Ese es el tiempo del todo o de la nada que conlleva siempre la primera impresión en una entrevista; si pasa, pasará a la segunda convocatoria, que será más larga. En esta primera reunión, debemos preguntar poco y escuchar mucho.

A la gente le gusta sentirse seleccionada, por ende, cuanto más demos vueltas sobre el asunto y más tiempo nos dedican en largas filas o en venir a cada entrevista y a cada capacitación día tras día, aunque parezca extraño, más entusiasmado el postulante queda.

No sé por qué resulta así, pero siempre y en diferentes países lo hemos notado. Si ven que concurre poca gente a las entrevistas, se siente como que esa empresa no tiene perspectiva o la propuesta no ha sido muy atractiva en base a una evaluación superflua que la gente hace en ese momento y, por ende, desisten, incluso sin escuchar la propuesta, pues piensan en su interior que se sienten un poco tontos si fueran los únicos que tomaron la propuesta laboral. Supongo que es parte de nuestra naturaleza, es el hombre masa que bien describió Ortega y Gasset en su libro *La rebelión de las masas*.

Ahora bien, si, en cambio, el postulante ve una sala llena de gente esperando en diferentes zonas de la oficina, con buena música para que nadie escuche qué decimos en las entrevistas y evitar el diálogo entre los mismos, la historia cambia, pues lo ve como que la empresa arde en motivación y propuesta laboral. Además, al ver tanta gente que se postula, supone que es difícil entrar y que la empresa debe pagar muy bien, debido a la cantidad de personas, por lo que el entusiasmo se contagia y el deseo de pertenecer al equipo de trabajo aumenta.

En el fondo de la cuestión, en definitiva, estos postulantes son nuestros primeros clientes que captar; ellos verán y sentirán el movimiento de su oficina, y este genera energía positiva. Por ende, cite de a muchas personas por hora para generar este efecto.

La espera es aconsejable que se realice en el mismo salón de capacitación para que vayan leyendo las frases positivas dispuestas en las paredes, vean los globos con los colores de la empresa colgando, las pizarras llenas de números que plasman objetivos, los diplomas colgados obtenidos por los mejores, el podio de ganadores, las fotos de los grupos de venta en zona sonrientes y otras que muestren los viajes de entrenamiento de ventas, y no olvide un dispensador de café que puedan servirse mientras esperan.

Todo ello creará un ambiente de querer formar parte de esa organización, de querer pertenecer.

En la segunda entrevista es cuando sondeamos un poco mejor al candidato, hacemos más preguntas y dejamos que se suelte en la conversación. Ese día completan la solicitud de empleo y les pedimos fotocopia de su identificación previo a pasar a la segunda reunión.

En esa segunda reunión, ya individual, para quienes salgan seleccionados, se los convocará a una inducción o primer día de capacitación. Es el día que tanto ansían, pues les pasaremos la proyección de la propuesta económica, el organigrama, por qué y cómo lograr el dinero que prometemos y que aseguramos obtendrán. En la convocatoria telefónica les comunicaremos que quedaron seleccionados para la esperada inducción, en la que se les presentarán la propuesta laboral y la empresa.

En esa ocasión, debemos dar un discurso fuerte y motivador que los haga temblar de emoción, el cual debemos completar con algunos videos cortos, ya sea uno institucional y otros motivacionales que podemos obtener de YouTube, donde se hable de la ley de la atracción, entre otros temas.

Igualmente, durante esta inducción, les debemos decir que aún se encuentran en proceso de selección y que no se han incorporado definitivamente a la empresa y deben pasar por una capacitación que durará dos días.

Este plan es, sobre todo, para vendedores. Se supone que ya tiene usted armado el esquema de coordinadores y supervisores de ventas previamente.

Cuanto más tiempo dedique a la formación del personal de ventas, sobre todo jerárquico —supervisores y coordinadores—, mejores resultados, obtendrá, pues afianzará en compromiso y confianza lo principal de la estructura. Invítelos a almorzar unas *pizzas* al mediodía si lo siente y ve necesario.

Hágalos sentir partícipes de un destino común. No los presione, comprométalos. Hágalos gritar los objetivos que alcanzar día tras día para que aniden en sus mentes. No tenga pausas en el día. Que se retiren por separado. Ello lo logra hablando uno por uno acerca de la propuesta, del proyecto, de los objetivos, cuál va a ser su aporte a la empresa y qué esperamos de él; todos los días debemos pasar por este itinerario mental antes de irse cada uno a su casa al finalizar la jornada. Esto, al menos, en los primeros tiempos. Siempre esté pendiente de comentarios negativos y córtelos de cuajo.

Siempre preparemos un número superior al que necesitamos en cada puesto, pues seguro que algunos quedarán en el camino. La consigna es tolerancia cero a problemas de actitud.

No se preocupe, la semana próxima habrá otra selección, y así todas las semanas, hasta quedar satisfechos con el número de integrantes en los grupos.

En esa primera inducción se darán los números. Si ustedes decidieron disponer de un sueldo base mejor, la captación y retención serán más fáciles. La gente tiende a quedarse en un empleo si tiene un sueldo fijo base mejor que solo trabajar por comisiones; un vendedor puede tener un sueldo básico, un supervisor el mismo o con un pequeño incremento diferencial de más de un 10 %, porque sus ganancias principales partirán de sus bonos y comisiones.

Es una pequeña inversión inicial que, junto con la oficina, tendrá que disponer pidiendo prestado, solicitando un crédito, haciendo uso de algún ahorro, vendiendo su auto; lo recuperará en dos meses y, si espera un mes más, se comprará uno mejor.

Búsquese un socio inversor al cual le plantee el negocio y que aporte el total de la inversión; en definitiva, vea cómo lo hace, pero le aconsejo que, si se acompaña con fe ciega, el proyecto hallará el camino fácilmente. El dinero aparece, es lo de menos. Tampoco estamos hablando de cifras imposibles. Ya verá que se necesita una mínima inversión. Le garantizo que, si sigue el mapa trazado en este libro, será cuestión de poco tiempo hacerse de un millón de dólares, como nos sucedió a nosotros en varias ocasiones en diferentes países. Destierre el miedo, su peor enemigo, y verá.

Base toda incorporación solo en los avisos. No seleccione amigos, hermanos, primos o cuñados, entre otros; boicotean la posición dentro de la empresa de quien los acercó a la misma. Las parejas no son recomendables, tampoco las relaciones de pareja dentro de la empresa, hay que evitarlas siempre.

No sirven aquellos empleados administrativos que insinúan en una entrevista laboral que prefieren un cargo administrativo a uno de ventas, pues debemos tener una administración diferente al resto de las empresas enfocadas a la venta.

Lo ideal es formar administrativos de ventas, los cuales no son administrativos comunes que cumplen un horario y salen corriendo, sino que deben ser intensos, detallistas, sumamente organizados, estar coordinados mentalmente con las metas de la empresa, sentirse integrados al proyecto y que no escatimen esfuerzos para el logro de objetivos diarios, semanales y mensuales.

Aquellos que buscan empleo en ventas en ocasiones no los descarte como administrativos si le late el perfil, pues son los mismos que podrán llevar adelante con éxito una administración de este tipo, porque su espíritu está conectado con las mismas, aman la venta, se sienten vendedores también y se les premiará como tales; estarán, así, concentrados en el logro de resultados y no en cumplir un horario estricto junto a un esquema burocrático que todo lo entorpece. Además, podrán entender desde otra perspectiva, desde la de la venta, la administración. No necesitamos burócratas, sino gente de acción en esta área también.

Deben complementar su experiencia con conocimientos de computación y tener mucha capacidad de trabajo bajo presión, junto a la habilidad de saber hacer las cosas inteligentemente, sin horarios predeterminados. Lo importante es dar con el resultado buscado siempre.

Quien conduzca este sector deberá tener un sentido de organización impecable del detalle y ser un líder nato para saber derivar a otros subalternos parte del trabajo, debe establecer prioridades y mantener un diálogo fluido con pautas claras y códigos que tener en cuenta en la relación diaria con sus dirigidos. Debe ser un excelente motivador incluso.

Tome nota, en el ámbito administrativo necesitamos dragones de venta también, donde tengan que lograr resultados y acompañen el espíritu de lucha de los vendedores que se despliegan en las calles. Ellos tienen objetivos, no horarios que cumplir, con actitud positiva como primer requisito.

En la entrevista debe venderse a favor del trabajo por metas y bajo presión en la obtención de resultados. Debemos evaluar las razones por las cuales se fue de su último empleo para detectar posibles patrones de conducta.

Podremos saber si un vendedor, supervisor o coordinador estuvo bien elegido en primera instancia durante las entrevistas, luego durante los días de capacitación y, por último, en la práctica que se hará durante dos días en la zona, en la que se evaluará la capacidad de los mismos para la venta.

Un postulante que en sus tres primeros días no desarrolla una actitud positiva y, por consiguiente, ventas lo debemos considerar no apto para integrarse a nuestra empresa. Los resultados tienen que estar desde el primer día, y así se lo debemos hacer saber a los interesados.

El tiempo de prueba máximo para la definitiva incorporación, luego de una exhaustiva selección y capacitación, está entre las cuarenta y ocho horas y una semana máximo.

Si el personaje en cuestión obtuvo cero ventas en las primeras cuarenta y ocho horas, se prende una luz amarilla, le podremos dar, si tiene buena actitud, cuarenta y ocho horas más para lograr un resultado concreto.

El perfil que buscamos en un supervisor, un coordinador o un gerente de ventas debe ser el de un líder. Las cualidades básicas que debemos evaluar en esta selección, además de aquellas que describimos anteriormente, son las siguientes:

Liderazgo. Esto quiere decir que debe lograr que todos lo admiren y lo sigan ciegamente. Brindar actitud positiva; debe motivar a su equipo de trabajo mediante un entusiasmo desbordante. Humildad, siempre el soberbio es rechazado por su equipo tarde o temprano. Automotivación; no puede la empresa motivar continuamente a una persona que no posee la más mínima automotivación. Creatividad, cualidad esencial para resolver situaciones difíciles en zona con los clientes o con su equipo de trabajo. Proactividad, el supervisor no puede quedarse quieto en una esquina viendo que los acontecimientos lo superan sin su intervención. Perseverancia, es muy necesaria para lograr los objetivos propuestos diariamente. Destreza, fundamental para organizar los grupos en zona y acompañar su desenvolvimiento. Sonreír, todo candidato debe hacerlo siempre. Habilidad para cerrar ventas apoyado en el guion del éxito de ventas. Conocimiento; es necesario que conozca las técnicas de venta, cómo aplicarlas y enseñarlas. Saber brindar metas debiendo exponer los objetivos diarios y monitorear los resultados. Saber reconocer y aprovechar todas las oportunidades y enseñarlas a su entorno. Apoyar a su gente, viendo su evolución y reconociendo sus aciertos con motivaciones tangibles e intangibles.

Estamos hablando de un personaje completo. Un coordinador es una especie de gerente de ventas en pequeña dimensión, en esa dimensión que llamamos unidad de fuerza de ventas, compuesta por dos supervisores con cuatro vendedores cada uno, abocado a un equipo de trabajo de rápido despliegue. Lo hemos llamado coordinador y no gerente, pues los títulos paralizan, envilecen y engordan.

Nosotros necesitamos poner en marcha una estructura movilizada y no burocrática que todos los días gane terreno, desplegando las mejores herramientas de venta y estrategias de motivación y contención de grupos humanos, donde la competencia será un ingrediente esencial.

Lo que implementaremos es poner en el uniforme el cargo que los identifica, ejecutivo de cuenta, supervisor, coordinador, entrenador de fuerza de ventas, y también les agregaremos mediante pines de metal las estrellas o dragones que correspondan a los cursos o habilidades desarrolladas o logros alcanzados. Pueden disponerse en la gorra, en la camisa, en el polo que luzcan o en las chamarras que usen para días de frío o lluvia.

El supervisor es el ayudante por excelencia del coordinador. Está un paso atrás. Se está preparando para ocupar el cargo de coordinador. Es un cerrador nato. Es un motivador también. Tiene en su cabeza los mismos objetivos diarios mentalizados que debe obtener su equipo y no permite que nadie baje los brazos hasta lograrlos.

El éxito se mide en centímetros y el detalle lo es todo. Un personal mal seleccionado puede crear una revolución negativa en la empresa que, en algunas ocasiones, es muy difícil de contener.

Convengamos que solicitamos empleados que nos aporten soluciones y nos ayuden a desarrollar el potencial de la empresa. Tengamos en claro que no pagamos para que nos aporten conflictos. Para ello, mejor evitar los malos elementos. Estos se olfatean por ciertas actitudes, presencia, preguntas, miradas, energía que denotan en las entrevistas.

La idea definitiva es reclutar personal que tenga aspiraciones laborales y no solo salariales, que tenga sueños a corto y largo plazo, no que su mente esté enfocada en cubrir las necesidades más apremiantes diarias mínimas, como si fuera a apagar un incendio todos los días.

Hemos visto que el proceso de selección comprende un sinfín de esquemas y pautas que debemos cumplir para obtener un resultado concreto basado en una fuerza de ventas única, preparada y motivada. Está en nosotros desterrar los miedos y aplicar todo nuestro potencial en descubrir el detalle en cada entrevista para obtener una élite que nos acompañará en nuestra senda en el camino de nuestros anhelos; cumpliendo metas a diario, paso a paso, se llega lejos.

Capítulo 7:

Inducción al negocio

Es nuestra luz, no nuestra oscuridad, lo que nos asusta. Nos preguntamos: «¿Quién soy yo para ser brillante, hermoso, talentoso, extraordinario?». Más bien, la pregunta que formular es: «¿Quién eres tú para no serlo?». Tu pequeñez no le sirve al mundo. No hay nada iluminado en disminuirse para que otra gente no se sienta insegura a tu alrededor. Has nacido para manifestar la gloria divina que existe en nuestro interior. Esa gloria no está solamente en algunos de nosotros; está en cada uno. Y cuando permitimos que nuestra luz brille, le damos permiso a otra gente para hacer lo mismo. Al ser liberados de nuestro miedo, nuestra presencia automáticamente libera a otros.

NELSON MANDELA

Es muy importante que usted se concentre en estos dos primeros días de inducción que debemos llevar a cabo para afianzar la selección que hemos realizado en las entrevistas. Aquí desarrollamos la filosofía que queremos transmitir en la capacitación para que sea su fuerza de ventas más poderosa.

Si quiere obtener un éxito rotundo en la captación del personal de ventas y consolidar un equipo de trabajo, el discurso debe ser compacto y muy motivador. Usted tiene que vender a esa audiencia que son sus equipos de venta. Será su venta más importante. Vender la idea a un grupo de futuros colaboradores es toda una meta.

Ellos deben comprar, estar 100 % convencidos de lo que han comprado; es decir, la empresa, la propuesta, la marca, el producto o servicio que se ofrece y su oferta. No debe existir margen de duda alguna en ninguno, y mucho menos en usted.

Ellos, al retirarse de su inducción del primer día, deben quedar convencidos para seguir con la capacitación e introducción en el negocio de dos días que está por delante planteado. Deben comenzar a confiar en el proyecto. Deben salir entusiasmados.

Ese día deberá cuidar el detalle, matizar la reunión con café y algún pasa bocas. Puede ayudarse con diapositivas en PowerPoint. Debe crearse un clima de fiesta, no de cementerio, con buena música que alegre la jornada. Eso despierta y crea un buen ambiente de vibración positiva.

Sé que ese primer día es el más difícil, para integrarse tardará un día o dos. Seguro se verán temerosos, inseguros, desconfiados, aturdidos y expectantes. No es descabellado contar con un par de ayudantes extraídos del mismo plantel de ventas que puedan dar su opinión positiva, cuando se la solicite, acerca de su experiencia laboral en nuestra compañía.

Yo recuerdo que, a la hora del descanso para tomarnos un café, los postulantes secretamente abordaban a los empleados que ya pertenecían a la empresa para preguntarles acerca del clima laboral, el salario o las comisiones e incentivos.

Nosotros permitíamos esa interacción debido a que, en nuestra empresa, siempre abundaba el dinero, el buen clima laboral y la motivación alta. Así que se tornaba muy positiva esta secuencia.

En otras ocasiones, era yo quien llamaba al azar a aquellos que iban llegando a la oficina para que expusieran su experiencia en nuestra compañía. Muchos comentaban que, gracias a su trabajo, habían podido construirse un piso más en su casa, otros decían que habían ganado televisores, celulares de última generación, viajes a un todo incluido en la playa y hasta alguna vez hemos dado como premio un 4x4 en muy buen estado al mejor coordinador.

Otros relataban el sinfín de premios en efectivo que ganaban por semana o que sus ganancias mensuales llegaban a dos mil dólares algunos meses siendo solo ejecutivos de cuenta en países donde el sueldo base era de tan solo de unos doscientos. Ello creaba cierta confianza y alegría por parte de los postulantes y, sobre todo, unas ganas importantes de comenzar en este nuevo trabajo que se les presentaba como una oportunidad real.

Es importante que usted se estudie muy bien cada frase que dirá y ensaye unos días antes. Repita, escuche su tono de voz y, si es necesario, grábese para notar la cadencia de las palabras y acentuar algún punto al que le quiera dar mayor importancia para que ese día de la presentación todo salga al 100 % y logre captar no solo la atención momentánea de quienes haya seleccionado, sino también su mente y su corazón, así como Di Caprio en el film *El lobo de Wall Street*.

Cada paso debe ser único, un conjunto de palabras, como si fuera un guion de teatro que debemos pronunciar para lograr convencer a quienes estarán presentes ese día.

La presentación se basa en decir quiénes somos. Ayuda mucho un buen video institucional. Exponer el cronograma y objetivos del curso junto al futuro económico inmediato y perspectiva de crecimiento dentro de la compañía. Se sigue con el relato de la historia de la empresa en el plano internacional, si la tuviera, y el local, números, cantidad de clientes, personal y filosofía.

Después describiremos el potencial del mercado en la actualidad, basándonos en estudios de mercado que debemos conseguir. Exponer ante el auditorio que hemos realizado un exclusivo guion de ventas que representa cómo obtener resultados diarios en cada conversación.

El guion es como uno cinematográfico, donde nosotros somos los actores principales, el cliente es nuestro espectador y quien deberá aplaudir nuestra presentación. Ese aplauso equivale a que compró nuestros argumentos. Ese aplauso significa un cierre, es decir, el principal objetivo de cada conversación.

Cuantos más días dure el curso inicial, mayor será el compromiso de quienes participen. Durante la inducción del primer día, debemos exponer el ejemplo de esquema de bonificaciones que implementaremos.

Cuando haga la exposición de cuánto van a ganar, no se olvide de contar con una gran

pizarra donde los números se vayan anotando ordenadamente y se resalte en círculos de colores el número final; si es necesario, borrar todo y volver a repetir, pero siempre dibujando números de tamaño grande y explicar hasta que no queden dudas.

Es importante vestir muy bien para esta ocasión, tener un buen reloj en la muñeca y siempre gesticular y hablar con tono de voz alto y seguro. Si no posee nada de todo esto, pídalo prestado. Alguna inversión tenemos que hacer, mínimo en nuestra apariencia.

Debemos saber explicar qué es un paradigma con estos ejemplos. ¿Se puso alguna vez a pensar en esta rara palabra? Quizás no, pero es una palabra que muchas veces en nuestra vida nos condiciona. En síntesis, son límites que nos autoimponemos. Uno actúa de acuerdo a la cultura y educación y uno se pone límites.

Ejemplos sobran; a continuación, les presento algunos. ¿Sabía que el que inventó el reloj de cuarzo fue un suizo y no un japonés? El problema estuvo en que, en Suiza, en su propia compañía de relojes, le dijeron que ese invento no iba a funcionar. Lo llevó a Japón y hoy esta industria desbancó a Suiza como la mayor productora de relojes del mundo. A esto que experimentó la empresa suiza lo llamamos parálisis paradigmática. Todos tenemos un poco de ello en mayor o menor medida, y es el resultado de parte de nuestra negatividad, de nuestros preconceptos.

De todo tenemos formada una idea previa; muchas veces juzgamos sin siquiera informarnos antes, investigar o tan solo escuchar a nuestro alrededor. Creemos que todo el tiempo nos agreden. Que siempre somos víctimas; por ende, debemos reaccionar y agredir.

La parálisis que nos traen los paradigmas son los miedos que tenemos al fracaso, a prejuzgar nuestro nuevo trabajo, a murmurar y decir «esto no es para mí» sin siquiera intentarlo, a creer que todos los trabajos de venta son iguales, que nunca pagan, que es difícil, el qué dirán mis padres, mi novia o mis amigos.

Nos la pasamos pensando en afanes que provienen de nuestras mentes negativas y de nuestras experiencias anteriores, que nos anclan en el pasado y tendemos a repetirlas.

Para combatir estos paradigmas, debemos ir al fondo de la cuestión y atacar en nuestro subconsciente con afirmaciones tales como «todo lo que deseo» y que «creo que, con pasión, es posible que suceda».

Esta fórmula contiene dos afirmaciones importantes. El deseo es un concepto que pocas personas comprenden. Su deseo de dinero debe ser tan imperioso si quiere que su subconsciente atraiga para usted la prosperidad que busca.

El segundo punto importante es una noción muy sutil. La naturaleza propia del universo es la abundancia y la prosperidad y usted forma parte del universo; luego, en su naturaleza profunda, está recibir abundancia y prosperidad también.

Siempre imagine lo mejor de cada situación que está por suceder, porque eso es lo que obtendrá.

Una vez, en México, ante la baja de comisiones, a mi socia se le ocurrió contactar a una compañía de telefonía celular para ofrecer nuestros servicios. Nos dieron rápidamente la distribución.

No teníamos ningún vendedor para disponer allí. Decidí retirar a uno de los coordinadores del producto de seguridad que decía tener experiencia en el rubro. Le pregunté cuánto podíamos llegar a vender. Me contestó que mil planes pos pago al mes. Le dije que el distribuidor, que tenía cincuenta locales en todo el país, solo vendía unos quinientos.

Él insistió en que él podía vender esa cifra con fuerza de ventas reducida de no más de veinte vendedores. Me entusiasmé y lo apoyé en su convicción, que hice propia también. Cuando lo expusimos ante los otros gerentes de la empresa, esbozaron una sonrisa; a mi socia una cara de duda la invadió cuando pusimos el tiempo límite de tres meses para alcanzar esa cifra. El resto es historia, cuatrocientos once contratos de nuevos clientes el primer mes, ochocientos ocho el segundo y 1296 el tercer mes.

Enfocar nuestra mente en nuestros sueños es vital; descartar los paradigmas, fundamental, no mirar atrás y avanzar hasta conquistar nuestras metas.

El verdadero secreto está en la visualización de nuestras metas, la cual consiste en sentir sensaciones, emociones positivas que, al mismo tiempo, debe formar esas imágenes en su espíritu. El subconsciente únicamente comprende las imágenes y las emociones que forma en su interior. En nuestro caso, fue la emoción y el desafío de vender mil planes pos pago sin titubear ni un solo instante.

Cuando visualiza y siente emoción, su espíritu consciente no puede interponerse. Si visualiza la realización de su deseo cumplido y si siente una emoción de alegría intensa, como cuando se le pone la carne de gallina porque algo le ha afectado profundamente, le aseguro que su deseo se realizará.

La visualización mental es la clave del éxito, la visualización mental es la manera con la que puedo comunicarme con mi subconsciente todos los días y en cualquier circunstancia. Enfoque todas sus capacidades en la realización de su deseo prioritario. Cuando esté visualizando la realización de su sueño y aspiración más profunda, tendrá que sentir alegría y satisfacción, como si esta realización ya se hubiera hecho realidad.

Si su deseo prioritario se realizase efectivamente, ¿no se sentiría alegre y feliz?

El subconsciente no entiende a la razón, entiende a la imaginación y a las emociones.

Este es el motivo por el que sus visualizaciones deben estar acompañadas de emociones positivas. El mundo exterior es la representación de sus pensamientos.

Capítulo 8:

Claves para el vendedor profesional de una unidad de fuerza de ventas

«Cuanto menos esfuerzo hagas, más rápido y poderoso serás».
BRUCE LEE
«En una batalla entre tú y el mundo, ponte del lado del mundo».
FRANK ZAPPA

Debemos plantear a nuestro auditorio nuestra misión y ponerlo en sintonía con nuestra filosofía de trabajo en una segunda jornada de entrenamiento. Debemos explicar algunos temas para moldear la idea de líder y vendedor que pretendemos formar.

En principio, partamos de desarrollar el concepto de inteligencia; para nuestro enfoque, consideramos que no es más inteligente aquel que se leyó todos los libros y obtuvo las mejores calificaciones, sino aquel que sabe aprovechar las oportunidades y aplicar sus conocimientos, liderar un equipo de trabajo, aquel que conoce las técnicas de venta al derecho y al revés.

Cuántos profesionales existen hoy manejando un taxi o realizando cualquier otra cosa fuera de aquello que estudiaron, frustrando sus días, sobreviviendo, desgastando sus fuerzas y sus mentes en trabajos que no los satisfacen y a algunos les embrutecen el espíritu. Es un fondo de donde resulta difícil escapar, pues el tiempo que deberíamos tener para pensar lo malgastamos en trabajos mal pagados y que no nos dejan tiempo para desarrollar nuevas oportunidades, de las cuales está llena la vida a cada paso. Tiempo es el mayor valor agregado a nuestras existencias, no podemos ir a un supermercado y comprar tiempo; por ende, debemos pensar a cada paso si lo que estoy haciendo satisface mis expectativas y mis días.

Para muchos, esa especie de zona de confort significa tener un trabajo mediocre; es un refugio, una cueva llena de miedos donde nos escondemos, pues tenemos temor a escapar de esa zona supuestamente plena de seguridad que creemos tener. Por ende, no queremos dar un paso fuera de allí por temor al fracaso o porque muchas veces tenemos familia y responsabilidades que cubrir, suponemos; solo son excusas. La cruda realidad es que nadie nos enseñó por dónde empezar, ni en las salas de estudio nos lo comentaron.

Hablamos en estas páginas de cómo desarrollarnos económicamente de forma exponencial y no de cómo sobrevivir a las circunstancias que se nos presentan. Cada uno es libre de elegir si querer continuar en ese mundo de tortugas económicas o saltar al bando de los dragones constructores de éxito.

Una oportunidad es la capacidad de saber aprovechar los recursos y herramientas que nos entrega la empresa para lograr fácilmente el éxito anhelado.

Se debe trabajar en equipo hacia un objetivo en común, donde cada uno se tiene que comprometer con lo que está haciendo. Hay que mirar el bosque y no el árbol solamente, viejo refrán, pero muy cierto.

Un buen ejercicio es que cada participante de estas capacitaciones relate brevemente sus sueños uno a uno que tienen que cumplir a corto y mediano plazo. Luego hacerles ver que deben asumir el compromiso con los mismos, y ese es el común denominador de la gente exitosa, el compromiso.

Nuestro equipo debe tener todos los días aquello que será la principal arma de trabajo. Algunos tienen sus computadores, otros su agenda y otros su teléfono. Aquí será la actitud mental positiva. Los problemas que tenemos todos los debemos dejar estacionados en el pasado, fuera del ámbito de la empresa; no sirve de nada traerlos al presente, no sirve de nada, es inútil caminar con los problemas a cuestas, es como una mochila muy pesada, pues se camina deprimido y se deprime al resto.

La gente que trabaja algunas veces cree que le están haciendo un favor al empresario cuando el único favor real se lo están haciendo a sí mismos. Las horas en que pierden el tiempo y se alejan de sus objetivos diarios salen perjudicando solo a sí mismos.

No le están robando a la empresa, sino a sus familias. Cada hora que pasa y no se genera una venta, el vendedor se engaña a sí mismo y a nadie más. Nuestra empresa no va a ser más rica ni más pobre porque uno o varios de ellos se paren en un billar a jugar una partida, se tomen dos horas para su almuerzo o se vayan a un casino o a jugar un partido de fútbol.

Está el vendedor que dice: «Me echaron de mi empleo de cajero y ahora agarro un trabajo en ventas mientras consigo algo más estable». Esos son los que arruinan la profesión de la venta, esos están de paso mientras consiguen un escritorio.

La estabilidad está en sus mentes primero, no en sus trabajos. En EE. UU., el 15 % de los ingresos en impuestos provienen de la venta. En países desarrollados, la venta es reconocida como una carrera profesional, pero nuestra limitada visión nos hace bajar de nivel esta gran profesión. Los vendedores de telefonía celular se pasan un año de empresa en empresa o cambian de distribuidor dentro de la misma compañía. Los que están sin equilibrio emocional ni seriedad profesional son ellos mismos, no las empresas.

El movimiento crea emoción. Una vez me habló un vendedor para venderme algo. Me quería vender y lo dejé, usó todas las refutaciones u objeciones a mis dudas, lo tuve quince minutos probándolo; al final le hice preguntas de compra: «¿Cuánto vale?». Esa es una pregunta de compra. Era para cerrar ahí mismo. Yo le di la oportunidad y se le fue, siguió hablando sin saber escuchar, que es lo primero que debemos tener en cuenta en una conversación de ventas, saber captar las necesidades del cliente potencial y saber escucharlo.

Un vendedor tiene que estar cerrando todo el tiempo y ser agresivo, aprender a empujar, hablar con tantos potenciales clientes como le sea posible, haciéndoles preguntas de cierre; sacarle un «sí» es toda una meta, luego otro «sí», y así hasta acumular varios para llegar al más importante, que es el sí final, el del cierre de la venta; la venta es un juego de acumular síes e intentar el cierre constantemente.

El vendedor que no pueda aprender a cerrar debe pensar en otra carrera, y se lo digo en serio, muy en serio.

> *Sepamos que no existe una entrevista sin venta; en cada entrevista se hace un cierre, el vendedor le vende un servicio o producto a su interlocutor o el potencial cliente le vende su razón para no comprar. En cualquier caso, se hizo una venta. La única pregunta es: ¿quién la va a cerrar?, ¿nuestro vendedor o el cliente? Debemos ser implacables en los cierres de venta.*

La vestimenta que deberemos implementar para nuestra empresa será un polo con los logos de la compañía y el cargo de quien la ostenta en la misma, acompañada de una gorra impresa con cargo y logo también y, de hacer frío, dispondrán de unas casacas o rompe vientos o pilotines para lluvia, siempre con los logos y rango dentro de la estructura, además de contar con pines que identifiquen si han hecho algún curso especial o han logrado metas de importancia como vendedor del mes, del año, el que usted elija premiar.

¿A quién le gusta enfrentarse con vendedores? A nadie, en verdad. ¿Por qué? Porque son pesados, tienen argumentos densos, atentan contra nuestros presupuestos mensuales ya estipulados; entonces, pregunto: ¿para qué parecer vendedores si hay tanto prejuicio contra los mismos?

Por ende, la consigna para abrir una conversación de negocios será «no se parezca a un vendedor»; siempre hable de que es un grupo de promociones especiales de la empresa que solo por hoy presenta el producto con esa oferta determinada también. Siempre debemos jugar con la escasez del producto argumentando que solo me quedan dos o uno, como en las tiendas de Internet, que nos ponen un contador para jugar con el tiempo de la oferta simulando que es limitada también.

Estudiaremos las mejores ofertas disponibles, las compararemos con nuestra competencia y las compactaremos para que hasta un niño las entienda, esa es la idea que debemos transmitir.

Es decir, seleccionamos como máximo tres equipos o productos si hablamos de celulares, dos si hablamos de alarmas o los que crea conveniente según el negocio en el que estemos involucrados, pero como máximo que sean tres.

El porqué es simple, debemos hacer que primero entienda el vendedor la oferta para poderla explicar correctamente al potencial cliente y, si contamos con un sinfín de equipos, tarifas, opciones, plazos de contratación, tanto el vendedor como el comprador se irán por el más económico y el plazo más corto de contrato debido al miedo que le produce el posible rechazo del cliente, y estas opciones son las que menos comisionan generalmente.

Dos o tres productos buenos, dos tarifas por el servicio, un solo plazo de contratación, una sola conversación de ventas que no vaya más allá de los diez minutos.

Todo ello debemos plasmarlo en un guion de ventas específico con la técnica de acercamiento, presentación, argumentación y cierre.

Los métodos de venta que han desarrollado las empresas a través del tiempo han sido: *marketing* telefónico, *e-mail* directo, atención en locales en la vía pública o *shoppings*, *stands* en ferias o exposiciones, trabajo de referidos, visita de empresas, entre otras. Todo de relativa efectividad, son solo un complemento. Hoy en día sumamos las redes sociales, pero su impacto también es relativo si queremos cerrar ventas diarias en caliente en el día, salvo que implementemos buenos embudos de venta que trataremos en un próximo capítulo.

La mejor propuesta es el trabajo en el terreno. Salir a buscar los clientes y no esperar sentados a que aparezcan por arte de magia. Buscarlos en sus lugares de trabajo y en sus casas. Es el mejor método para hacer superproducciones de venta. Mostrar el producto, que lo pueda probar, manipular, será un valor agregado para poder cerrar el contrato. Genera un sentido de pertenencia al tenerlo entre las manos.

Como parte primordial, debemos explicar el guion de ventas que llamaremos del éxito y sus objeciones, implementando teatros de ventas filmados para detectar las fallas que van surgiendo en los mismos y premiando a los mejores actores. Los compañeros anotarán los errores de los actores para luego comentarlos y sacar conclusiones.

Los primeros cinco minutos de la presentación serán la base de hormigón con la cual tender el puente hacia el éxito en cada conversación de ventas

Es fundamental el tema de saber manejar el «no» en una conversación de ventas. ¿A quién le gusta que le digan que no? El «no» nos humilla, nos destruye; nuestra tarea, en definitiva, es que nos digan un «sí» final en la mayoría de los casos. El «no» debemos formar conciencia en el vendedor profesional que se le paga con el sueldo fijo que tiene.

El resto de las recompensas serán por los síes, es decir, comisiones, incentivos y premios. Deben aprender a transformar cada «no» en un «sí», necesitamos capitalizar ese «no» como dé lugar.

> *Existen tres elementos para triunfar: fuerza moral, organización de los tiempos —tiempo es dinero— y sacrificio. Recuerden que la fuerza moral es el motor que nos llevará más allá de donde nunca imaginamos. Quien no tiene fuerza moral está condenado al fracaso en todo lo que emprenda. Organizarnos hora a hora de nuestro día es la base del cumplimiento de nuestros objetivos. Sepamos que ganar mucho dinero va a llevar cierto sacrificio. Dar todo de nosotros, el cien por cien, en todo momento y lugar, es la clave.*

Debemos tener en cuenta y recordar que la curva de excitación de un vendedor de este esquema de unidades de fuerza de ventas de promociones especiales dura unas cuatro horas. Debemos lograr sacarle el mayor provecho a cada una de esas horas.

Si lográramos sacar un cierre por hora, habremos obtenido hasta cuatro en un solo día; así podríamos alcanzar con un solo vendedor, en veinte días hábiles, ochenta contratos al mes en un grupo de un supervisor que maneje cuatro elementos en la UFV (unidad de fuerza de ventas), y estaríamos hablando de trescientos veinte contratos mensuales por unidad de fuerza de ventas de un supervisor y cuatro ejecutivos. Si en este esquema sumamos cuatro de estas unidades, superaremos los mil contratos con creces en el mes basado en nuestra experiencia.

Capítulo 9:

Manuales de entrenamiento y modalidad de operación

«Nunca obtenemos lo que merecemos,
sino lo que negociamos».
CHESTER L. JARRAS

En cuanto al armado de un manual de entrenamiento, este debería contener y desarrollar temas fundamentales para lograr más y mejores ventas. Se debe desplegar en partes o módulos en programas de computación como PowerPoint que nos permitan proyectar y capacitar en las mañanas al personal en los diferentes temas.

La capacitación debe ser constante, y este tal vez sea el punto más importante para obtener resultados superlativos. Debe acompañar todo el proceso. Los entrenadores deben transmitir credibilidad y energía. Se deben basar en apuntalar una conversación profesional de ventas dando todas las herramientas y manuales para lograr resultados óptimos.

Para ello, debemos tener en cuenta ciertos aspectos en cuanto al tema de entrenamiento. Se deben realizar en una sala dispuesta para tal fin, acondicionada como fue descrito en la parte en que tratamos la instalación de la oficina. Debemos contar con dinero en los bolsillos para incentivos diarios. Se debe implementar competencia entre los grupos, como ejercicios escritos prácticos para consolidar los conceptos vertidos durante las capacitaciones; pueden usarse crucigramas o cuestionarios.

Las proyecciones deben tratar diferentes temas relacionados con la venta y la motivación. Se debe contar con una batería importante de filmes que traten temas específicos que se pueden bajar desde YouTube. Posteriormente, se debe realizar un entrenamiento personalizado —*coach*— diario con cada individuo para analizar su evolución día a día y sus actitudes.

Nuestro lema debe ser tolerancia cero ante problemas de actitud. Previamente, durante y después de la capacitación, se va hablando por separado con cada supervisor y coordinador para monitorear metas semanales y niveles de motivación. Una vez al mes, cada supervisor deberá preparar una capacitación sobre un tema específico que desarrollar, para ir así entrenando futuros líderes.

En cuanto al entrenamiento propiamente dicho, debemos dividirlo en módulos de enseñanza para que cada mañana se trate uno diferente. Todos ellos deben proyectarse para una mayor asimilación por parte del personal de ventas.

Luego debemos pasar a una competencia entre grupos y armar un jurado de coordinadores de equipo que evalúe los resultados y que brinde algún premio en efectivo o del tipo intangible, como un diploma o tan solo un fuerte aplauso y el almuerzo pagado.

Al comenzar la mañana, luego de un buen desayuno consistente en café y sándwiches o alguna otra cosa, es importante iniciar con un módulo de técnica de ventas, seguido de un crucigrama para ver qué tanto se aprendió o captó del mismo; esto da muy buenos resultados, pues estarán atentos al contenido de los módulos.

Por último, el entrenador o el gerente de ventas o usted en persona pueden pasar a dar los resultados de los *rankings* de vendedores o de cada equipo o unidad de fuerza de ventas y cómo van posicionándose para las premiaciones.

Nunca diga el resultado final, sino más bien hable de la diferencia en cuentas que se llevan unos con otros. Ello es para que no haya desilusiones entre los elementos de venta, pues en la mayor parte de los casos creen que llevan más cuentas de las que son y pueden comenzar las dudas y, con ello, la desmotivación. Hay veces que las cuentas estarán en proceso y otras estarán incompletas, por lo que es necesario implementar un departamento de cuentas de recupero. Esto es fundamental, pues verá que encontrará muchas así por diferentes motivos, entre ellos, contrato mal llenado, le falta un papel, se encuentra mal en crédito y que fue rechazada, entre otros que cada organización determinará para rechazar o aprobar un cliente. Aunque hoy en día existen métodos mucho más modernos, tales como el digital, donde uno dispone la huella y listo el contrato, así de simple y moderno, o con solo hacer una llamada telefónica grabada ya se implementa el contrato.

Hablar de motivación es, entre otras cosas, dar los *rankings* para ver cuánto le falta a cada uno para llegar a los diferentes premios anunciados. Muy importante es acompañar cada mañana con una motivación diaria en efectivo; puede decirse que todo vendedor que en el día traiga cinco contratos obtendrá veinte dólares o euros, el que más contratos haga será premiado con cuarenta o premiar al equipo ganador del día con un almuerzo pagado, siempre cuidando de poner un mínimo de cuentas diarias para obtener los premios. En cuanto a los premios semanales o mensuales, podremos implementar cámaras de fotos, canasta de alimentos, etc.

Arme sus propios módulos también fácilmente. Acérquese a una librería y seleccione los temas que atañen a la venta y motivación que usted considere interesantes para exponer y arme sus páginas en diapositivas para su video proyector.

Los módulos deben contener diversos temas, tales como, el cierre de una venta, el tipo de vendedor que requerimos, la conversación profesional de negocios, las objeciones, la filosofía en ventas, imagen y magnetismo personal, metas y sueños, las claves del éxito, los enemigos del vendedor —miedo, egoísmo y negatividad—, el poder del pensamiento, la autoestima y la automotivación, autosugestión y el ejercicio de las afirmaciones, apertura y cierre de una venta, el guion de ventas, el poder de la negociación, la tipología de cliente, el que separa un triunfador de un perdedor, temas para la formación de líderes de equipo, el vendedor y sus perfiles, etc. Los buenos resultados serán proporcionales a las lecturas y a la práctica en teatros de ventas diarios que se ejecuten en equipo, es decir, más capacitación igual a más ventas.

Hay muchos temas de interés que podemos seleccionar para aleccionar a nuestros vendedores. Lamentablemente, no tenemos el espacio suficiente en este libro, pero los mismos abundan en librerías importantes y en Internet; es cuestión de ponernos a buscar, seleccionar y desarrollar un programa para proyectar a nuestra fuerza de ventas todas las mañanas.

Manuales de bolsillo para vendedores y líderes de grupo

Todo manual debe ser confeccionado de forma tal que pueda ser llevado a diario para consulta y automotivación. En este se debe marcar de forma simple y divertida aquello que no debemos olvidar para desarrollar un trabajo profesional en la zona de ventas.

Lo podemos hacer de tapas semiduras. Debe llevar los logos y alguna imagen alusiva a la empresa y el título *Manual de bolsillo para el ejecutivo de venta profesional puerta a puerta* o, en el caso del manual para líderes, puede titularse *Manual para superlíderes de unidades de venta*.

Compagine su manual con figuras, dibujos o fotos que identifiquen cada tema y, al pie de página, disponga alguna frase famosa o chistosa que motive.

Es importante, aunque no seamos un director de cine famoso, plasmar en una corta filmación este manual y el guion del éxito en ventas para poder capacitar y que vean la realidad del trabajo que hay que llevar a cabo. Tomemos dos o más supervisores y coordinadores y filmemos en terreno una serie de conversaciones con clientes. Luego seleccionemos las mejores imágenes y compaginemos nuestro propio material de capacitación.

El objetivo del manual será compactar ideas y conceptos entregados durante el entrenamiento, los cuales debemos aplicar y releer todas las mañanas, aunque parezca tedioso e inútil, pero es todo lo contrario, ya que es la única forma y más reconocida de fijar los conceptos en nuestro subconsciente para así hacerlos hábito en nuestras vidas o lugar de trabajo.

Podríamos decir que son estrategias comprobadas que, al aplicarlas en forma correcta y repetitiva, se obtienen los resultados óptimos que todo vendedor reclama para su trabajo: el logro de sus metas de venta, que posibilitan la realización de sus sueños en la vida. Aplíquelas con mucho entusiasmo. El entrenamiento es la clave del éxito en esta actividad y este manual forma parte del mismo.

Al contratar vendedores con experiencia, resulta que podemos encontrarnos con que muchos de ellos tienen vicios y malas prácticas de venta, aparte de una negatividad importante. Al final, tendrá que invertir largas horas y recursos para cambiar la mentalidad de estos individuos y para eliminar sus malos hábitos, misión que resulta casi imposible. Por ende, sostenemos que no es necesaria la experiencia previa en ventas; incluso es preferible evitar malos elementos que pudieran intoxicar o contaminar con su bagaje de negatividad al resto. La falta de experiencia se suple con capacitación permanente.

Las características que buscamos en cada elemento de nuestra fuerza de ventas son la buena personalidad, carisma, confianza en sí mismo y que mantenga una sonrisa cálida, que denote una sincera preocupación por el cliente, posea un buen contacto visual, sepa escuchar al cliente, sea desenvuelto al hablar, confiable, profesional y ambicioso. Un ejecutivo de ventas tiene objetivos y es competitivo, bien vestido y auto motivado. Sabe que siembra para luego cosechar. Convencido de su trabajo y de la propuesta.

El manual del vendedor puede contener ciertos conceptos y formas de trabajo para que tenga presente, haciendo hincapié en la actitud positiva, el compromiso con sus sueños, mantener su sonrisa en las entrevistas, manteniendo como misión brindar la mejor atención al cliente, conseguir la mayor cantidad de cierres diarios para alcanzar las metas y objetivos propuestos. El vendedor debe tener el deseo ardiente y latente, saber que lo que proyectamos es lo que obtendremos a diario.

Mantener la conducta de trabajo, llegar temprano, entrenar a diario, reunir todo el material antes de salir a zona, concentrarnos en nuestras metas, que son parte de los sueños que queremos alcanzar. Mentalizarse con las cifras que queremos lograr.

Las palabras mueven, el ejemplo arrastra y arrasa. Destacar como forma de alcanzar los objetivos el trabajo en equipo. Recordar que la automotivación parte de la suma del deseo, la actitud y la responsabilidad.

Nadie conoce en realidad lo que es capaz de hacer hasta que lo hace. Mirarse al espejo todos los días y practicar la mejor sonrisa es algo positivo. Analizar los errores y corregirlos. Cuidar la imagen y forma de hablar. Llegar temprano a la oficina y comenzar el entrenamiento con su grupo, repasar objeciones y guion de ventas es vital.

El optimista ve la flor; el pesimista, las espinas. Nunca perder la fuerza interior que nos impulsa a continuar hasta lograr nuestras metas diarias. Todas las virtudes son premiadas, pero solo una coronada: la perseverancia.

Utilizar el guion del éxito tal cual se lo damos sin agregar ni retirarle nada al mismo se hace una necesidad. Las palabras justas están concentradas en él para lograr el cierre en una conversación de ventas.

Debemos recordar que la actitud de indiferencia ante un cliente es fundamental. Si la actitud es nerviosa, desesperada, expresa miedos y pide por favor que le compren, logrará todo lo contrario a un cierre ante el potencial cliente. Por ende, concéntrese en el guion de ventas profesional, sepa escuchar al cliente, evite el miedo al cierre; el 90 % de los vendedores lo sufren, posiciónese en ese 10 % y encamínese a cerrar cada conversación.

Es directamente proporcional; cuantas más conversaciones se desarrollen durante la jornada, más cierres se obtendrán. Deben mantener siempre muy ordenadas las carpetas de trabajo, las cuales hacen de soporte siempre. Tener las objeciones a mano para poder evacuar cualquier inquietud que se presente inmediatamente.

Sepa que, si hay dudas, usted es quien siembra las mismas en la mente del cliente. Mi frase preferida fue siempre «diviértase y relájese», así obtendrá los resultados esperados en ventas. Destierre de sus vendedores el miedo a cerrar una venta.

El manual para líderes contiene una serie de actitudes que debe asumir para con la empresa, el grupo y su propia persona, a fin de acceder a superproducciones de ventas.

Las «características» de los líderes que buscamos para nuestra empresa: deben tener habilidad para el cierre, energía, entusiasmo, motivación, creatividad, sonrisa permanente, tener incentivos para sus vendedores, tomar decisiones, realimentar a su grupo positivamente, tener respuesta para todo, preocuparse por los sueños y metas de su equipo, descansar solo cuando cumplió sus objetivos, saber que cada referido es un cierre en ciernes, confiar en su grupo de trabajo y en sí mismo, conocer la técnica de venta en detalle. Los mensajes motivadores deben ser individuales y debemos saber que son de corto alcance.

Los «rasgos del éxito» que debe poseer un líder son el entusiasmo, la alegría, la camaradería. El líder genera confianza, mantiene las emociones en su equipo de trabajo. Debe llevar estadísticas de cada uno de los integrantes del grupo para ir ajustando a diario su esquema y apretar donde haga falta. Debe fijar los aciertos de la gente festejando ruidosamente, estimulando con incentivos tangibles e intangibles.

Un líder fija objetivos diarios que cumplir. Allí se realizan los milagros. Una persona sin objetivos es un zombi que camina sin rumbo. Póngale una meta diaria a cada uno y comenzará a ver los resultados inmediatamente.

El líder planifica su salida al terreno. Comprueba contar con todo el material de trabajo necesario para la cantidad de elementos de venta de que dispone. El líder es un cerrador nato, cierra incluso cuando los clientes dudan. El líder maneja el estado de ánimo del equipo, descubre sus ambiciones y las potencia, brinda serenidad y confianza a cada individuo. La disciplina y la determinación son fundamentales para que la curva de excitación en un vendedor se mantenga esas cuatro horas de las que hablamos. Un líder alienta la competencia diaria entre sus propios vendedores. Un líder se rodea de los mejores siempre.

Capítulo 10:

Gestión comercial y motivacional

«Si lo puedes soñar, lo puedes hacer».
WALT DISNEY
«La única discusión que se gana es la que se evita».
CARNEGIE

La motivación, en un 90 %, debe ser innata y debemos detectarla en aquella primera línea que nos secunde.

La motivación inicia el día de la entrevista. Siempre debemos recalcar que fue preseleccionado, nunca decirle que ya está seleccionado, pues la gente lo interpreta como poco serio no pasar por varias etapas de este proceso. Debemos implementar una segunda entrevista para luego pasar a la inducción y, posteriormente, a las jornadas de capacitación

Suma motivación todo lo relacionado con la perspectiva económica y los ascensos en la estructura, las políticas administrativas, el salario, las comisiones, los incentivos, los premios tangibles e intangibles, las felicitaciones por logros obtenidos, los objetivos y metas cumplidos, la estabilidad y la continuidad laboral.

En el ámbito motivacional debemos preguntar e indagar a nuestros líderes de grupo constantemente en una entrevista diaria. Podremos, entonces, evaluar *a posteriori* de cada plática varios aspectos relacionados con la gestión de la empresa.

Clarificar situaciones y mejorarlas mediante la puesta en marcha de un cuestionario que contenga ciertas preguntas que apuntan a la médula de los problemas que podemos detectar.

Un ejemplo de preguntas que implementar con nuestros líderes a diario son las que enumeraremos a continuación: ¿qué estado de ánimo predomina en general?, ¿existe confianza y respeto?, ¿estamos cumpliendo con las estrategias definidas para retener vendedores?, ¿estamos desarrollando la premisa de la tolerancia cero a los problemas de actitud?, ¿estamos siendo efectivos en la selección y reclutamiento de vendedores?, ¿verificamos que en la zona se esté diciendo correctamente el guion del éxito?, ¿se conoce bien a los nuevos vendedores?, ¿se está hablando con ellos?, ¿hay un seguimiento de los cumpleaños de cada integrante de la empresa para armar pequeñas celebraciones?, ¿se verifica que se sienta que existe una política de puertas abiertas para el diálogo?, ¿el área administrativa está cumpliendo correctamente todas sus funciones?, ¿existen a diario medios de transporte suficientes, teniendo en cuenta los nuevos elementos los días de salida a las prácticas?, ¿contamos con la comunicación vía celular de todos los integrantes de los grupos de venta?, ¿tienen todos los vendedores sus carpetas al día con las últimas ofertas, suficientes contratos y las identificaciones con foto, materiales promocionales, etcétera?

En cuanto a la gestión comercial, nos debemos preguntar a nosotros mismos, en base a la evaluación que hacemos con nuestros líderes, si tenemos definidas o si se están implementando correctamente las estrategias de venta que planteamos desde la dirección comercial.

Es fundamental que se lleven a cabo estas preguntas en reuniones de evaluación de resultados. Las mismas serán donde analizamos fortalezas y evaluamos la obtención de resultados. De las mismas debemos llevar anotaciones y estadísticas en un cuaderno afín para ir apuntando la estrategia día a día y corregir incongruencias.

Debemos evaluar las siguientes políticas de gestión comercial que hayamos implementado; de inversión en los recursos humanos, de entrenamiento, de selección de personal y de acciones correctivas para evitar la rotación, de estadísticas y gráficas de venta por vendedor y supervisor, junto al seguimiento de sueños, objetivos y metas de cada integrante. La política de estímulos monetarios —

tangibles— y entrega de diplomas —intangibles— por cumplimientos de metas semanales y mensuales.

Implementa una política de medidas correctivas ante problemas de actitud negativa o rendimientos mínimos establecidos, manejando un ambiente anti mediocre. También una de control de gestión de ventas, como pueden ser los llamados de calidad a clientes el día siguiente de contratación, chequeo de condiciones contractuales, contratos correctamente llenados, llamado al cliente previo al envío y luego al recibir el producto.

Debemos siempre contar con un equipo compacto o círculo de confianza compuesto por los líderes que hayamos seleccionado. Dicho grupo debe poseer la misma mística, expectativas, intereses comunes, entusiasmo, objetivos y metas económicas altas para conformar esa complicidad necesaria para que todo fluya normalmente hacia el éxito de la empresa, que, en definitiva, será el de ellos también. He visto, en algunos casos, empresarios que han llegado a asociar o prometer asociar en pequeños porcentajes a estos elementos de nuestra segunda línea.

He notado que, cuando no hay informes y comunicación entre los dueños y las gerencias o quienes están en los cargos de liderazgo, la empresa se ve paralizada o se ve condenada a la silla de ruedas y, por último, a la muerte.

Hay que estar muy pendiente de una situación que es muy común en las empresas, donde hay veces que pareciera que hemos perdido el control, que las decisiones pasan por ciertos empleados que las toman y que afectan a toda la estructura, ocultando información de vital importancia, tal como detección de fraudes, robos de material, pase de estructuras de venta a la competencia o rumores malintencionados.

Es como que la mala administración controla el todo y ellos filtran la información que más les conviene y lo van aislando lentamente de su propia empresa; nos manipulan, no controlan ninguna instancia operativa, todo es un desorden, nada les importa, la continuidad en el tiempo de su puesto de trabajo menos aún, solo viven el mes de paga y su mundo mediocre de engaño es tan pequeño que creen tener todo controlado con sus mentiras hasta que en la cara les estalla la bola de nieve de inoperancias que inflaron y que creyeron tener controlada.

Es como que todos saben lo que sucede menos los que debieran saberlo para su inmediata corrección. Son las componendas entre empleados basadas en amistades simuladas sin base alguna; más bien son relaciones confabuladas para el mal y para intentar destruir lo que pudimos con tanto esfuerzo construir, donde se cuentan las cosas malas en detrimento de la empresa con el solo hecho de desmotivar al resto e infiltrar la espina de la duda.

Quien así procede cree haber sido defraudado por la compañía o tiene alguna oferta ínfimamente superior y decide tomar ese camino errado de la guerra psicológica interna.

Otro de los componentes que debemos evaluar en la gestión comercial es el grado de motivación de los líderes, el grado de compromiso y el nivel profesional que aportan. Evaluar si tienen una visión y sensación de largo plazo en la compañía, si quieren ascender, crecer y hacer carrera corporativa o solo están de paso.

> *Son muchas las veces que se fracasa, pues se implementan políticas en base a las preferencias de los vendedores; por ejemplo, vender más barato o vender productos de menor calidad. Los vendedores le tienen pánico a recibir un «no» muy seguido, y es por ello que prefieren vender productos o servicios al menor precio que se pueda.*

Creen que así obtendrán más ventas y nuestra realidad no va por este camino. Nuestra experiencia dicta que siempre que vendimos contratos a precios altos, entregando equipos de una gama media alta en telefonía celular, obtuvimos éxitos superlativos de ventas.

Los vendedores no tenían opciones, no les dábamos opciones ni teníamos miedo de vender a tarifas más altas sin importar la competencia, pues sabíamos que lo más importante era la técnica y la motivación; además, sabíamos que ofrecer un producto de mayor calidad daría mayores satisfacciones a los clientes y su compra perduraría.

Veíamos muchos distribuidores que se desangraban vendiendo a precios bajísimos y los costos no les cerraban.

Nosotros ganábamos hasta diez veces la comisión de ellos y podíamos brindar seguridad y motivación constante y hacernos cargo de costos altos y las ganancias eran en el mismo sentido.

Los empresarios amigos del fracaso se hacen de la mano del miedo que les da enfrentarse a los clientes y ofrecer algo de mayor calidad y precio. Quedan con poca disponibilidad de dinero, pues no tienen lo suficiente para alentar y comprometer a sus líderes económicamente porque eligieron la pauta más económica para vender por el temor a enfrentar un mercado altamente competitivo y que el cliente diga que no más de las veces planificadas por la gerencia y las ventas caigan en picado.

El enemigo más poderoso del empresario es el miedo. Creen que los clientes se fijarán en la competencia y no es así si ustedes brindan un servicio con mayúsculas a sus clientes. El cliente compra aquello que nosotros queramos vender; siempre y cuando nos vea confiables, alegres, motivados, comprometidos, seguros de lo que ofrecemos y de nosotros mismos frente a él, su actitud acompañará la compra.

Pero esa alegría, confianza, coraje, convicción y objetivos comienzan por el empresario. No falla en estos esquemas la fuerza de ventas, sino las cabezas, es decir, los líderes de la empresa y, principalmente, los mismos empresarios.

Capítulo 11:

El guion del éxito en ventas

«Es mejor y produce más alegría dar que recibir».
JESUCRISTO

El guion es la base de nuestra argumentación, será nuestra interpretación magistral, como si de una obra de teatro se tratara y usted fuera la estrella principal. Son las palabras justas, exactas, que nos conducen al éxito en el cierre de una venta. El guion en cuestión, primordialmente, es simple; así debe ser para que fácilmente sea aprendido por su fuerza de ventas.

Debe ser practicado a diario por las mañanas como si se tratara de una oración matutina que atrajera la suerte. Es necesario implementar teatros de venta para la correcta práctica del mismo, e incluso filmados para su posterior análisis. Una vez que su fuerza de ventas domine todos los aspectos del mismo, nada se interpondrá entre el éxito y usted.

Sus líderes deben ser los motores del entrenamiento diario. Además del trabajo detallado que se realiza previo a la salida a zona, debemos, en el camino a la zona, hacer repasos de las objeciones, de los casos concretos y experiencias que hayan encontrado el día anterior en sus pláticas.

El guion se debe adaptar a cada producto y necesidad. El mismo se basa en cinco pasos que debemos dar para llegar a la firma de un contrato. Luego debemos apuntalar la otra parte del guion, que es el tema de las objeciones, también llamadas refutaciones, que tomaremos tan solo como preguntas, dudas o inquietudes del cliente ante nuestros argumentos; nunca debemos tomarlas como un rechazo a nuestra persona.

Los rechazos en nuestra vida nos desmotivan, los noes en la carrera de las ventas son como un escalafón previo para llegar al «sí» que nos brindara el éxito. Cada rechazo lleva impresa una nueva experiencia que debemos anotar en nuestra carrera de ventas para mejorar nuestros cierres.

El método de aprendizaje es, ante todo, observar escuchando e imitando. Fuimos capaces de crear nuestro propio estilo y desarrollar un proceso constante de aprendizaje en nuestras empresas en base a la experiencia diaria.

Estar atentos al lenguaje es fundamental, toda profesión utiliza términos que son propios y la nuestra no es la excepción. Un profesional no habla igual que una tía o una abuela. Un profesional que no entrena todos los días es alguien que está condenado al fracaso. No se puede salir a la calle a improvisar. Todo debe ser ensayado antes cientos de veces, nuestros gestos, aquello que decimos, cómo lo decimos y nuestra forma de vestirnos dirán mucho de usted a la hora de desarrollar nuestra conversación.

Podremos hacer una encuesta, implementar un juego con alguna raspadita o ruleta de la suerte o pinchando globos en una esquina en los cuales existan sobres con premios dentro, donde se obsequie algo relacionado con su producto para atraer la atención de los transeúntes y vecinos, pero debemos atraer su plena atención para desarrollar este guion.

Es muy necesario practicarlo a diario hasta que se haga carne en nosotros.

Son cinco los escalones en la escalera al cierre de un nuevo contrato y será la sumatoria de cada uno de estos pasos. Los cinco escalones de este guion son:

1. La apertura. 2. La argumentación. 3. El activar el sentido del beneficio. 4. La promesa de servicio. 5. El cierre.

En la apertura nos presentamos con nuestro nombre y cargo y diciendo que pertenecemos al «departamento de promociones especiales» y que solo le tomaremos dos minutos de su tiempo. Preguntamos también el nombre de nuestro interlocutor para crear empatía y en cada argumentación llamarlo por su nombre siempre.

> *No olvide los complementos de la apertura, esos primeros minutos son de vital importancia, son la base donde se fijará su conversación de negocios.*

Estos complementos que darán sabor a la mezcla son la sonrisa, el contacto visual, mostrar entusiasmo y actitud positiva.

En la argumentación exponemos que estamos llevando a cabo una promoción especial «solo por el día de hoy», que consiste en un «intercambio comercial» por día de lanzamiento, y solo por ese día estamos entregando en esta zona, por ejemplo, un equipo celular o uno de seguridad o la promoción que usted estipule, y a cambio le solicitamos dos personas referidas o el intercambio que usted implemente.

Se le propone que solo debe hacer una «pequeña inversión mensual» y hacerle ver que toda inversión se recupera. Esta inversión mensual la dividimos por treinta días del mes para hacerle ver que aquel importe diariamente se diluye en un importe insignificante comparado con los servicios que se obtienen.

También le comentamos que solo tenemos un número limitado de equipos o servicios en esa oferta especial para entregarle solo en ese día, ya que el resto se vendió y solo le quedan dos en ese momento.

Implementamos un «certificado de promoción especial», que sirve para ayudarnos a apresurar la decisión de compra en el cliente.

Es un certificado que lo hace acreedor de la promoción especial que estamos brindando ese día solamente y mantenemos siempre solo dos en nuestra mano.

La «única oportunidad» es un volante que nos explica cuál es la promoción especial. Hablamos de única oportunidad mostrando que es urgente y solo durará ese día, pues en eso precisamente consiste nuestra promoción especial y nuestra presencia en la zona.

Existen frases como: «Seguramente, usted ya sabe que nuestra compañía tiene las mejores tarifas del mercado, ¿verdad que sí?». Ello condiciona la respuesta, y recordemos que el cierre es una sumatoria de acumular síes durante nuestra exposición.

Diciendo «¿verdad que sí?» nos lleva a contestar siempre que sí después de un argumento.

Ante cualquier pregunta, felicitarlo, ¡siempre! Crea empatía.

Contestamos: «¡Lo felicito! Qué buena pregunta, usted pregunta algo que muy pocos tienen en cuenta, ya veo que está muy preocupado por el ahorro», en comunicaciones o en lo que usted ofrece, y tener un servicio integral, rápido, económico y de calidad.

Luego llevamos la mente del cliente, favorablemente predispuesta por la apertura hacia una situación desfavorable con su actual empresa o servicio similar de nuestra competencia que el cliente recuerde, si es que la hubiere. Se trata de fomentar escenas en la mente que le sean familiares, preguntando, por ejemplo: «¿Ha tenido alguna mala experiencia con su actual operador?», «¿a cuánto asciende su gasto semanalmente o mensual?». O, si está preocupado por la seguridad de su familia, haciéndole ver que no tiene precio la protección de la misma. Hay argumentos para cada producto o servicio y estoy seguro de que usted encontrará el suyo.

En el tercer paso activamos los sentidos poniendo el producto en la mano. Ello genera el sentido de pertenencia, de poseer un bien deseado. Permite activar el sentido de pérdida si no tomase la oferta. Al mirarlo y manipularlo, genera el deseo de tenerlo. En ese momento, explicamos los beneficios técnicos y su funcionamiento o las virtudes del producto y/o servicio que estamos ofreciendo.

Tenemos que intentar generar en la mente de nuestro interlocutor el temor de perder una oportunidad real que se le presenta en la oferta como especial y única, solo por ese día, el último o el único de la promoción especial. También debemos hacer notar que es escasa en cantidad de producto disponible en esa ocasión.

La indiferencia es la clave. Hacerle sentir que, si él no lo toma, sus vecinos lo harán. Acudir al sentido de estatus que generará el producto en su entorno es un beneficio que la gente oculta, pero que está latente cuando adquirimos algún producto que es exclusivo. En toda venta debemos relajarnos y divertirnos. Es una consigna que debemos escribir con tinta indeleble.

La venta es relajada y divertida, si no, no es venta, es todo lo contrario, tortuosa y no obtiene resultados. Aquella seguridad que transmitamos es aquello que captará nuestro potencial cliente, y la indiferencia ante el mismo trasmite seguridad en lo que ofrecemos.

Influir en la mente del cliente con una sensación de urgencia y de escasez del producto se hace indispensable para lograr el cierre. El tiempo es oro y nosotros debemos mostrar siempre mucha prisa. Mostrándonos activos frente al cliente, generamos la sensación de urgencia en su compra también.

En el cuarto paso exponemos el servicio que brindaremos y sus ventajas.

El quinto paso es el esperado cierre, siendo tal vez el más importante, pues no muchos vendedores se atreven a abordar este paso por temor al rechazo.

El vendedor debe sonreír siempre, pues está pasando un momento agradable. Siempre debemos mirar a los ojos. Se hace inmediatamente después de una promesa de servicio o demostración de beneficios o luego de contestar una objeción.

El cierre es el resultado natural de un proceso de ventas. El ejecutivo puede dar por hecho el cierre cuando ha pasado por las etapas previas. El cierre no termina la venta, es un primer paso para el seguimiento. Un cliente satisfecho recomienda.

La mayoría de los vendedores se consideran buenos hasta este paso, pero ¿por qué no cierran? Por el miedo al fracaso. Es lo que llamamos miedo al cierre en ventas. Nueve de cada diez vendedores lo padecen. Tienen miedo a intentarlo por el miedo de no poder lograrlo, es lo mismo que les sucede a aquellos que quieren ser emprendedores y no dan ese primer paso para comenzar a caminar hacia un seguro éxito.

El miedo nos corroe por dentro, nos paraliza, nos aletarga; pensamos: «Mejor no lo intento, pues del fracaso no se vuelve».

De la depresión más profunda podemos avanzar a la alegría más extensa, haga la prueba, comience a caminar y verá, manténgase en movimiento, la acción mata las dudas, la inacción las alimenta.

¿Cómo evitarlo? Es simple, pasemos a la acción y solicitemos el cierre. Los rechazos son compensados con victorias que se traducen en ventas. Nuestra personalidad humana no está concebida para soportar los continuos rechazos. Nuestro miedo produce un manejo débil en este proceso.

El objetivo es la aceptación y compromiso con las pautas del contrato. Recordar que los servicios básicos, como la luz, el agua, el gas, son contratos largos y uno no los toma por un determinado lapso de tiempo, sino para toda la vida. Hoy la comunicación o la seguridad son servicios básicos y vitales también, y así otros productos que podemos meter en la misma canasta de básicos para nuestra vida hoy en día.

Aproveche el momento en que el comprador revela interés y encamínese a firmar el pedido sin presionarlo exageradamente, siempre realzando el beneficio que habrá de derivar de la obtención del producto. Dramatizar sobre la necesidad de no posponer la compra es una buena práctica.

> *El cierre exige mucho tacto y diplomacia; por ende, actúe con serenidad y espíritu confiado y como quien da por asegurado lo que tramita. Acepte su éxito en cada conversación. Esté convencido de sus argumentos, debe generar en quien lo escucha un excelente estado de ánimo. No sea soberbio ni exhiba un talante de superioridad frente a su potencial cliente.*

> *Solicitar es la consigna para cerrar un contrato. Por el miedo del cual hemos hablado es que muchas ventas se diluyen en una mera conversación sin sentido, pues el vendedor, llegando a esa instancia, deja de vender. Ambas partes dilatan esa instancia final decisoria por diferentes razones. El cliente no desea una cuenta más o son muchos los pensamientos negativos que en ese momento se le cruzan por la cabeza. El vendedor dilata el momento por pánico a ser rechazado.*

Cree que es su persona la que se rechaza y no el producto. A lo sumo, podemos hablar de un rechazo a sus argumentos mal esbozados o, en otras ocasiones, puede que rechacen el aspecto personal del vendedor, sus gestos o su tono de voz.

Se puede contemplar un rechazo a nivel personal, pero esto ya es un mal manejo de los líderes, que deben aconsejar, guiar en todos los sentidos a sus vendedores, comenzando por el cuidado de la imagen personal. Al final, el 90 % de las veces no se solicita la orden, es decir, la firma, y el cierre literalmente se esfuma.

Solicitar es la estrategia básica, por ello debemos tener siempre sobre la mesa una solicitud, una pluma y la confianza en uno mismo. Debemos concentrarnos en un argumento, ponderar los pros y los contras.

Repetir con firmeza, con seguridad en sus gestos y voz los beneficios, enumerándolos, uno, dos, tres, etc., y así en adelante, siempre nombrándolos con contundencia y gesticulando con sus manos.

La base para un cierre es crear un ambiente apropiado, acentuando lo positivo, utilizando historias que motiven, en un ambiente sin perturbaciones externas, como ruidos de niños a nuestro alrededor, televisión, radio con volumen alto, que distraen la atención del cliente u otros.

Nos preguntaremos entonces: ¿cuándo cerrar? Después de la argumentación, cuando el cliente ha mostrado su interés. Enseguida de haber manejado las objeciones, debemos permanecer atentos toda la entrevista.

Descubramos las señales observando las actitudes del cliente para tomar nota de las señales de compra: asentir con la cabeza durante la argumentación es una señal, reexaminar las ventajas propuestas, retomar un argumento por su cuenta, plantear preguntas para especificar algo sobre el servicio o preguntar el valor del producto son todas señales de compra.

> *Debemos esperar cerrar desde el principio. El cliente recoge sus emociones desde el primer momento de la entrevista; si usted se encuentra positivo, animado, entusiasta, el cliente responderá de la misma forma. También responderá del mismo modo ante su nerviosismo, inquietud o su miedo. No debemos demostrar la menor duda, primero en su mente, luego en sus palabras y, por último, en sus gestos.*

Lo que determina una venta es la percepción que el potencial comprador tenga de las ventajas competitivas que nosotros le exponemos en nuestra conversación de negociación y nadie más. Es un momento donde el cliente olvida toda publicidad, toda oferta de la competencia, y solo se basa en la percepción que nosotros le transmitimos con nuestro discurso.

La compra no es racional, sino subjetiva. Las ventas no se deben dilatar en el tiempo. Son aquí y ahora o no serán jamás, esa es la realidad.

Cuanto más simples sean nuestros argumentos, más fácil será cerrar la venta. Los beneficios que el cliente perciba serán la razón por la cual tomará nuestra oferta y no otra.

Nuestros vendedores deben vender sin prisas, relajados, sin angustias, no mostrarse presionados por el cierre, debemos sentirnos como que estamos beneficiando a esa persona con nuestra propuesta, pues todas esas energías negativas, tanto como las positivas, son las que captará el potencial cliente.

Sepamos que el cliente decide en base a la confianza que le inspiremos, el cliente potencial solo compra expectativas y experiencias.

Muchos compradores anteponen el «no» para ir ganando tiempo y así poder evaluar mejor lo que le proponemos. Las objeciones que va poniendo en nuestro camino son sinónimos del no compromiso. Debemos convencer asesorando. Asesorar es nuestro trabajo esencial.

Tenemos que ser elocuentes en nuestras palabras, teatralizarlas con una cierta moderación nos brindará el fruto certero y esperado.

Debemos contar con una pronta capacidad de análisis para así, rápidamente, dar la respuesta correcta para evitar los silencios que provocarían el derrumbe de la conversación. La paciencia y la perseverancia se hacen fundamentales en esos momentos. Nos debemos adaptar a todo tipo de conversación que surja. Mostremos una seguridad en nosotros mismos a prueba de cualquier tormenta. Todos estos detalles sumados darán como resultado una negociación exitosa.

Cada ingrediente que compone un cierre debe ser estudiado con detalle y practicado incansablemente, pues es la base de nuestra profesión. Sin estudio responsable no hay éxito.

Salir al terreno y cambiar las palabras o decirlas de otra forma solo acarrea fracaso y más fracaso en cada conversación.

Ante un caso de indiferencia debemos preguntar, indagar cual detective para detectar las áreas de necesidad o insatisfacción, debemos meter beneficios que puedan llegar a interesar o motivar al cliente. Debemos tener habilidad para obtener información del cliente en la forma y momento adecuados, cuando necesitamos más datos para continuar la entrevista.

Hay que ayudar al cliente a tomar decisiones, pues en ese momento lo invaden las negatividades, las dudas para postergar la decisión de compra. El papel del vendedor viene a ser la guía, el asesor confiable. Debemos exponer constantemente cualidades de tipo emocional.

Debemos fomentar la consistencia del mensaje en cada punto a nuestros clientes. Con estas bases, ganar credibilidad y mantenerla se convierte en un principio guía de nuestro comportamiento y ética de trabajo.

Trabajar en equipo es todo un detalle que desarrollar dentro de la empresa. El sistema para ir superando con éxito cada una de las etapas que se le presentan es el de asumirse como un agricultor, ya no como un cazador.

El agricultor selecciona la tierra, ara el terreno, lo fertiliza, lo cultiva y lo cosecha. Con el tiempo, sabe que va a tener a otros agricultores a su cargo y, por último, sabrá que obtendrá una plantación.

El vendedor al cual aspiramos debe tener algo de detective también, es decir, debe investigar, indagar preguntando para descubrir las fortalezas y debilidades del cliente, tiene que tener la visión clara en la búsqueda del cierre, descubrir las expectativas, desarrollando el olfato necesario para construir un diálogo de ventas en base al guion bien estudiado. Como psicólogo que también asume ser, debe entender las necesidades de sus clientes, despejar temores resolviendo incongruencias, sabiendo que la compra conlleva emociones contrapuestas, debe enfocarse a los cierres de las ventas sembrando su terreno para cosechar más clientes en base a las buenas referencias.

En el guion debemos contemplar un ítem relacionado con el estudio de las objeciones que se nos pueden plantear en una conversación de ventas.

Cuando el cliente no parece aceptar el producto, es probable que tenga objeciones. Debemos distinguir entre objeción y condición. Esta última es un motivo real que el cliente tiene para no comprar. En cambio, una objeción es un motivo aparente para no comprar que el cliente plantea. Siempre la culpa es del vendedor si el cliente plantea una objeción y no compra.

Ante ello, para refutar las objeciones, como primer paso, debemos poner la objeción en forma de pregunta. Ejemplo, el cliente dice: «No compro porque creo que el producto es malo». El vendedor contesta: «¿Usted cree que sea malo?».

Los motivos para aplicar esta técnica son para entender bien la objeción, minimizarla, crear dudas y así ganar tiempo. Es un efecto espejo para que el cliente se escuche a sí mismo y razone lo que dijo. Hay que dar la impresión de preocuparse por el cliente.

En segunda instancia, si el cliente duda, el vendedor deberá presentar un argumento de prueba. Si la objeción es muy difícil, se trata de minimizarla, poniendo de relieve otros beneficios del producto. Lo importante es hacerle ver al cliente que hay aspectos del producto que quizás desconozca y que justifican plenamente la existencia de ese aspecto que para él es negativo. Una objeción difícil se contesta haciéndole las debidas preguntas al cliente que lo lleven a admitir que el producto tiene muchos otros aspectos positivos.

Capítulo 12:

Esquema de organización y trabajo

«¿Por qué tanto temor, hombres de poca fe?».
JESUCRISTO

«Cada cual es lo que piensa. Si tiene pensamientos positivos, será persona positiva; si sus pensamientos son negativos, será alguien lleno de negatividad».
MARCO AURELIO

El esquema se basa en un equipo de trabajo que se compone de coordinadores, supervisores y vendedores.

Los vendedores se dividen en niveles, según su categoría, nivel de cierre de ventas y conocimientos. Una estrella o un diamante, como más le guste clasificarlos, equivale a que está capacitado para solo realizar aperturas y conversaciones de venta, mientras que un vendedor de dos o tres también es experto en cierres de venta.

El supervisor debe tener a cargo no más de cuatro vendedores para poder atender y motivar a cada uno utilizando bien los tiempos. El coordinador no debe exceder de los tres supervisores. Este organigrama se basa en la calidad de los profesionales de venta que tengamos bien capacitados y motivados y no en un sinfín de cobra sueldos que vienen a pasar el rato; el que no vende en dos o tres días no podrá quedarse en la organización. Para no gastar dinero en gente que viene a vernos la cara, podemos establecer un periodo de dos jornadas de capacitación teórica y tres de práctica en zona.

El personal de ventas debe estar uniformado, lo cual sirve implícitamente como publicidad de la marca.

Siempre mi socia decía a sus coordinadores de venta que debían querer a sus vendedores momentáneamente, porque uno tiene que entender que es una empresa y nunca debe uno involucrarse sentimentalmente con sus subordinados.

Si damos mucho, recibiremos mucho. Si menospreciamos al empleado, este no generará resultados; el empleado quiere una gerencia de puertas abiertas, que no lo discriminen por su clase social o cultural, que lo escuche, lo contenga y lo haga sentir parte.

Cada persona con la que un vendedor habla debe ser un territorio conquistado, una casa, una empresa convencida y segura de lo que adquirió. Poco a poco, verá que su organización en las calles se transformará en una maquinaria de cierre de ventas inigualable.

Ganar su primer millón de dólares o euros se basa en salir a buscar al cliente y no esperarlo sentado en un local, viendo sus vendedores a través del vidrio a la gente pasar cual helechos sin regar, secos, enmohecidos por la negatividad que cargan de sus relaciones personales y sociedad competitiva.

A estos vendedores de escritorio que podemos ver en *shoppings* y locales de la calle les da igual vender o no. La falta de actitud es el denominador común de todos ellos. No saben vender porque nadie los instruyó ni les marcó un norte en ventas, y mucho menos en sus vidas. Se dedican a volar con sus pensamientos efímeros, sin sentido, a ver redes sociales con su celular, buscar pareja o chatear con amigas y amigos o a atender las llamadas de su celular sin parar, descuidando el ámbito laboral y los objetivos que nadie les trazó, y mucho menos por sí mismos decidieron trazar, pues la motivación es inexistente.

El negocio es crear una «hermandad de vendedores», cual jinetes templarios, que salgan a llevarse las calles y el mercado por delante, sabiendo en cada casa, en cada esquina, en cada comercio, en cada PYME hay un cierre esperándolos, sabiendo que en cada conversación de ventas que entable con cada potencial cliente existirá un cierre.

El vendedor tiene pánico escénico ante el cierre porque no tiene claro el guion del éxito, que es lo único que le dará confianza, pues sabrá de lo que estamos hablando. Pisará fuerte y firme, como si una fuerza mágica lo moviera: la magia de las palabras que conocimos en el guion de ventas.

Es por ello que recalcamos que la selección del personal es tan importante para conformar ese primer grupo, esa primera camada hambrienta de ganar mucho dinero. Es por ello que deben ser frescos, espontáneos, joviales, proactivos, con o sin experiencia; nosotros estaremos allí para enseñarles.

Debemos apuntar a cifras grandes de ventas, nunca conformarnos con pequeñas, ya que aquello que planteemos acerca del tema es lo que tomará por cierto nuestra fuerza de ventas y hará propias nuestras metas.

Si planteamos una venta por día, eso es lo que obtendremos por cada uno o, tal vez, menos. En cambio, si hablamos de que cinco contratos al día son fáciles de lograr y es la meta mínima, es el chip que se pondrá en la cabeza cada integrante.

Es un «juego de reprogramar subconscientes» que vienen golpeados de fracasos en todo sentido, y por ello es que hacemos de la motivación un punto de inflexión sin excepción en la estructura propuesta.

Tal vez no logren los cinco contratos, pero cada uno traerá dos o tres, algunos cubrirán los cinco y otros llegarán tal vez a seis o siete. Lo hemos experimentado siempre, en diferentes países y continentes, circunstancias económicas, productos y servicios diametralmente opuestos, corporaciones y marcas diferentes.

Ahora bien, si primero no nos mentalizamos nosotros, los empresarios, de que eso es tarea fácil y lo natural de un proceso de inversión en una organización de ventas, no podremos mentalizar a nadie. Si nosotros no creemos esto previamente, mucho menos podemos pretender que alguien crea en ese resultado y en nosotros.

Es como el dicho que dice que debemos primero encontrar la felicidad para atraer el dinero; esto es lo mismo, primero debe el empresario auto motivarse para lograr los objetivos en sus grupos de venta. Sin alegría no hay resultados.

Recordemos que el vínculo generacional entre compañeros de equipo es fundamental, no funciona con una mezcla, por ejemplo, de cuatro vendedores veinteañeros y uno de cuarenta años. No hay química. No existen las mismas vivencias.

Podemos llegar a disponer de un coordinador de una edad más avanzada, el cual seguramente transmitirá sus conocimientos y experiencias a una fuerza de venta joven y ávida de sabiduría. Hemos tenido muy buenas experiencias en estos casos.

Un tipo de líder perjudicial para la organización es aquel personaje mitómano que busca el liderazgo sindical más que encabezar el liderazgo enfocado al éxito. Son profesionales en el armado del radio pasillo. Llevan y traen basura con sus palabras y actitudes. Son amigos del fracaso permanente en sus vidas y pasan fugaces en un mundo que los supera cual tsunami en vez de brillar como estrellas; son solo fuegos artificiales que explotan, brillan y se desvanecen en cuestión de segundos, todo al mismo tiempo. Parecen una cosa y son otra.

Jamás incorporemos personal sobre calificado, es decir, con demasiada experiencia, ya que regularmente irá en contra de los procedimientos establecidos por usted. Tal vez sean elementos potenciales; si alguno de ellos nos late como positivo para la organización, estos casos debemos analizarlos más detenidamente.

Estos potenciales líderes suelen ser personas insatisfechas, por lo general; exhiben niveles de descontento superiores a otro tipo de empleado de ventas, pues pocas empresas o puestos de trabajo llenan sus expectativas debido a que poseen una mayor experiencia. Generalmente, son mal predispuestos a nuevos esquemas de trabajo. Hay algunos que nos servirán y otros que entorpecerán el modo de operación de nuestra organización. Por ello, recomendamos candidatos que se ajusten a su forma de trabajo. En EE. UU., el 50 % de esta fuerza laboral está sin empleo, según un reporte de *Bloomberg Business Week*.

Otro tema que tener en cuenta es el tipo de rastrillaje que debemos dar en zona.

El esquema es el siguiente:

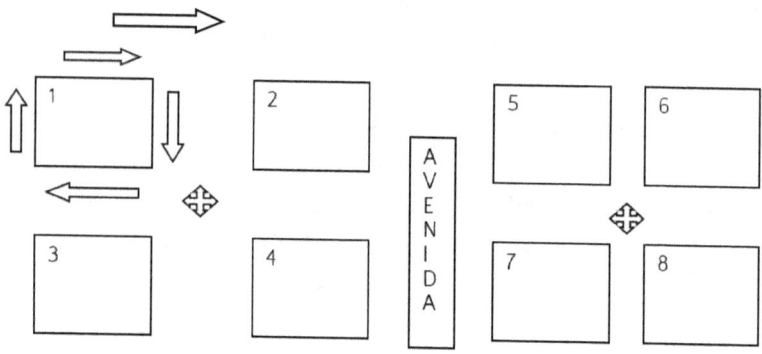

En este esquema vemos que el punto de reunión de las intersecciones de las manzanas 1-2-3-4 nos servirá de lugar de encuentro. Una vez visitadas, según la dirección de las manecillas del reloj, las manzanas 1-2-3-4, saltamos al punto de encuentro inmediato de las manzanas 5-6-7-8 y seguimos trabajando en la misma forma hasta toparnos con algún otro límite.

Así, nadie en zona se perderá, pues si seguimos la dirección de las agujas del reloj y numeramos las manzanas de esta forma, sabremos o intuiremos el lugar donde se encuentra el grupo que va por delante y así lo podremos encontrar fácilmente. Es importante que los líderes previamente organicen e informen a su gente del esquema de trabajo del día, y es una buena práctica sacar fotocopias del plano de la zona numerando las manzanas. Debemos identificar a nuestros vendedores también con una especie de gafete con foto que contenga los datos básicos del mismo y de la empresa.

Nadie es indispensable. Solo usted

No nos ofusquemos si perdemos a aquel vendedor, supervisor o gerente que creímos de ensueño, el ideal de ideales, aquel en el cual podíamos confiar, tomémoslo indiferentemente y rápidamente veremos cómo aparece otro mejor, siempre fue así, siempre resulta en este sentido. Muchas veces nos encariñamos con tal o cual vendedor o supervisor, incluso gerente, y no nos damos cuenta de que puede estar trabando el avance con respecto a captar nuevos y mejores elementos.

Analizaré ahora el tipo de líder tóxico que incluso alguna vez fue importado por nosotros desde otro país, basándonos en creer que era la solución tener algún supuesto gurú de la venta a nuestro lado.

Siempre estos individuos extrañarán mucho a su familia y costumbres, nunca estarán listos para los grandes desafíos, sus características principales son la inestabilidad personal, la soberbia y el orgullo, que son sus más terribles enemigos.

Es una situación que no dudo que a muchos empresarios les suceda, rodearse y basarse en gente pensando con el corazón y no con la cabeza.

Se creen genios de las ventas, es un empleado sobrevaluado, creyendo que todo depende de él. Piensa que nadie sirve para nada, especialmente los nativos del país donde se encuentra, nadie hace nada, nadie trabaja, solo él; se cree un profeta en la tierra de las ventas.

Incluso sucede en ocasiones con un CEO de grandes empresas cuando son trasladados y no se encuentran a gusto con su nueva situación; comienzan a criticar todo y a todos. Nos tocó esta experiencia, por ejemplo, en Panamá, con un CEO que no se sentía a gusto con la gente del país y en secreto no paraba de criticar todo. Nos preguntaba cómo hacíamos para vender tanto y solo le contestábamos que nos parecían excelentes los panameños para la venta y administración. Si uno no ama lo que hace o a la gente con que trabaja o el país en el cual decidió invertir, será difícil lograr el éxito en un contexto de crítica e incomodidad.

Debemos dar lo justo, pero sin involucrarse, pues los empleados tóxicos locales o extranjeros terminan creyéndose iguales o más. No respetan, no reconocen su estrechez mental, su vida de fracaso y las oportunidades que se les brindan no las agradecen.

En sus caminos encontrarán empleados calificados que se cree igual a ustedes o la envidia hacia sus logros es más fuerte que el incipiente y malinterpretado sentimiento de amistad que creen que los une y les da derecho a sentirse iguales, desubicándose y traspasando ese límite jerárquico que tiene que existir entre un empresario y un empleado, aunque sea el mejor colaborador, pues llegará el momento en que se tomará el atrevimiento de creerse igual y lo traicionará.

En un momento determinado, solo retrasan el crecimiento que realmente deberían experimentar en sus proyectos empresariales. Este, pienso, es el caso de mucha gente que creemos cercana a nosotros o le damos toda nuestra confianza y solo están agazapados, esperando la oportunidad o el descuido para dar a luz sus más bajas intenciones, alimentados por la envidia y el ego malsano que los impulsa.

Son el tipo de personajes complicados que solo traerán miseria y problemas a su empresa. Son aquellos que, con su histeria, su soberbia, su falta de tacto y su oscuridad, asociada a su mala suerte, desequilibrarán sus proyectos. Hay que detectarlos a tiempo y eliminarlos de su entorno antes de que sea tarde, como nos sucedió a nosotros.

Jamás vuelva a tomar a la misma persona que haya echado. La lástima es el peor de los sentimientos; es más, cuando sienta lástima por algún empleado o aquellos empleados llorones que con lágrimas en los ojos le suplican que perdonen su falta para seguir adelante en su empresa, deténgase un momento y despídalo sin miramientos; si no lo puede hacer porque adolece de un corazón muy tierno, pida ayuda o solo tendrá que esperar el momento de la decepción, que llegará de la mano de la traición.

Siéntese a esperar y verá, son síntomas muy comunes cuya lectura a tiempo nos evitará un sinfín de dolores de cabeza; nunca falla, experiméntelo para bien o para mal también. Por consiguiente, no se lamente u ofrezca dinero de más a aquellos que se creen que sin ellos seremos un barco a la deriva. Son piedras en el cuello y no salvavidas en medio del océano.

Tomar este tipo de posiciones duras solo nos impulsará hacia adelante vertiginosamente. Deshágase del lastre.

En realidad, esta clase de persona solo quiere aprovecharse de usted y le está vendiendo un paquete repleto de mentiras y excusas que no son nada positivas para su negocio. Los importantes solo en esta historia son usted, sus sueños y objetivos, que no debe perder de vista ni por un instante.

Estos proyectos de gerentes terminan creyéndose algo que no son ni serán. Posteriormente, vuelven a su mundo de pobreza y mediocridad, añorando aquellos tiempos en los que ganar cuatro mil dólares se veía al alcance de la mano.

Otros roban en sus narices o fraguan cuentas, son descubiertos y, evidentemente, echados, así que de ganar muy bien pasan a obtener trabajos donde no superan el salario básico, nos ha tocado verlo. De estas experiencias tenemos una lista sinfín de lastimosos personajes a los cuales llegamos a apreciar, pero que se defraudaron a sí mismos sin medir las consecuencias. De una selección inteligente de nuestro entorno dependerán muchas cosas que sucederán en la empresa y en su futuro económico.

Capítulo 13:

Cuidando el detalle en la organización

«Hemos sido llamados al concierto de este mundo para hacer sonar de la mejor manera nuestro propio instrumento».
TAGORE

«Hay personas que no son leales a ti, son leales a lo que tú tienes o representas, y cuando sus necesidades cambian, así de fácil cambian sus lealtades».

«Si tus amigos no te motivan ni te inspiran, los estás escogiendo mal».
NEIL PATEL

Ha sucedido muy a menudo que, cuando descuidamos el detalle de estar atentos cual detectives para descubrir las actitudes de cada nuevo elemento, hay algún malintencionado que se presenta en zona y, después de habernos dicho a todo que sí, no le gustó el trabajo y contagia al resto con sus opiniones negativas, induciendo al grupo a optar por abandonar la zona de ventas; estos individuos son destructores natos, principalmente de su propia existencia, que está llena de fracaso.

No tolera la actitud mental positiva de sus compañeros e intenta menguar esa actitud positiva colectiva por la envidia que lo moviliza.

Les dirigirá frases tales como: «Esto es muy difícil», «la venta no es para mí», hará comentarios sobre la inclemencia del sol y la lluvia y acerca de que no se entendieron bien los números; estas son las excusas de los eternos angustiados que se resumen en un «mejor no lo intenten» donde tratan de intoxicar con sus palabras al resto.

Por ello, apenas se detecte un elemento como el descrito, debemos sacarlo de zona inmediatamente, sin marcha atrás, sin pena alguna, pues él no contempla tampoco piedad alguna para con la empresa y sus compañeros o arruinar todo un trabajo serio que se viene desarrollando y que se traduce en inversión de tiempo y dinero.

Jamás disperse el grupo nuevo en diferentes equipos ya conformados por viejos vendedores; no conviene juntar viejos elementos con nuevos.

Es muy importante mantener a aquellos que demuestran un perfil más estable y que tienen continuidad con el trabajo y las ventas mes a mes. Un mes pueden estar más abajo o más arriba de su promedio, pero solos encontrarán el punto de equilibrio.

Otros se descartarán una vez que se vean con buenos ahorros, es como que huirán de hacer mucho dinero; su norte siempre es volver a su estado natural: la pobreza. No creo en eso de que los ricos explotan a los pobres, los pobres son pobres porque nadie les muestra el camino por donde transitar.

Solo necesitamos elegir la profesión de la venta, elegir un buen producto o servicio y compañía que nos avale y, sobre todo, agregarle una buena dosis de perseverancia, preparación de un discurso profesional de ventas y actitud mental positiva. Es una ecuación simple.

Hemos tenido un sinnúmero de casos de jóvenes que vivían en la miseria o ganando en una empresa de hamburguesas doscientos dólares al mes. Sin embargo, en nuestra empresa les imprimimos esa pasión, esa fuerza, les dimos metas que cumplir y surge el milagro, pasan de ese ámbito de pobreza a ganar miles de dólares mensuales.

Así nos sucedió a nosotros siempre en todos nuestros emprendimientos, y creo yo que es uno de los secretos del éxito, brindar amor y felicidad a nuestro entorno más cercano empresarial y las leyes del universo de Dios lo devolverán con creces.

Mi opinión es que lo normal en una sociedad es el estado de abundancia y no el de pobreza, donde este último estado se manifiesta como una enfermedad terminal que sufre gran parte de la sociedad y que debemos combatir desde el ámbito empresarial creando más y mejores puestos de trabajo con emprendedores comprometidos socialmente.

Hay dos tipos de directivos. Aquellos directores de multinacionales que fomentan y apuestan desde sus lugares de trabajo por el recorte de personal y para seguir alimentando un mundo de pobreza, sin importarles a quienes afectan con sus decisiones, mientras que otros optan por la capacitación y la producción que genera el mundo de abundancia que la humanidad reclama. Los primeros se transforman en verdugos de familias completas, llevados hasta ese ámbito por la inoperancia e ignorancia que ostentan en organización empresarial y de ventas, actitudes que ponen en evidencia su falta de fe y amor a las empresas que representan.

Todos tenemos la misma oportunidad, se lo aseguro. Muchos otros la tienen y la pierden porque no están preparados para el cambio aún. Pero es posible que luego reflexionen y retomen la senda.

La base es la honestidad y la lealtad a una compañía. El desleal es como el infiel en su matrimonio, tarde o temprano es descubierto. Deja de ser, entonces, confiable. El desleal traiciona y no llega jamás a buen puerto, la vida se lo devuelve. En nuestros grupos debemos fomentar la lealtad hacia la compañía, pues se reflejará en los resultados y en el dinero que se llevará a sus bolsillos con seguridad.

Estos son algunos datos basados en nuestra experiencia de tantos años. Son detalles de los que debemos tomar nota, los vemos como pequeñas tormentas tropicales, pero se pueden transformar en huracanes. Si detectamos estos hechos, tomemos la decisión correcta, que es separar de nuestra empresa a esa persona. No le compremos las excusas, que seguramente las tendrá por docenas.

Podremos observar, en ocasiones, cómo en nuestras estructuras algunas personas nos miran mal o con ese dejo de envidia.

Usualmente preguntan dónde vamos, qué hacemos, están pendientes de si viajamos o nos compramos un auto o tan solo el modelo de traje que lucimos y, en ocasiones, intentan husmear nuestras ganancias preguntando al contable. Hay que tomar la decisión correcta, eliminar de nuestro entorno estos elementos. Ante aquel que nos pone mala cara, nos mira mal o no saluda en las mañanas, implementemos el camino más corto y seguro, que es el despido.

Un tema escabroso pero fundamental es analizar si es positivo tener una mezcla de ambos sexos en los equipos de venta. En nuestros años en el tema, consideramos que no es recomendable. Lo implementamos una y otra vez y siempre fracasó. Podemos decir que las mujeres son excelentes vendedoras, al igual que los hombres. Pero si va a optar por tener a ambos, hágalo por separado, en horarios separados y grupos separados. No hemos regresado al tiempo de las cavernas, pero la experiencia nos dicta este tipo de procedimiento.

Cuando implementamos grupos mixtos de venta, sucede en zona la distracción y en la oficina el acoso; hay mucha desatención, recordemos que es gente muy joven con la que trabajamos, y ese es el tema, están en plena edad de la búsqueda de pareja o placer. Siempre este tema nos trajo conflicto una y otra vez. No lo detectamos durante años hasta que fue tarde en México. A partir de allí, cambiamos de estrategia diametralmente.

En otra ocasión, son las secretarias las que toman contacto con vendedores o supervisores y terminan con algún encuentro furtivo.

Ante el menor conflicto, y nos sucedió en varias ocasiones, terminaron llevándose una importante parte de la fuerza de ventas o, en otras oportunidades, enamoran a algún gerente de confianza que después nos deja por el supuesto amor y que, a la vez, a corto plazo, el enamorado también es abandonado en tierras lejanas. Esto nos sucedió también en dos oportunidades, en México y Perú, con dos de ellos. Ni hablar de las grandes fiestas y salidas que arman entre todos.

Vuelvo a repetir que es muy complicado el manejo mixto de la historia; si usted es la primera vez que va a desarrollar una organización de ventas, mi recomendación es administración mixta en otra oficina de cincuenta metros alejada de los vendedores y a la que solo puedan acceder coordinadores y disponer solo de elemento masculino en terreno de ventas por un lado y, por otro, el personal femenino de ventas tomando el recaudo que sea en otro horario.

Los ejecutivos sin experiencia en el ámbito de ventas son más productivos que aquel que ha pasado por muchas empresas. Recordemos que el trabajo en zona es duro y la curva de motivación solo dura cuatro horas como para tener distracciones.

Debemos disponer para el traslado a zona de los grupos de autos o camionetas propias, alquiladas o en propiedad de los mismos supervisores o coordinadores, a los cuales se les puede negociar un plus económico en base al desgaste del vehículo.

Debemos proveer, en la medida de nuestras posibilidades, de equipos o demos de lo que estamos ofreciendo.

El uniforme es algo fundamental que tener en cuenta. Debe ser de colores vistosos y debe llevar bordados los logos de la marca y de la empresa distribuidora. Debemos proveer un juego de dos por individuo. También sería aconsejable que cada polo tenga bordado el cargo. No olvidar acompañar el polo con una gorra bordada en el mismo sentido.

Si es un lugar donde llueve mucho o hace frío, completemos el uniforme con chamarras o pilotines en el mismo sentido bordados, entregando uno por vendedor. Es interesante si podemos agregar al uniforme o en la gorra el nivel que tiene en la empresa cada vendedor; si los medimos por estrellas, colocarlas bordadas o mediante pines confeccionados en metal para la ocasión.

Es importante no descuidar este aspecto porque hace sentir a la gente orgullosa de su rango dentro de la compañía y alienta la competencia por cerrar más cuentas para obtener un escalafón más en la organización y un dinero extra.

Cambiando de tema, siempre recordemos que nuestro *marketing* es de dos posiciones: una mira hacia el interior de nuestra empresa y la otra de cara al cliente. La primera es la base para poder desarrollar la segunda. Debe ser muy sólida esa base. Es un *marketing* intensivo, diario y sin espacio para el ocio, salvo que sea creativo. Nuestra fuerza de ventas es la catalizadora de ese *marketing* interno, lo mismo que aquellos que componen el aparato administrativo.

Debemos planificar un día o fin de semana cada dos meses para un encuentro en algún lugar turístico de los líderes y la gerencia. Ello los afianzará y comprometerá aún más con los objetivos de la empresa, sus valores y la visión de la misma. Saldrán renovados con nuevas fuerzas.

Nosotros solíamos hacerlos una vez al mes en lugares cercanos, no más allá de los doscientos kilómetros del lugar de ubicación de la oficina. Pasábamos el viernes por la noche con cómodas camionetas por la zona de ventas y allí se subían para emprender el viaje de entrenamiento y el domingo retornábamos. Eran hoteles en la playa o a la vera de un río o cabañas en la sierra. Todo muy inspirador para hacer un alto y repensar juntos estrategias y alinear objetivos a corto y mediano plazo, sin olvidar los de largo plazo también. En base a estos encuentros, podemos hacer videos con el contenido técnico y la diversión en cada uno de ellos, lo que servirá para incentivar a futuros vendedores y a otros ejecutivos para acceder a cargos de liderazgo.

Para acceder a estos entrenamientos con viaje incluido, poníamos objetivos mensuales que debían cumplirse para poder realizar el viaje mensual. En la mayoría de las ocasiones, esas metas eran cumplidas y el viaje era un hecho.

Un tema fundamental que no debemos pasar por alto en cuanto a la motivación en zona es que ante cada logro festejemos ruidosamente, ya que a pequeños pasos se va haciendo grande un vendedor.

Es aconsejable implementar una dirección de *e-mail* anónima en la que cada empleado pueda comunicarse con la gerencia y así poder manifestar sus inquietudes sin tener que recurrir a posibles represalias de sus superiores.

Recordemos que los vendedores no abandonan las empresas, sino que es consecuencia de un mal manejo de sus líderes, que no los motivan, capacitan ni dejan crecer.

Un mal líder puede echar por la borda todo nuestro trabajo. Cuando tomamos personal, debemos recordar que la gente busca retos, por lo que tenemos que ofrecer oportunidades de crecimiento y prestar apoyo, capacitando, motivando y atendiendo a las inquietudes de los empleados, cuidando siempre el detalle.

La empresa debe tener como fin último para con su personal el simple hecho de lograr implicarlos en todas las áreas de la compañía. Deben conocer sus líderes el manejo de la administración tanto o más que los mismos administrativos. Todo en la compañía está interrelacionado.

El coordinador de equipo debe seguir de la mano cada nuevo contrato. Cada cliente es un mundo y le debemos dar la atención personalizada que merece.

Hemos conocido administrativos que dejaban las cuentas tiradas, pues les faltaba un recibo de luz que corroboraba el domicilio o pequeños detalles en el llenado del mismo. Tuvimos que disponer de dos personas para que atendieran estos casos porque se trataba de cientos de cuentas al mes que perdíamos. Conminamos a los líderes de los grupos a que hicieran un seguimiento de todo lo que entregaban en administración a diario, con anotaciones de cada contrato entregado, y que lo llevaran en un cuaderno.

En algo que debemos estar atentos es el robo de talento empresarial. Nosotros, sistemáticamente, es algo que en todo lugar y tiempo hemos sufrido.

El robo de talento suele darse desde la competencia no solo externa, suele estar presente entre los mismos distribuidores de una misma marca.

Ya sea por envidia o por falta de saber cómo capacitar o seleccionar el personal, empresarios inescrupulosos incurren en esta práctica.

Por lo general, este proceder se les vuelve en contra, nunca hemos visto que vendedores que tomaran ese camino de la traición en nuestra fuerza de ventas hayan sido coronados con el éxito en nuestra competencia. Terminan comparando, y en esto teníamos la ventaja siempre.

Generalmente, el personal que busca otras opciones en la competencia es porque es tentado directamente con un mayor sueldo o comisión en la puerta de las oficinas o porque le ofrecen un puesto en el que se encuentre más tranquilo, sin mucho trabajo que realizar. Se van de la empresa influenciados por su amigos o parientes, también pueden optar por este camino cuando hay ausencia de planes de carrera o disputas internas entre grupos o, en otras ocasiones, por competencias que se pierden, aunque parezca inverosímil, así nos ha sucedido.

El robo de talento existe porque existen cazadores furtivos de los mismos. Son empresarios que no invierten en el capital humano y pretenden robarlo, pues para estos es más fácil esta mala práctica que seleccionar, capacitar y motivar al nuevo personal. Este robo lo vivimos en los ocho países en los cuales tuvimos emprendimientos.

Lo importante es la actitud con que encaremos nuestros días. La gente feliz trata bien a los clientes y a sus compañeros de trabajo, la felicidad nos conduce a la creatividad, hace que cada día sea diferente, es un estado mental que nos conduce al éxito sin paradas.

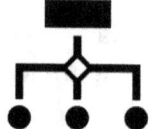

Capítulo 14:

Las metas y la competencia

«La razón es esclava de las pasiones. Es el sentimiento y no la razón lo que mueve a los humanos».
DAVID HUME
«Lo realmente valioso es la intuición».
ALBERT EINSTEIN

Ponle a una persona metas, unos objetivos claros y verás milagros crecer ante tus ojos. Sin metas no hay ventas. Las metas y objetivos deben ser muy específicos y conmensurables en tiempo y número, diarias y semanales, para así alcanzar el objetivo mensual; de otra forma, se vislumbra a lo lejos el fin de mes y se deja todo para ese tiempo en la mente del vendedor. Se estipula un piso semanal que se firma a modo de compromiso con la gerencia.

Las metas deben ser escritas y recordadas a diario por la gerencia y los líderes de equipo. Debemos hacer estadísticas, apuestas y fomentar la competencia interna para poder obtener las mismas. Cada equipo en una pizarra anotará sus metas diarias y semanales para darles seguimiento, estableciéndolas individuales y grupales a corto y mediano plazo.

Sin competencia entre individuos o grupos no hay ventas. La competencia se sigue o grafica de diferentes formas: mediante un podio o una carrera de la oca, donde cada vendedor es el protagonista. Compiten ejecutivos contra ejecutivos, supervisores contra supervisores y coordinadores contra coordinadores. Los mejores obtienen diplomas, premios en efectivo, medallas, copas, viajes, electrodomésticos, cenas, cualquier cantidad de premios tangibles o intangibles. Esta competencia ayuda a hacer notar que la gente no es un costo, sino nuestro más caro patrimonio, los identifica y compromete cada día. Esta filosofía de trabajo premia la excelencia.

Aplicamos un marketing sistémico, el de la interacción entre las partes; hablamos de un marketing basado en la gente. La fuerza de una marca es un emergente de lo que la gente de una empresa hace por ella. De esto depende su actitud y su aptitud, sus ganas y su habilidad. A esa organización de ventas le debemos demostrar nuestro compromiso para que ellos sientan empatía con nuestras ideas, objetivos y forma de trabajo.

De estos premios tangibles e intangibles, a continuación, les brindo algunos ejemplos:

Podio de triunfadores. Es un sistema en el que armamos una pirámide con madera u otro material maleable en el que dispondremos de una bandera por equipo y por vendedor. Las banderas pueden ser de figuras de animales o símbolos que identificarán a cada uno de los que compiten. A medida que avanzan en ventas, van ocupando diferentes lugares en la pirámide. Debemos seguir los resultados a diario para lograr la motivación que buscamos. Se pueden premiar los tres primeros lugares con dinero y diplomas.

Promoción por estrellas o diamantes. Se los darán por metas obtenidas a cada vendedor. Van acompañados de un diploma y algún aumento de comisión o sueldo. Cuando se llega a tres estrellas, estará a un paso de ser supervisor y se lo capacitará para el cargo. Se entregan en forma de pines de metal, es lo ideal. En este pin va grabada la marca de la compañía.

Ranking. Es un *ranking* de vendedores y otro de supervisores. Se debe llevar a diario.

Diplomas. Estos son intangibles y dan muy buen resultado. Se arman en PowerPoint y se imprimen en papel grueso a color. Se otorga a los mejores del mes.

Campeonato de fútbol. Es un esquema como el del mundial de fútbol, donde durante la primera semana se enfrenta ejecutivo contra ejecutivo. En la segunda semana se enfrentan ganadores de esa primera semana, y así sucesivamente. En cada etapa se premia a los ganadores con una pequeña compensación y en la última semana se consagra al campeón. Tener disponible un presupuesto para ello es de suma importancia. Les aseguro que es una inversión, pues la motivación que genera es muy alta.

Viaje de entrenamiento. Este tipo de convención mensual afianza el compromiso del grupo. En los mismos se da una capacitación especial y se abordan diferentes temas.

Incentivo diario. Todos los días, para terminar la capacitación, es recomendable dar un incentivo, como, por ejemplo, premiar a aquellos que cierren cinco contratos verificados, que cobrarán un dinero en efectivo. Al que cierra el último o el primer contrato del día también. Invéntese algún otro incentivo diario, una cena o unas entradas al cine.

Premios especiales. Daba excelente resultado comprar un televisor de cuarenta y dos pulgadas, un equipo de audio o celular de alta gama y ponerlo en exhibición, marcando una meta mensual que cubrir para ganarlo.

Mejores elementos. Premiar al mejor ejecutivo, supervisor y coordinador del mes con dinero en efectivo u otro tipo de premio. Hemos llegado a entregar a un coordinador en Panamá una camioneta 4x4 Mercedes Ssangyong usada por superar los mil contratos mensuales.

Ascensos. Es la forma más tradicional de premiar. Recordemos jugar con las estrellas o diamantes.

Un día de deporte. Solíamos hacer cada tanto una competencia de *paintball* —balas de pintura—. Durante el juego, se veía el liderazgo de algunos que tenían sus personalidades escondidas. Sirve como juego que afianza los grupos de pertenencia. Por lo general, en este juego se evalúan los diferentes perfiles de cada individuo, el estratega, el líder, el ganador, el perdedor y el trabajo en equipo.

Pertenecer al club del éxito. Es un club que facultará al empleado para una serie de ventajas y beneficios sobre el resto de los integrantes de la organización. Por ejemplo, se le entrega una tarjeta con la cual obtendrá descuentos, salidas programadas para integrantes solo de este club, ventajas tales como duplicar sus comisiones si llegan a cierta producción que convenga a los intereses de la empresa, entre otros incentivos que podamos imaginar.

Canasta de alimentos. Fue contundente en México. Es ir a un súper y nos gastábamos unos doscientos dólares en comida y premiamos quincenal. Muchas veces, con muy poco, prendemos una llama que no se extinguirá hasta alcanzar un ganador. Sea cual fuese su estrategia de premios, no olvide implementarlos, serán un disparador de alto impacto en sus ventas diarias. Haga un presupuesto mensual y no lo rebase. Estúdielo detenidamente.

Si tenemos puntos estáticos de venta en centros comerciales, no dejemos de implementar la competencia. Visitemos el centro comercial más cercano y comprobaremos que la actitud de ventas es inexistente. La cultura de la inmovilidad en los puntos de venta no transmite nada, ni entusiasmo, ni energía, ni ganas de comprar. Jamás he visto la implementación de juegos, por ejemplo, que atraigan la atención de los transeúntes. Parecen empleados robóticos que no ven el momento de irse a la casa.

También las motivaciones intangibles tienen un alto impacto psicológico, un aplauso de todo el personal a algún empleado que queramos premiar, un apretón de manos, una felicitación verbal ante toda la empresa o a solas, tomar un café por la mañana con esa persona… Todo tiene un efecto cascada si sabemos implementarlo con método y con cada integrante del plantel de ventas. Pongámonos en acción.

Capítulo 15:

Planes motivacionales. Tu propio multinivel desde cero

«Busco hombres que crean que no hay cosas imposibles».
HENRY FORD
«El dinero normalmente se atrae, no se persigue».
ELY RAMÍREZ

Nuestra propuesta se basa en tener un costo bajo por cada venta para una estructura de unos cincuenta individuos divididos en cinco grupos de coordinadores.

Las ganancias se deben componer, en primera instancia, de un sueldo básico, el más básico posible dependiendo del país y de las leyes que lo rijan. El mínimo estipulado por el Gobierno será el correcto. Dar un sueldo fijo será sinónimo de tranquilidad, cosa que nuestros vendedores necesitan. Es dar una base con la cual moverse.

Es la inversión importante que debemos tener en cuenta. La felicidad de nuestros empleados, en definitiva, será también la nuestra. Solo pensando en ello obtendremos un millón de dólares el primer año y más, se lo aseguro por propia experiencia.

Luego sumamos una comisión pequeña según el importe del plan vendido y por cliente activado. Hemos llegado a pagar entre dos dólares por un cliente pos pago celular o veinte por un cliente de seguridad electrónica cuando la mayoría pagaba cien.

Acá quiero remarcar un error que cometen muchos empresarios. Por temor, suelen pagar una comisión muy alta desde la primera venta. Hemos visto comisiones a vendedores de hasta cien dólares. Es ahí donde un vendedor se adormece, pierde la motivación y deja de producir, ya que con tres o cuatro ventas en el mes está hecho, así piensa el común de la gente que no es profesional en el rubro de las ventas y que son el 90 % de los casos con los cuales lidiaremos.

Es fundamental pagar grandes importes a grandes producciones, nunca a pocas ventas, pues generaremos todo lo contrario de lo que pretendíamos: el conformismo.

Otro ejemplo fue en Medellín, Colombia. Los distribuidores percibían una comisión base por televisión e Internet de unos 250 000 pesos colombianos y le pagaban al vendedor 210 000 pesos colombianos, un verdadero error grave; prostituían el mercado de una forma tal que nunca había visto hasta ese momento.

En nuestro caso, sumaremos los bonos meta por haber alcanzado una producción predeterminada. Estos empiezan en cien dólares y se incrementarán cada tanto número de ventas, y así sucesivamente, siempre teniendo en cuenta poner cifras altas de producción, pues si ponemos cifras bajas, eso es lo que obtendremos. Todo radica en mentalizar las metas.

Si inculcamos en el subconsciente de la fuerza de ventas cifras bajas, damos a entender que no somos capaces de lograr cifras más altas como ejemplo.

Nuestra cifra mínima debe comenzar, en telefonía celular, en treinta contratos pos pago al mes por vendedor y se prolongarán los bonos cada diez nuevos contratos hasta los setenta contratos mensuales en ocasiones.

Muchos vendedores, en nuestro caso, obtenían cincuenta, algunos sesenta y el promedio rondaba los cuarenta contratos mensuales activados, aunque vendidos sin activar, por diferentes razones, se disparaban siempre al doble, los cuales eran rechazados por la parte de crédito de la multinacional por diferentes razones. A todo ello sumamos la serie de incentivos mensuales que hemos visto para llevar la motivación al extremo.

En conclusión, son cuatro partes en las que se dividen las ganancias: sueldo, comisiones, bonos e incentivos diarios, semanales y mensuales. Si implementamos un esquema multinivel o *Network* como el que propondremos, el sueldo se elimina y pasan a ser todos representantes autorizados de nuestra empresa, que, a la vez, es distribuidora de la marca.

Las metas tienen que ser como la zanahoria que ponemos delante del conejo, pero en este caso siempre deben comerse la zanahoria. No por ahorrarnos unos dólares obtengamos una fuerza de ventas desmotivada y terminemos nuestro proyecto en un fracaso por poseer una avaricia sin sentido ni medida.

Es necesario tener en cuenta que pagar un sueldo base es importante porque evita o disminuye la rotación del personal, o aquel del multinivel que, al comprar la membresía, se hace de un compromiso mayor, difícil de romper.

La comisión, como ya dijéramos, debe ser baja. Depende del producto que estemos manejando: telefonía celular, alarmas, televisión por cable, Internet, cursos de inglés o tarjetas de crédito. Todo debe estar enmarcado en estos parámetros.

Los bonos deben ser fijados con anterioridad y son una de las zanahorias que pondremos por delante, son fijos y mensuales. Estos tienen que ser a la producción alta por vendedor. Los premios son modificables algunos y otros no necesariamente. Todo según el pulso y el ritmo de la venta del día a día, semana a semana.

Un ejemplo de comisiones puede ser el siguiente: para vendedor, supervisor y coordinador, cinco dólares por venta a cada uno, luego al vendedor se le hace un esquema progresivo de premios, teniendo en cuenta que a las diez cuentas obtendrá cien dólares/euros, a las veinte serán otros cien y a las treinta ya sumaremos en premios trescientos, lo que nos da como resultado siempre el mismo importe en comisiones, quince dólares por cuenta. Así lo aplicaremos a los otros rangos en la misma proporción y observando que la ganancia neta de la empresa no baje del 35 % descontando los costos también.

Una de las estrategias más motivacionales que conozco para vender un producto es el famoso esquema de *marketing* que comúnmente llamamos multinivel, *Network* o redes de mercadeo. Acerca del mismo existen sus críticos y detractores y también sus seguidores. Veamos, entonces, qué dijeron los que saben:

«Si yo tuviera que volver a hacerlo de nuevo, en lugar de construir un negocio al estilo tradicional, yo optaría por construir un negocio de mercadeo en red».

DONALD TRUMP

«Es hora de que la gente empiece a preocuparse de su propio negocio.

Tener un trabajo significa que usted cobra por preocuparse por los negocios de otros. En esta nueva economía, lo inteligente será pelear por el negocio de uno mismo, y el network marketing le ofrece esta posibilidad».

ROBERT T. KIYOSAKI

«Las personas más ricas del mundo construyen redes.

Todos los demás están entrenados para buscar trabajo».

ROBERT T. KIYOSAKI

«Yo prefiero el 1 % de cien que el 100 % de uno. No existe mejor inversión en el mundo que los negocios de network marketing».

WARREN BUFFET

«El mercadeo en red es una respuesta nueva para un mundo que cada vez tiene menos seguridad en el trabajo».

ROBERT T. KIYOSAKI

Mi primer multinivel fue en la telefonía celular y en seguridad electrónica. Para ello he armado un sistema donde fusiono todos los tipos de organización de ventas que he probado.

Es un esquema completamente inédito de organización de redes de mercadeo que llamo NECXUS. Empecé en Panamá con seguridad electrónica y lo he repetido en Colombia con una marca de telefonía y televisión en ese país.

La forma de armar su red de distribución para potenciar la red de ventas la basaremos en las unidades de fuerza de ventas, instruyendo a la red en cómo conformar estas estructuras para proyectar potenciales ventas y no dejarlos librados al azar, como en la mayoría de estas estructuras de mercadeo, sin descartar los clásicos bonos iniciales y por generaciones típicos de esta forma de hacer negocios.

El multinivel, *Network* o red de redes es una estrategia de *marketing* que está orientada a quienes deseen tener un negocio en forma independiente con baja inversión como distribuidores de productos o servicios de alguna empresa del mercado o como empresarios que vean este sistema como alternativa a lo tradicional para comercializar a través del mismo algún tema propio.

Se basa en la recomendación para la venta de los productos y en el reclutamiento de potenciales distribuidores. La idea es que esos distribuidores sean también consumidores del producto o servicio. Las recomendaciones son premiadas con importantes bonos y comisiones.

El trabajo del distribuidor es básicamente crear volumen de ventas incorporando a la vez a otros distribuidores asociados a él mismo que, a su vez, creen sus propias estructuras.

El negocio se vuelve interesante toda vez que se recibe un porcentaje por todo el volumen de ventas de su red de asociados. No es una pirámide, sino más bien una gran red de contactos organizados para desarrollar la venta de un producto o servicio.

Tiene dos características muy interesantes: que es un negocio llave en mano con ingresos residuales.

En este tipo de esquema de ventas hay cuatro pasos fundamentales que tener en cuenta: la captación a través de las redes sociales de nuestros potenciales asociados mediante un embudo de *marketing* con robots de Facebook e Instagram, luego hacer una selección inteligente de nuestra primera línea en la organización, donde tal vez tengamos que hacer previamente un tamizado para encontrar aquellos cuatro que nos acompañen en el inicio de nuestra red de distribución.

Nosotros empezamos poniendo avisos en un portal de búsqueda de trabajo y allí pudimos encontrarlos. Es otra buena forma de empezar, convocar amigos o conocidos del ámbito laboral.

Básicamente, les proponemos ser dueños de un concepto de negocio ya funcionando y con un gran potencial que, a su vez, buscan a otras personas con espíritu emprendedor para que juntos hagan crecer el negocio.

Es un negocio donde la logística, el plan de *marketing*, la parte contable, entre otros, están ya solucionados. Son negocios similares a una franquicia, pero convengamos que para comprar una se debe tener mucho dinero; en cambio, en este tipo de empresas, la gente se asocia aportando poco capital.

Quien ingresa a la red debe poner todo su empeño solo en vender los productos o servicios y hacer crecer la organización en profundidad.

Fundamental es el reclutamiento de nuevos aspirantes a distribuidor, una selección inteligente de mis cuatro pilares, primera generación o mis cuatro coroneles, a los cuales les debo dar un entrenamiento permanente y orientar todas sus energías hacia el mismo objetivo.

No podemos pasar por alto un fuerte programa motivacional de premios tangibles —premios en efectivo, viajes, etc.— e intangibles —diplomas, pines, cursos, etcétera—.

En definitiva, lo que nos propone el *Network marketing* es trabajo en equipo y tener una estructura de ventas y reclutamiento sin tener que erogar un solo dólar/euro en sueldos, cargas sociales o viáticos, lo que nos permite organizar desde cero una empresa sin disponer de mucho capital.

Lo considero la forma de hacer negocios cuasi perfecta, pues conlleva baja inversión inicial, libertad financiera, viajar a lugares increíbles, conocer gente nueva, disfrutar de la vida sin políticas corporativas, con horas flexibles, sin tener la carga onerosa de los empleados, con un potencial de ingresos ilimitado, libertad de tiempo con ingresos residuales y con un plan de compensación lucrativo.

En nuestro ejemplo, dispondremos de diferentes tipos de bonos e ingresos diarios, semanales, mensuales, trimestrales y semestrales.

En nuestro caso, técnicamente hablando, nuestro esquema es conocido como una matriz de negocio llamada binaria híbrida generacional de matriz forzada.

Existe el multinivel, que es conocido como *Unilever* o matriz forzada, y existe también lo que conocemos como el *Network* —plan binario híbrido—, lo que significa que la empresa paga una cantidad o un porcentaje determinado sobre la base de un volumen de ventas específico.

En esta búsqueda necesitamos encontrar emprendedores que se pongan a la cabeza de un concepto de negocio funcionando y con grandes potenciales de crecimiento. Básicamente, ofrecemos un «emprendamos juntos» perfectamente aplicable al plan de negocios que venimos exponiendo y como complemento del mismo.

Hay grandes empresas a nivel mundial que diagraman el *software* para cualquier tipo de multinivel y que no podemos dejar de visitar para confeccionar nuestra matriz de apoyo para el cálculo de comisiones por puntos y volumen de ventas grupales de toda nuestra red, entre otros.

Generalidades y conceptos

Siempre debemos ver el tipo de producto y hacer pequeños kits de venta de los mismos o paquetes iniciales de negocio.

Determinar cuánto vale el punto para poder calcular el volumen de calificación, donde cada vez que el sistema verifica la compra de un producto agrega estos puntos de calificación a la cuota de ventas del *up line* para calificar el pago de comisiones.

Supongamos que, en nuestro caso, un punto vale diez dólares. Es decir, si uno de mis productos vale cien dólares, acumularé diez puntos.

Debemos tener en cuenta fundamentalmente el concepto de «volumen grupal», que es aquel que se calcula en base a las comisiones de toda la red, es decir, al cheque que cobra toda la red que tengo por debajo de mí en mi organización.

Existen principalmente dos variables de comisiones: volumen grupal es la comisión sobre el total del volumen del cheque; volumen de calificación expresado en puntos, que mide la cuota de requerimientos de ventas.

A medida que un distribuidor avanza de rango, se pasa de pagar comisiones por volumen de venta personal en cada nivel a comisiones que se pagan por el volumen de grupo.

Dicho esto, a continuación, el análisis uno a uno de estas revolucionarias ganancias para nuestro ejemplo, donde existirán cuatro tipos de bonos, a saber: los bonos de enrolamiento, residuales, de liderazgo y de competencia.

Tipos de bonos

El primero que podemos encontrar es el ingreso por ventas directas. Son el cimiento de esta oportunidad. El distribuidor gana y recibe un beneficio inmediato por la venta. Generalmente, de pago semanal. Si deseamos obtener una ganancia rápida y fácil, será la mejor opción la venta al por menor con un porcentaje importante de ganancia, pues nuestro producto evita a los intermediarios. Su función es como la de una tienda que ofrece acceso a increíbles productos que satisfacen necesidades. Cada distribuidor debe tener un *link* propio clonado de nuestro sitio web.

Bonos de enrolamiento

El primero de ellos es el famoso de ingreso rápido, que es aquel que invita a ganar dinero emprendiendo. Las comisiones de auspicio compensan los esfuerzos en el reclutamiento de nuevos integrantes. La cantidad de dinero de este bono está basada en el nivel en el que sus nuevos patrocinados entren al plan.

Para ello, debemos poner en marcha un sistema que reclute por nosotros basado en robots para redes sociales.

En nuestro caso, debemos crear el reclutamiento permanente en las llamadas jornadas de reclutamiento, colocando avisos en las principales webs, periódicos, posteando piezas publicitarias y videos explicativos en redes sociales, donde aplicaremos un túnel o embudo de *marketing* de reclutamiento en donde la gente que llegue será aquella que realmente esté interesada en participar.

Todo ello para reclutar nuevos distribuidores. Cada distribuidor pagará una membresía para ingresar. El promedio de las mismas ronda los mil dólares y en otras latitudes puede ser inferior dependiendo de la relación peso-dólar de cada país y sus circunstancias económicas.

Por cada persona que uno ingresa a la red, cobra generalmente entre un 10 % y un 20 % del importe de ingreso. Este bono se paga por única vez.

La inversión se recupera fácilmente, por lo general; la membresía inicial es respaldada por la compra de productos y, si fueran servicios, se podrá cobrar en concepto de materiales, gastos contables, administrativos, capacitaciones semanales, uniformes, material publicitario, oficinas virtuales para reuniones, la compra de los centros de negocios en el *software* más un sitio web personal.

Otro bono es el **bono por mentoria,** donde quien patrocina debe poner en marcha un programa que llamamos «mentor», donde alecciona a su nuevo socio en la red en cuanto a producto y esquema de negocio. Es premiar a quien haga vender una cierta cantidad de volumen en sus primeros treinta días, partiendo desde un mínimo de cuatro miembros nuevos.

El tercer bono es el **súper patrocinio**, que consiste en que los nuevos distribuidores pueden recibir una gran bonificación al comienzo de sus operaciones, sin importar el tiempo que lleven en la compañía.

El 1% de la facturación mensual del total de ventas y patrocinios y que se distribuirá entre las tres personas que más paquetes de patrocinio promocionen por mes. Es premiar el esfuerzo en el reclutamiento de nuevos distribuidores.

También, en un inicio, podemos solicitar mediante redes sociales o periódicos la incorporación de socios fundadores si necesitamos dinero inicial de inversión; es mejor que acudir a un banco, donde, por lo general, son reticentes a prestar a quienes son nuevos emprendedores y a los cuales se les venden pequeños paquetes de acciones de la sociedad que tengamos.

Bonos residuales

Son bonos basados en el volumen de venta grupal de nuestra línea descendente o *down line*. En nuestro esquema desarrollaremos cinco muy agresivos, a saber: el generacional, el bono por centro de negocio de la vertiente débil, el de compensación sobre vertiente fuerte, el bono igualación y el de medio aguinaldo.

El primero de estos es el bono generacional, que es el residual. En este bono se gana por cada una de las generaciones que se han ingresado directa o indirectamente en las jornadas de reclutamiento o por invitación, y puede ser desde la primera hasta la séptima generación en nuestro ejemplo. Con este bono se premia el trabajo en equipo de los asociados a largo plazo.

Se basa en formar dos centros de negocios en los cuales se inauguran dos vertientes, derecha e izquierda. Por ejemplo, asocias a dos personas en uno de los centros de negocios y otras dos en el otro; estos cuatro serán la primera generación. Luego entran en el equipo dos personas más que asocia uno de los que asociaron previamente, por lo que son su segunda generación, llegando así hasta la séptima generación en profundidad. El fundador de esta red solo tendrá que conducir a los cuatro de la primera generación en sus dos centros de negocios y monitorear de cerca a sus otros dieciséis de su segunda línea de sus dos centros de negocios.

Son comisiones por volumen grupal (VG) del equipo de trabajo hasta la séptima generación en su árbol de patrocinio. Los distribuidores tienen que generar volúmenes de ventas en su organización descendente, balanceando las ventas entre ambas vertientes. Cuando se llega al rango de mil puntos —o los que usted disponga— sumando las dos vertientes, se accede a un cheque del 10 % hasta el 50 %, dependiendo de la posición o rango en el esquema sobre la primera generación del VG. Y, además, se accederá a un 5 % del cheque del volumen de comisiones percibidos por la segunda generación hasta la séptima en profundidad.

Cada persona que yo asocio personalmente, por la que ya cobré por única vez en concepto de «inicio rápido», va a formar parte de mi primera generación.

Yo puedo asociar sin límite a la gente que quiera, y sin importar su lugar en el árbol del volumen de equipo ni cuándo la asocié, si fue asociada por mi persona siempre va a ser mi primera generación.

La gente que mi primera generación asocie va a ser su primera generación y mi segunda generación. La gente que mi segunda generación asocie será mi tercera generación, y así sucesivamente. Por cada una de mis generaciones, de la segunda a la séptima, voy a cobrar un porcentaje del 5 % de su volumen grupal de comisiones (VG), es decir, de todos sus cheques.

La primera generación son cuatro personas; la segunda son dieciséis personas; la tercera suma sesenta y cuatro personas; la cuarta equivale a doscientas cincuenta y seis personas; la quinta serán 1024 personas; la sexta generación son 4096 personas, y la séptima, 16 384 personas. De cuatro en cuatro, así de simple.

Suman un total de 21 844 personas en mi árbol de generaciones patrocinadas.

¿Se imaginan el potencial de 21 844 personas, o mejor llamados en esta jerga *net workers*, vendiendo un producto?

Dos temas que vamos a tener en cuenta: la compresión, que es un mecanismo para pasar por alto a los distribuidores que no han calificado o que están inactivos, donde solo son pagados únicamente por los niveles activos de distribución. Y el *spillover*, que es cuando quien patrocina a sus vertientes A y B no logra que B desarrolle o reclute sus dos vertientes. Entonces, el mentor del equipo recluta dos nuevos miembros y los ubica debajo de B.

El segundo bono es por centro de negocio, donde cada distribuidor construye esas dos organizaciones basadas en sus dos centros de negocio. Esta estructura de dos organizaciones le permite crear profundidad en su grupo y asegurar recibir un excelente apoyo de la línea de auspicio. En esta comisión recibirá el 10 % del VG mensual.

No hay un límite de personas que asociar, y toda la gente que asocie se coloca en la vertiente derecha o izquierda, tratando siempre de mantener equilibradas las dos. Cada asociado, a su vez, va a abrir dos vertientes más y va a ir asociando gente que también va a asociar gente en sus propias dos vertientes, y así sucesivamente. Lo que se va armando es un árbol que crece exponencialmente.

Cada fin de mes, la empresa va a sumar los puntos de la vertiente derecha e izquierda más las dos vertientes de cada asociado y va a pagarme y pagarles a todos el 10 % de los puntos acumulados en la vertiente débil, es decir, la que sumó menos puntos.

El tercer bono es el de compensación. Si el volumen entre ambas vertientes supera los tres mil puntos, por ejemplo, o los que usted disponga en su plan de negocios, obtiene una compensación del 5 % sobre el volumen total de la vertiente fuerte hasta un límite que usted elija, al igual que la cantidad de puntos requeridos para compensar esta vertiente.

El cuarto es el de igualación. Compensa con el 5 % de VG sobre todas sus vertientes más débiles. En los dos centros de negocios se suman solo los puntos de las vertientes débiles de los mismos, en cada centro de negocios tienes dos vertientes y, a su vez, una vertiente va a superar a la otra en cuanto a volumen de negocios; para este bono, tú tomas siempre la vertiente débil de un centro de negocios, CN1, y la vertiente débil del otro centro de negocios, CN2, sumas ambos puntos y de ellos sacas el 5 % y lo multiplicas por lo que vale cada punto, que se estipulará su valor desde un principio —un euro equivale a diez puntos, o el que se ajuste más a sus cálculos—.

Siempre debe aplicar una condición mínima de puntos para poder obtener estos bonos, es decir, pueden participar todos aquellos distribuidores que tengan X cantidad de puntos.

El quinto bono es el mega medio aguinaldo. Se aplica sobre los puntos obtenidos en la vertiente más débil de mi red cada seis meses. Igual operación que la anterior. Se obtienen, supongamos, en esos seis meses 10 000 puntos. A ello se le saca el 5 % equivalente a quinientos puntos, los que se multiplican por lo que vale cada punto en la moneda local.

Bonos liderazgo

El primer bono es el fondo global común, que aplica para quienes adquieran un plan intermedio en la organización y en adelante. Equivale a un 3 % de las comisiones por volumen de ventas de todos los distribuidores; participando con un mínimo grupal de X cantidad de puntos del volumen de comisiones, se divide entre todos los que hayan alcanzado ese volumen.

El segundo bono, desarrollando líderes, que se cobra por cada línea de generación adicional que se genere y se mantenga por trimestre, con un mínimo de mil puntos de VG, y se cobran quinientos dólares —ejemplo— por cada una de las líneas que formamos.

El tercer bono es el de igualación y aplica a los tres meses consecutivos en que se logra acumular un mínimo de tres mil puntos del volumen grupal (VG), es un ejemplo, y se obtiene un 5 % del VG total de la primera generación, es decir, de todas las bonificaciones y cheques de esa primera generación.

El cuarto es el *bonus fast,* que es para aquellos que formen tres nuevos distribuidores con doscientos cincuenta VG en su primer mes.

El quinto es el *fast & furious*, que aplica cada vez que un distribuidor genere una estructura del *bonus fast* durante tres meses seguidos. Cobra el doble de lo que se paga en el *fast*.

El sexto es el de avance de rango. Con el plan de compensación, los miembros del equipo ganan por sus logros en cualquiera de las posiciones dentro de la estructura de distribución. Se cobra a partir de un rango determinado y cada vez que se asciende un nivel se cobra un cheque por única vez.

Debe tener un mínimo de volumen para ascender que figurará en la última columna de una tabla de requisitos. A todos los cargos se les deben especificar misiones que cumplir y territorios o ciudades que conducir en cada uno de los cargos, donde además deben enseñar, reclutar, organizar y vender.

Bonos de competencia

El bono campeonato. Todos los meses compiten todos los grupos o unidades de negocios entre sí, eliminándose semana a semana. Compiten por pares y en diferentes grupos de rangos.

Luego los ganadores de cada etapa pasan a la siguiente semana, y así hasta la última semana del mes, hasta obtener un ganador en cada categoría, el cual se lleva el 1 % del VG de cada rango de la línea de negocios global en el cual califica.

El bono placeres accede a diferentes premios, como viajes, televisores, celulares, motos, etc.

¿Cómo logramos desarrollar nuestro esquema? Es solo con un deseo ardiente, conducta de trabajo, mentalización de las metas, perseverancia, no rendirse jamás, capacitación constante, eliminar la negatividad con actitud 100 % positiva, saber escuchar los consejos de su patrocinador y el trabajo en equipo eran el motor del éxito.

Nosotros lo logramos con una marca de primer orden, pero cabe en todo sentido y lugar implementar este tipo de negocio donde la gente común puede invertir una pequeña suma de dinero, incorporarse a una organización funcionando y así alcanzar recompensas económicas fuera de lo común. Lo más osado que recomendamos es montar su propia historia.

Utilizar los recursos de la web.

Prospectar en automático con robots en las redes sociales

Primero y principal, crear una marca con su logo y buenas fotos profesionales en un Facebook, una Fan Page, un sitio web para captar datos también conocido como funnel, mas un Instagram y un canal de YouTube, y todo ello para conseguir viralidad de tu marca.

Para un Funnel o embudo de ventas podemos contar con aplicaciones como Click Funnels o Exur de Dan Goldsmith para embudos de marketing y Landing Pages. Para crear APPs para redes sociales podemos utilizar appypie. Son solo algunas de tantas que existen pero son las que yo uso por lo general.

Página de fans en Facebook

Crear un grupo y tráfico mediante interacción, relacionar el público y armar el propio grupo. Disponer un presupuesto diario para *business manager* de Facebook. Poner ubicaciones en automático. También tener en cuenta que Facebook me cobre cuando me dan «me gusta».

Publicando en Facebook llegué a tener 50 000 seguidores en esta red social cuando tuve dos restaurantes en Panamá. La verdad es que disponer publicidad pagada en Facebook sí sirve, ¡y mucho! Y luego también combinarlo con Ads de Google, sin olvidar tener una cuenta de empresa de Instagram para generar estadísticas. Siempre mis restaurantes se mantenían llenos.

Explorar los mejores mercados para poner en venta nuestros productos a través de nuestra página de Facebook o cuenta de Instagram. Tenemos algunas herramientas como **Google Trends**, que permite observar las tendencias de los términos o palabras claves en el buscador de Google más singulares para el producto que nos compete; otro muy importante para poder saber a ciencia cierta la región o ciudad en las cuales enfocar nuestras campañas es el **Cross Border Insights Finder**, el cual compara las principales oportunidades para conseguir los mejores resultados, y la última, que es pagada, llamada **SEMrush**, que es completísima para hacer SEO en redes.

Crear canal de YouTube

Creando una cuenta en Google Ads y nuestra página en YouTube.

Creamos publicidad mediante Ads YouTube. Hacemos el video con el celular si no disponemos de grandes medios y luego podemos usar plataformas como Movavi o tantas otras para editarlo. Lo llevo a mi canal y a la página web de captura de datos. Continuamos hacia presupuesto en Google Ads. Ejemplo: un dólar equivale a cien visualizaciones por día.

Cómo crear una campaña

En Google Ads disponemos de una opción para crear campaña de *marketing* de imágenes y videos específica para captar la atención del público objeto de la campaña, en este caso, que ingresen a la red y consuman el producto.

Debemos haber desarrollado un video corto de treinta segundos a un minuto, tipo *selfie*, donde llamemos a tomar parte de la organización y los beneficios que adquirirán en la misma, y para que luego nos contacten por WhatsApp dejando comentarios.

En ese momento, enviamos nuestra API de WhatsApp —*link*— . Enlazamos todas las redes. Otra opción es disponer de un *link* a tu página web, donde podrán encontrar un video informativo más extenso, explicando en detalle la propuesta y el potencial de ganancias sin decir el precio de la membresía aún, ingresar a la red y ponerse a vender los productos.

Solo en esta etapa preparamos a los interesados para la llamada que deberemos hacer para concretar el cierre personalmente. Enviamos un WathsApp para indagar en qué estado está el contacto indagando, si ya vio el video informativo y evacuar posibles dudas.

Para crear la API de WhatsApp y contestar en automático el mensaje que programemos, debemos, mediante Google, buscar «API de WhatsApp», leer la explicación y disponer un texto previamente pensado, por ejemplo, «quiero información del negocio».

Con respecto a Facebook, debemos publicar en grupos nuestro post pidiendo sugerencias según nuestro negocio en no más de cinco grupos al día, pues nos pueden bloquear.

Podemos guiar a la gente interesada directamente desde Facebook hasta nuestro WhatsApp y disponer una auto respuesta con el robot de WhatsApp: «Gracias por tu interés en la conferencia gratuita, para asistir al evento, contáctanos», por ejemplo. Siempre responde con una imagen, texto, audio y *link* al video.

Crear un embudo de marketing

Utilizar plantillas de páginas de captura de datos y montar los videos allí, hay muchas en Internet. Allí se inscribe la gente con su *e-mail*, generando una base de datos. Miran el video de un minuto y luego el informativo de quince o veinte minutos para al final contactarnos al WhatsApp. Algunas de las empresas que ofrecen el servicio son Click Funnel, Exur, Hotmart, entre otras. También podemos usar MANYCHAT, son robots para contestar vía mensajería en automático.

Robots de Facebook

Podemos usar los robots que nos propone Facebook o utilizar otros, como el Mega Publicador V3, que comparte en miles de grupos a la vez y te hace conseguir prospectos en automático y puedes programar. Tiene un costo mínimo mensual.

Robots de Instagram

Consiste en seguir y dejar de seguir personas basándose en *hashtags*. Envía mensajes automáticos a todas las personas que te agregan como amigos en Instagram. Existen varios *softwares* Jarvee o Joolstar, con costos mínimos mensuales o pagar a empresas, donde se compran seguidores en todas las plataformas, lo cual no recomiendo mucho ya que no son fiables estos seguidores comprados.

Robots de WhatsApp

Existe uno llamado Auto responder for WA. Está solo disponible para Android. Responde en automático de manera personalizada usando reglas que tú crees para responder en segundos. Hay que combinarlo con el uso de API.

Conclusión, sepamos que este método basado en la recomendación y en la venta es uno de los mejores esquemas para tener en cuenta a la hora de implementar un negocio si se realiza seriamente y con responsabilidad.

Capítulo 16:

Funciones administrativas

«Una persona es tanto más feliz cuando menos deseos inútiles tiene».
BUDA
«La imaginación es más importante que el conocimiento».
ALBERT EINSTEIN

El administrativo de equipo es el que completa un grupo de ventas en nuestro esquema. Por cada unidad de fuerza de ventas, debemos implementar un administrativo personalizado para el tratamiento de las cuentas para dar mayor eficacia y versatilidad a la presentación correcta de los contratos.

Es un trabajo coordinado entre la administración y la venta. Donde existan desajustes entre ambos perderemos mucha venta. Como el aplauso, que necesita de dos manos para sonar, es como debe interpretarse esta unidad de trabajo. El 50 % de la efectividad en ventas pertenece a la administración y el restante a los grupos de comerciales.

Es aconsejable disponer bonos a la calidad de las cuentas para el departamento administrativo y no a la producción en un ámbito donde exista la posibilidad de baja de clientes.

En el ámbito administrativo hay diferentes áreas, como vimos en párrafos anteriores, que debemos cubrir. Uno de los importantes es el de seguimiento telefónico de los clientes, ya sea para evacuar inquietudes o solicitar referidos. Debemos cuidar el detalle en la llamada de calidad que haremos posventa. Es aconsejable redactar un diálogo eficaz de venta o atención telefónica para no descuidar y dejar librado al azar tan importante instancia.

No debemos confiar en quienes hablan en voz baja en las llamadas telefónicas, pues, por lo general, no están desarrollando la llamada correctamente y están robando nuestro tiempo, afectando a una atención al cliente de calidad.

Es importante evitar los elementos que se pasan mucho tiempo en Internet; son nocivos, pues dedican parte de este tiempo a navegar y a perder horas de nuestro tiempo.

La administración debe contar con un responsable o coordinador general y un equipo de administrativos que estén en el control meticuloso y ordenado de la preparación y entrega de facturas, instalaciones o entrega de equipos, control de *stock*, depósitos de dinero de clientes, llamados a postulantes de los avisos, carga de datos de nuevos clientes en el sistema para el departamento de análisis, estar pendientes de hacer una auditoría y llamado de calidad apenas sale el vendedor del cierre para corroborar datos y la veracidad de la información suministrada, también llevar a cabo negociaciones telefónicas con clientes difíciles.

Ya en el ámbito de la relación con la corporación, debemos estar en permanente contacto, atendiendo las sugerencias, servicios técnicos o posibles fallas en los equipos. Debe preparar la presentación de planillas, fotocopias, contratos, archivando también currículos de asistentes a capacitaciones.

Debemos montar en Excel una auditoría que llevar a cabo por cada cuenta. Facilita el pago de comisiones y muestra sintéticamente, en forma general, las operaciones del mes. La misma debe contar con el día de la venta, los datos del cliente, el producto que compró, quién vendió, supervisor y coordinador, más quién entregó o instaló, los datos de contacto y facturación. También debemos agregar el estado de la cuenta si se encuentra aún en proceso, está de baja, activada o incompleta, marcando las activas con un color amarillo, por ejemplo.

En el caso de los teléfonos celulares o productos similares que usted vea conveniente, es una buena práctica que la entrega del equipo la haga una organización separada del ámbito de la venta. Será una estructura que podemos armar en base a personal con disponibilidad de autos o motos y que conozcan muy bien la ciudad con seguimiento de GPS.

No optaremos por la entrega de un equipo por parte del vendedor, pues distrae la atención del mismo en el objetivo fundamental, que es la venta de nuevos clientes, y evitar de esta forma posibles fraudes de cuentas al quedar todo en manos solo del vendedor. Pudimos observar cómo distribuidores caían en innumerables fraudes por esta razón.

En este organigrama, utilizaremos un jefe de entregas a domicilio que armará las rutas diarias que cubrir y contactará a los clientes para combinar los horarios de las mismas. Controlará también que todas las unidades entreguen en tiempo y forma los equipos y solicitará las hojas de conformidad, que deberán firmar los clientes a quienes les entreguen el equipo adquirido. Son los encargados del cobro de depósitos, cuotas o importes por compra si los hubiera. También corroborarán domicilio, documento de quién recibe el equipo, preferiblemente sacando una foto con el celular de la cédula de quien recibe.

Existirá un área de crédito o mesa de control administrativa, otra de atención a clientes que llamará a toda la cartera de usuarios, si es un servicio el que estamos vendiendo, una vez al mes para verificar el grado de satisfacción del cliente, resolviendo posibles servicios técnicos no detectados aún por la auditoría. Pasará clientes disconformes para su posterior atención.

Para estos seguimientos se utiliza una planilla o ficha de atención al cliente, llenando una por cada uno y archivando mes a mes para darles un seguimiento posterior.

Cada ejecutivo tendrá a cargo tres meses de seguimientos del mismo cliente. El área de *stock* hace firmar numeración que entrega en la planilla correspondiente. Verifica que esté firmada la hoja de control de calidad por el cliente. Controla el *stock* de equipos, folletos, uniformes, anotándose en una planilla cada ítem.

En cuanto al perfil que buscamos en la administración, debemos matizar entre aquellos que tengan un perfil meramente administrativo y aquellos que tengan inclinación y empatía por las ventas. Incluso puede ser un auxiliar contable o de carrera administrativa, pero sobre todas las cosas debe ser muy ordenado y con mucha iniciativa.

Los mejores elementos, por lo general, son aquellos que no se pasan una hora leyendo y releyendo el contrato laboral, pues son producto de la desconfianza, del miedo y de la negatividad, que provienen de malas experiencias donde los mal predispusieron.

En el ámbito de nuestras oficinas podemos instalar un mercadeo telefónico de *telemarketing* basado en algunos puntos que no debemos pasar por alto. Primero y principal, debemos implementar un manual con las coordenadas que debemos tener para cada caso y llamada. Tener en cuenta un guion de ventas que incluya objeciones y un manual de cierre por teléfono. Se deben hacer turnos de cuatro horas para aquellos que se aboquen de lleno a esta tarea. Cada grupo de operadores debe estar motivado y orientado por un supervisor. Por cada turno deben existir dos equipos trabajando y compitiendo. Implementar los campanazos como forma de comenzar o terminar ciertos momentos de llamadas o incentivos momentáneos. Implementar una batería de incentivos intangibles y tangibles. Buenas comisiones por rescatar contratos que desistieran de su compra acompañados de bonos y premios. Si existiesen referidos, debemos disponer de algunos vendedores que estuvieran prontos a ir a un cierre de venta a medida que van saliendo las operaciones telefónicas.

Capítulo 17:

Inversión inicial y costos fijos empresariales

«La envidia en los hombres muestra cuán desdichados se sienten, y su constante atención a lo que hacen o dejan de hacer los demás muestra cuánto se aburren». ANÓNIMO

Hablemos, entonces, de cuánto necesitamos invertir. Debemos calcular una inversión inicial que se debe prolongar para soportar la preapertura, el lanzamiento y los primeros tres meses de costos fijos.

Llamamos preapertura al proceso de confección de la sociedad comercial, el alquiler de las oficinas, el mobiliario y todo lo que implica la preparación del material de ventas —uniformes, carpetas, material promocional, camionetas en alquiler, *plotters*, imprenta, colgantes para puertas y calcomanías—.

En cuanto al lanzamiento, nos referimos a la conexión de Internet, una fotocopiadora, impresora, las comunicaciones, cámaras y alarmas de seguridad, GPS para los vehículos relacionados con la empresa, el dinero para los incentivos diarios y del primer mes en premios, el dinero para la gasolina diaria, los avisos en el periódico o en la web de búsqueda de empleo, el café de la mañana, material de limpieza de las oficinas, material de oficina de uso diario —pizarras, papel de impresión, lapiceras, etcétera—.

En cuanto a hacer frente a la primera andanada de costos fijos, se refiere a cubrir aquellos que no podemos obviar hasta el cobro de nuestras primeras comisiones que, por lo general, las corporaciones pagan entre los quince y treinta días después del cierre del mes, mientras que otras cada quince días para mantener un flujo de caja a sus distribuidores.

Quiere decir que debemos solventar por lo menos tres quincenas de sueldos en el caso en que nuestra marca no nos subvencione los mismos.

Debemos hacer frente al segundo mes de alquiler, la luz, el mantenimiento de las oficinas, el pago de las comunicaciones —celulares y teléfonos fijos—, prever el pago de todos los insumos y servicios.

Vuelvo a comentar que algunas corporaciones internacionales invierten mucho en sus distribuidores apoyando con los alquileres o sueldos y gastos fijos; por ende, en estos casos, su inversión realmente se transforma en mínima.

Debemos tener en cuenta los meses de depósito por alquileres. Tener un computador de mínima. El mobiliario de la oficina. Un proyector para proyectar nuestras capacitaciones, para lo cual debemos disponer de una *laptop* también. Uniformes, polos y gorras. Estamos hablando aproximadamente de unos quince mil dólares/euros; para en un año o dos ganar un millón no está nada mal.

Recordemos que este es un negocio que nos deja de un 35 % a un 50 % de ganancia al final de nuestros costos.

Lo importante, como he mencionado en este libro, es la fe, la convicción, la fuerza, la perseverancia y la visión que determinemos tener para el logro de nuestros objetivos. No tenemos suficiente dinero para implementar de entrada toda esta batería de material de ventas e incentivos; en los primeros cobros de comisiones lo obtendremos, y con creces. Cambiará nuestra vida definitivamente. Que nada ni nadie nos detenga. Cerremos las puertas a los comentarios y personas negativas, aislémonos de las amistades y familiares si es necesario, un tiempo, sobre todo, para poder concentrarnos y no tener que escuchar las letanías de quienes nada tienen que aportar.

Nosotros también fuimos de aquellos que comenzamos invirtiendo nuestros últimos recursos y rápidamente multiplicamos por cien en los primeros seis meses nuestra inversión. Así nos ha sucedido siempre, y aquí está el secreto, volcado en estas páginas.

Sigan sus sueños con fe, concentración mental, acción y siempre se harán realidad, no hay opción para el fracaso, salvo que ustedes mismos lo proyecten o entre por alguna rendija la suave brisa adormecedora de la negatividad.

Capítulo 18:

Interacción con la corporación y sus directores

«Ser excelente es hacer las cosas, no buscar razones para demostrar que no se pueden hacer».
MIGUEL ÁNGEL CORNEJO
«El pasado es historia, el futuro es un misterio, hoy es un regalo, por eso se le llama presente».
ANÓNIMO

En comunicaciones y seguridad electrónica son los nichos de negocio con los cuales desarrollamos mayor compromiso en el tiempo y la organización de ventas que proponemos.

La interacción entre nuestra empresa y la corporación es muy importante, es la base en la que debemos fundar el respeto, el amor por la marca que representamos y el compromiso con los objetivos de la misma. Debemos coordinar constantemente nuestro accionar.

Ante la menor situación de conflicto, lo que dicta nuestra experiencia es que no conviene enviar un *e-mail* de queja a un superior de la cadena de mandos, es mucho mejor levantar el teléfono o hacernos una escapada hasta las oficinas para mantener una charla cordial y poder solucionar el inconveniente. Siempre aportar lo mejor de nosotros, la consulta debe ser permanente y, si podemos dar una mano en cuanto al aporte de ideas a la corporación, mejor aún.

En ocasiones veremos cambios imprevistos en la conducción de estas. Los mismos se producen debido a que las direcciones comerciales no encuentran el camino para desarrollar una exitosa distribución del producto. No saben cómo conducir una organización de distribuidores, no conocen sus necesidades, no escuchan y tampoco hablan, solo ejecutan políticas, y algunas veces destructivas, sin asumir los errores producto de empleados corporativos sin la suficiente experiencia.

Un ejemplo de lo que nos puede tocar lo detallamos a continuación, y que pinta de cuerpo entero una situación que, si bien no es muy normal que suceda, es un extremo con el cual en algún momento nos podamos topar al ser una dirección general de una multinacional con una paupérrima organización interna.

Existían cuatro empresas de telecomunicaciones en panamá en 2009. Según una nota del periódico *La Prensa* del 13/01/2010, el diario de mayor tirada del país, en ese año, entre todas estas compañías habían vendido un total de unos 42 000 nuevos contratos pospago en todo el país. Nosotros con nuestro distribuidor en ese año vendimos el 15 % de ese mercado de la empresa de la cual éramos distribuidores.

También cabe acotar que nuestra organización vendía el doble, pero la multinacional decía no tener el personal suficiente para atender todas nuestras cuentas y simplemente descartaba los clientes.

Al no haber previsto el caudal de ventas, la corporación no contaba con la infraestructura ni con el personal idóneo para semejante aluvión de contratos en ese 2009-2010, lo cual dejaba por fuera, sin procesar, ese 50 % de nuestra producción. A ello se sumaba una paupérrima distribución de la factura a clientes que solo se realizaba vía web cuando la competencia toda la enviaba a los domicilios, como era práctica habitual.

El envío de la factura a los clientes es un método de vieja data y comporta un valor agregado en el trato más personalizado para con el cliente, además de ser un método psicológico de información fundamental para que este se comprometa con el pago de la misma, incluso un medio de comunicar novedades de la compañía al incorporar una página informativa adherida a la factura. No todos los usuarios acceden o están pendientes de sus *e-mails* o de la conexión a Internet, convengamos. Solo se podía pagar en las oficinas de atención al cliente, que eran pocas, y no en bancos u otros sitios muy comunes de cobro de servicios en cualquier país o lugar hoy en día.

También existían problemas con la sobrefacturación que recibían los clientes. Todo ello limitaba muchísimo una buena atención al mismo, pues incluso estaba en manos de empresas intermediarias del servicio, allí residía el problema principal y así mal obraban.

Imaginen los empleados de esas empresas intermediarias; no tienen puesta la camiseta de la marca, mucho menos beben de la mística de pertenecer a la misma; en definitiva, el compromiso de estos empleados para con la corporación es cero. Solo aspiraban a su paupérrimo sueldo y a cumplir su horario de salida, pues en estas oficinas no pagaban comisiones ni premios, mucho menos motivaban o capacitaban.

Pusieron en marcha en esos años, con campañas publicitarias de envergadura, dos productos, Internet inalámbrico y línea fija para el hogar. Se vendían muy bien, pero por problemas técnicos que no supieron resolver los sacaron de circulación. Todo ello era porque el director general tenía el preconcepto de que el elemento laboral no era de calidad en ese país, vivía repitiendo esta afirmación, nadie servía, nadie hacía bien su trabajo, en definitiva, según él. Nada más lejano de la realidad, evidenciaba una visión facilista, miope y limitada de las circunstancias que lo rodeaban. Prefería echar la culpa al elemento laboral y no a su ignorancia manifiesta de sus decisiones y estrategias comerciales.

Yo no comprendía entonces cómo a nuestra competencia sí le resultaban las cosas con mucho menos despliegue publicitario, e incluso a nosotros, en nuestra empresa, donde habíamos captado personal idóneo en todas las aéreas. Se hacía evidente la parálisis paradigmática en la mente de este director general, sumada a una mala selección de personal que tenían estas compañías intermediarias y la misma central corporativa. Era un cóctel implosivo que atentaba al desarrollo de una venta importante de contratos, redundando en perder el 50 % de la producción, en nuestro caso, en esos años.

Al tiempo, todo esto se transformó en que solo se centraron en la venta de prepago, dejando de lado la venta de contratos de todo tipo —celular, telefonía fija o Internet—

Le resultaba más fácil y sin complicación tratar una venta sin envío de factura, sin atención al cliente, sin estructuras de contención, sin servicio técnico, sin fuerzas de ventas profesionales, sin distribuidores; en síntesis, sin esfuerzo alguno ni de venta ni de posventa que conlleva toda la estructura de contratos pos pago, ya fuese de celulares, telefonía fija, televisión o Internet.

Al poco tiempo, solo se vendía un contrato si disponía el cliente de débito automático en tarjeta de crédito, lo cual limitó la venta también. Nuestra empresa, igualmente, vendió en esta modalidad una muy buena producción, pero al tiempo se nos informó de que jamás les pudieron hacer el descuento por ACH pertinente a los clientes, por lo que se sumaron todas esas facturas, unos cuatro meses, a una deuda creada por la ineptitud de esta dirección general.

Aquella política generó una diáspora de ejecutivos hacia la competencia. Este es el caso más extremo que nos ha tocado vivir. Creíamos que después de tantos años a cuestas en cinco países ya habíamos visto todo. Logramos nuestros objetivos de ventas y ganancias, pero sin apoyo alguno por parte de la multinacional después de la llegada de las nuevas políticas que se implementaron.

Este tipo de director suele imponer un *status quo* en todos los aspectos de la corporación para no complicar su diario transitar y disfrutar de la comodidad que implica su posición laboral. Para ello, inventan un discurso a medida de las corporaciones y sus más altas jerarquías que justifique su inoperancia sin que levante demasiadas sospechas. Aplican políticas que suman clientes que hoy están con una marca y mañana con otra, pero que no suman a las ganancias que deberían tener en base al despliegue de publicidad e infraestructura que implementan. Siempre me pareció irrisoria semejante publicidad en televisión, periódicos, revistas y vía pública solo para vender tarjetas prepago de dos dólares o cinco o teléfonos de veinte.

Estas direcciones crean políticas de recorte de personal en reemplazo de no tener políticas de venta exitosas expansivas debido a una mala selección de las conducciones del área y, como conclusión, no ven otras opciones. Al no tener un norte en esa área comercial o, mejor dicho, al no encontrar quien encamine las expectativas del sector, prefieren recortar los puestos de trabajo dedicados a la venta. Esas direcciones comerciales no conocen el término «capacitar», y mucho menos el de «motivar».

Cambian gerentes comerciales como uno se cambia de muda de ropa.

En un año vimos hasta cinco gerentes comerciales pasar frente a nuestras narices, en otras ocasiones eran tres, y así en todos los países por los cuales tuvimos nuestra empresa. Es por la misma razón que, en ocasiones, quienes conducen las multinacionales en cada país no encuentran el punto de equilibrio que la organización necesita en cuanto a una gerencia comercial efectiva. También es probable que las direcciones generales en algún momento se cansen de tanto probar y decidan tomar otro camino más fácil por el cual transitar, como puede ser vender productos menos complicados que no necesitan de tanto personal capacitado.

Estas personas, que por corto tiempo ostentaban el cargo de director comercial, nunca tenían tiempo para hablar con los distribuidores, jamás contestaban un *e-mail*, mucho menos su celular, nunca capacitaban ni motivaban y tampoco fijaban objetivos y metas de corto o mediano plazo. La conclusión: son despedidos sin pena ni gloria.

En México, en 2006, apareció otro director de estos básicos. Se abocó a bajar la comisión a la mitad para distribuidores y pasar a llamarnos promotores de venta en cambio de distribuidores o aliados comerciales, como hasta ese entonces. Piensa en pequeño y pequeño quedarás; ese sería el corolario para este personaje. En vez de incentivar la producción, venía a destruir a todo aquel que ganaba dinero honestamente invirtiendo en el proyecto de la marca.

Este tipo de directores son sinónimo de los mediocres que abundan lamentablemente en las corporaciones, que van subiendo en el escalafón no por méritos, sino por amistades que se van forjando en el camino.

En ocasiones, son las corporaciones las que confían en manos inexpertas la selección de sus nuevos directivos; esas empresas de selección de talentos muchas de las veces fallan y entregan a cualquier personaje que se sabe vender en una entrevista de trabajo y tiene un abultado currículum teórico, pero que, en definitiva, no tiene la menor idea de lo que es una dirección comercial de una corporación y cómo lograr resultados en ventas de calidad.

La misma empresa, pero esta vez su filial en España, nos convocó para incorporarnos a ella nuevamente. Aquí optó por todo lo contrario, iniciaba en el mismo momento un nuevo programa comercial llamado igual que aquel de México que estaba matando el mentado director. En México le llamaban Programa Aliado y en España lo bautizaban como Alliance.

Misma corporación, mismo nombre de programa; mientras que en México bajaban a la mitad la comisión, en España salían a competir con el mismo importe que México dejaba atrás, cuatrocientos euros por contrato, y el equipo lo entregaba aparte para su instalación. En aquel momento, el euro cotizaba a 1,65 por dólar; por ende, eran unos seiscientos dólares, lo mismo que pagaban en México por cuenta en aquel año.

En síntesis, se deduce y se me ocurre ante los hechos que todo depende de las direcciones generales que haya en cada país y las políticas comerciales que se le ocurra aplicar al CEO de turno. Sepámoslo y que sea parte integral de nuestra decisión al optar por un país u otro, una corporación u otra; es un detalle muy importante que tener en cuenta quién conduce y hacia dónde.

Si el crédito es cerrado para incorporar clientes, también es un dato importante que tener en cuenta, pues, como nos sucedió en Colombia, de cada diez ventas solo pasaba el crédito una sola y el gerente comercial y general de la región de Antioquía brillaban por su ausencia; eran de aquellos personajes no comprometidos y que solo están cubriendo una vacante por un jugoso sueldo para ejecutar políticas que no hacen la diferencia, sin motivación, ni capacitación, ni siquiera contacto con sus agentes y distribuidores, sin proyecto ni plan que seguir.

Se suma también, y hay que estar atentos, que algunas de las gerencias medias van a intentar una persecución, con el consiguiente desgaste psicológico en contra de nuestra empresa por nuestra condición de empresa extranjera exitosa. El sesgo de la discriminación se siente siempre.

La discriminación aprendimos que es sinónimo de ignorancia y envidia también, y es un hecho lamentable con el que siempre deberán luchar cuando se instalen en el extranjero como emprendedores. Hay lugares que hasta de turista lo tratan mal a uno los discriminadores de siempre. Son una minoría mediocre y resentida, pero se hacen ver.

Hubo veces que tuve que escuchar cosas como que, si bien la inversión extranjera crea empleos, luego se roba el dinero del país y no permite a otros empresarios locales crecer, cuando es todo lo contrario, no solo crea empleo, sino que paga impuestos y eso va directo a la infraestructura del país y beneficio de todos, además de enriquecer las estrategias de empresarios locales con sus experiencias internacionales.

Definitivamente, a estos notables directores, no por lo noble, sino porque se hacen notar con sus malas prácticas, los mueve la inoperancia basada en la ignorancia. Se creen menos que un empresario y envidian las ganancias de quienes invertimos y emprendemos.

Su accionar se basa en su falta de estrategia, tienen pánico a vender, no saben vender, tampoco capacitar ni motivar, vienen del ámbito administrativo o, si han sido vendedores alguna vez, no tienen pasta de líderes, manejan los grupos de trabajo como manejarían el ganado, no gobiernan la corporación con el ejemplo, sino con el miedo y la persecución.

No modifican las políticas, envían a otros a dar la cara por ellos para hacer el trabajo sucio. Son inestables en sus decisiones y muy influenciables por su círculo más íntimo de colaboradores, que son de la misma mediocridad que la de su jefe.

Se creen más inteligentes que los demás, menosprecian, son incoherentes, cambiantes, sanguíneos, brabucones, son pequeños enanos autoritarios, tienen el carisma y la simpatía, pero no la usan correctamente, es solo una fachada que ajustan a su conveniencia, no respetan el trabajo de los demás y el prójimo se transforma en una circunstancia pasajera.

No les deseo que se crucen con los mismos, pero de tener esa mala experiencia, se los debe tratar de una manera muy cordial, decirle a todo que sí y no discutirles nada. Intentar caerles muy simpáticos y conciliadores hasta su despedida casi inevitable con el tiempo de la corporación.

Cambiando de tema y retomando cómo conseguir una distribución, podemos argumentar que es tarea simple, siguiendo las pautas que dimos en este libro, entregando el plan de negocios, concertando una reunión con el gerente comercial, subdirector comercial, el gerente o coordinador de distribuidores y presentar sus ideas basadas en estas líneas, donde hemos entregado suficiente material como para proponer un esquema de negocio de ganar-ganar a la corporación. Muestre sus capacitaciones armadas en PowerPoint. Exhiba convicción en sus palabras y muestre que tiene metas de ventas que cumplir con plazos concretos. Muévase rápido una vez obtenida la distribución.

Existen ocasiones frecuentes en que se retrasan estas decisiones. El problema siempre será algún metido que se opone a nuestro ingreso como distribuidor o el proceso así lo requiere. Ármese de paciencia y fe. Generalmente, se tardan para firmar el contrato un máximo de tres meses.

Los directores generales de los que hablamos muy bien, y que por suerte abundan en estas megaempresas internacionales también, practican direcciones de puertas abiertas y diálogo fluido con los distribuidores y con toda la compañía que conducen.

Por lo general, nuestra incorporación se hacía efectiva, pues eran momentos en esos países donde la corporación estaba necesitada del tipo de servicios que nosotros prestábamos y los requisitos se volvían mínimos para obtener la distribución.

Similar nos sucedió en Costa Rica ante el ingreso de otras dos empresas; la primera nos invitó a participar de la apertura de esta nueva operación, invitación a la cual acudimos muy entusiasmados. Bastaron dos viajes para poder comprobar la desorganización en esta primera etapa de la empresa. Decidí, entonces, encaminarme hasta las puertas de la empresa estatal, que en ese momento sentía perder el 50 % del mercado ante estos dos grandes de las telecomunicaciones mundiales. Fuimos recibidos muy bien y se nos firmó un contrato único, convirtiéndonos en los únicos distribuidores pospago del país entre doscientas empresas asociadas a su marca de celulares.

Son momentos del tipo histórico donde las marcas necesitan asociar distribuidores que potencien estructuras obsoletas o deprimidas.

Igual, como comentara en capítulos anteriores, nos sucedió en México a nuestra llegada a ese país, donde existían solo tres distribuidores sobre ochenta que habían quedado fuera de la compañía. Hay momentos y lugares en donde estas grandes corporaciones internacionales necesitarán esquemas de venta como el que proponemos.

Conclusión: todo es negociable si el proyecto que presentamos es serio y atractivo. Negociemos y sigamos negociando hasta llegar a un acuerdo.

Lo más importante es tener la firme convicción de que seremos parte del proyecto de una multinacional y que aportaremos grandes ventas de calidad a la misma; esa debe ser nuestra mayor motivación y meta.

Capítulo 19:

Poner en marcha una política exitosa corporativa

«El poder de la imaginación es más fuerte que el poder de la razón».

BLAISE PASCAL

La superación constante debe ser enfocada a brindar soluciones amigables y atención personalizada a los clientes. Ello es lo que define a una multinacional o empresa que busque obtener la calidad total en la prestación de servicios.

Pero no pueden tener una gestión de este género si no comienzan por implementar un *marketing* interno inteligente dirigido hacia los distribuidores, quienes serán la imagen ante los potenciales clientes, pues llevarán la marca de la corporación en sus uniformes e instalaciones cuando se presenten en nombre de la misma ante el mercado, un mercado cada día más competitivo y selectivo. Serán, en definitiva, quienes brinden a la marca sus ventas, el seguimiento y asesoramiento al cliente posventa. Estamos hablando de las empresas asociadas como distribuidores a una multinacional.

Desde la dirección comercial y general de la marca deben comprender este concepto vital para experimentar un ascenso vertiginoso hasta la cumbre y posicionarse en un marco de eficiencia en la obtención y retención de nuevos clientes. No podemos dejar librado al azar a esta especie de socios de la corporación, que son los distribuidores del producto, quienes tienen el primer contacto con el cliente y que muchas veces lo continúan después. No podemos intentar tapar el sol con un dedo brindándole solo mediocres y aburridas capacitaciones de producto al personal de los mismos y creernos que con ello la misión está cumplida. Certificaciones que de nada sirven sin motivación de calidad y técnica de ventas concretas y probadas en el terreno de juego, es decir, en las calles y puntos de venta.

Deben saber estos directores comerciales que deben crear la motivación necesaria en el empresario y enseñarle cómo hacer las cosas, desarrollar una metodología, mostrar el camino, darle el material necesario.

A veces, los CEO o directores comerciales se confían demasiado en la experiencia que les venden empresarios inexpertos, creyéndose sus propias mentiras acerca de las ventas sin método alguno y, por ende, sin futuro cierto de resultados. Empresarios que adolecen de la experticia o tienen miedo a arriesgar demasiado. Conclusión, terminan ambos en un fracaso anunciado, el empresario y el director comercial a cargo de la corporación, y por ello tantos cambios en el *staff* comercial de las empresas y marcas que hemos visto siempre sucederse.

> *La única ventaja más o menos sostenible es el servicio y la atención al cliente. El punto común en todas las empresas de prestigio debería ser el trabajar incansablemente pensando en cómo satisfacer de manera eficiente las necesidades de los clientes, cubriendo en primera instancia las necesidades de sus distribuidores para que ellos puedan atender correctamente las necesidades de estos y para que la venta, desde un primer momento, sea de calidad y no se caiga ante el primer soplo de viento.*

Son necesidades que comprenden desde la capacitación de producto hasta la técnica de ventas, con la motivación adecuada que deben generar en estos emprendimientos en sus inicios, los cuales son bebés que están aprendiendo a caminar en la mayoría de los casos.

En la medida en que un distribuidor se sienta valorado y respetado, será posible esa transferencia de cultura de la marca.

Las corporaciones deben mentalizar a sus distribuidores, hacerlos sentir parte de la misma y no enemigos o simplemente considerarlos socios ocasionales. Ponerles la camiseta para que la transpiren juntos. Sin mentalizar las metas y objetivos de la corporación en sus distribuidores no hay arraigo ni camino que seguir, es imposible que por sí mismos, salvo excepciones, las tracen. Se debe educar al empresario en la cultura y filosofía empresarial y en lo que pretendemos ofrecer a nuestros clientes. Calidad y servicio. Eficiencia y rapidez en las soluciones que brindamos. El asesoramiento debe ser constante. Entrenamiento en el manejo del producto. Sinceridad y calidad en la atención.

Las denominadas «empresas exitosas» ofrecen calidad de servicios. Esta excelencia en la satisfacción de clientes que buscan muchas corporaciones no debería tener techo a la vista, pues los clientes exigen más y mejor calidad a un menor costo siempre. Las corporaciones deben decodificar las exigencias de un mercado cada día más cambiante, inestable, con un cliente que hoy muda de compañía si no ve satisfechas sus inquietudes o demandas.

La creatividad en las direcciones comerciales no es una constante hoy en día en la gran mayoría, al menos eso fue lo que experimentamos en diferentes países y años. Las gerencias comerciales deben reinventarse y poner en práctica aquello de la organización abierta al aprendizaje de nuevas técnicas de motivación y venta.

Muchos gerentes comerciales dicen traer un cúmulo de experiencias para aportar a la corporación, pero, en definitiva, no presentan planes de trabajo o poco saben de una conversación de ventas mano a mano con un cliente, mucho menos entrenar una fuerza de ventas u organizar una selección de personal o la motivación que requieren sus distribuidores mes a mes para el logro de objetivos. Sus objetivos terminan siendo confusos y parecen bomberos apagando incendios más que organizadores del éxito que merece la compañía.

Se los contrata para aportar soluciones y más ventas y solo traen su equipaje de excusas, pues ni siquiera saben por dónde empezar. Sin plan ni objetivos, es una gerencia muerta, un sillón vacío, un alquiler de un talento inexistente. Esto es lo que he visto durante años.

La comunicación, en definitiva, es la que falla; esta clase de directores no comunican con claridad o directamente no se comunican, se esconden como el avestruz su cabeza porque no tienen nada que decir basados en su ignorancia.

Según el Centro de Estudios Financieros de España, los comportamientos de los malos líderes o jefes son clasificados en diez principales ítems: poca claridad en los objetivos, no motiva, no comunica bien, no escucha, no lidera, no enseña, no forma, se contradice con frecuencia, incompetencia directiva, no gestiona bien su tiempo, se estresa frecuentemente.

Estos diez puntos son los que hemos experimentado en ocasiones cuando nos tocó lidiar con este tipo de directores en las corporaciones.

Yo agregaría a esta calificación que solo les interesa su bienestar, sueldo y sillón, sin importar lo que sientan o piensen sus colaboradores.

El bienestar se basa en cobrar su sueldo a fin de mes y pasarlo lo mejor posible sin que nadie note sus garrafales errores. Prefieren tapar los mismos mediante una política de miedo y no de respeto ni admiración que sí conlleva el liderazgo.

Son personajes que bloquean a sus subalternos más talentosos para cuidar que no aspiren a ocupar su lugar. Hacen propio el trabajo de otros. Por lo general, es sumiso ante sus superiores como forma de mimetizar su inoperancia. No produce nada, solo critica y, generalmente, ni siquiera corrige el trabajo mal hecho de los empleados. No apoya ni promueve capacitación alguna. Más que líder, asume el papel de capataz de hacienda. Jamás lo verán asumir responsabilidad o error alguno de sus decisiones, echar culpas es su excusa a sus políticas de fracaso y echar a quien le sigue en la cadena de mandos.

Es muy difícil cambiar la mentalidad de gerentes medios que no saben o se cierran al aprendizaje. Terminan retirados de sus puestos de trabajo porque no cumplen las expectativas. Siempre lo hemos vivido. Es sinónimo de no encontrar el punto de equilibrio necesario para el desarrollo de un proyecto corporativo.

Es evidente que lo que no se conoce da miedo y paraliza; entonces, mejor eliminarlo, es una vieja reacción que algunos que experimentan esta sensación ejecutan. Son gerentes o directores que destruyen todo lo que puede traer problemas por no saber cómo manejarlo. Es más simple echar culpas, acusar, mirar la paja en ojo ajeno y no la viga en el propio, prefieren eliminar la distribución, pues no pueden y no saben cómo contener una superproducción de ventas de contratos, le temen y terminan perdiendo todo el esfuerzo e inversión corporativa.

Basan su política en el pánico a las bajas y lo que atraen por ley de atracción son más bajas. Prefieren quedarse con una granjita que conquistar el mercado. Piensan en pequeño y quedan pequeños. Son enanos mentales.

Es tan importante entender estos conceptos desde la perspectiva de la gerencia comercial que no hay otro camino posible para su éxito. Podemos siempre aspirar a un grado de eficiencia mayor en la conducción de una cadena de distribuidores, pero vendrá dada por el saber escuchar, la flexibilidad que tengamos en cada momento y la naturaleza del buen director en buscar la superación de cada objetivo de cada distribuidor.

El buen director asume como propia esa superación de cada socio comercial y la consigue ofreciendo capacitación permanente, participación franca que surja desde el interior del esquema de distribuidores, dándoles el espacio para que puedan aportar soluciones a experiencias concretas que se traduzcan en aprendizaje para la implementación de políticas que lleven a la eficiencia de la organización.

Un cliente disconforme equivale a sesenta y tres malas referencias. Si tenemos mil bajas, serán 63 000 aquellos que tengan un mal concepto nuestro; por ende, nuestro mercado meta se reduce en forma considerable día a día.

En nuestra experiencia, lo que hacen los departamentos que debieran encargarse de la contención de clientes es que se abocan a la contabilidad de las bajas de los mismos sin intentar retención alguna. En definitiva, son malos elementos incrustados en las corporaciones que complementan a la perfección una mala gestión de la dirección comercial y general.

Solo están pendientes del horario de salida o la hora de almuerzo y lo que menos les importa son los clientes, que caen en baja cual cascada. Solo los contabilizan. Enseguida encuentran el culpable que, por supuesto, no se consideran ellos mismos y su mala gestión, sino que la culpa es del distribuidor.

Una mala calidad en la atención al cliente, un mal cálculo en su factura, un reclamo por señal o instalación o desperfectos del equipo no atendidos correctamente o una confusión en la venta de un vendedor novato los transforman en grandes escándalos cuando descubren uno en mil y aletean cual murciélagos para justificar su estático pasar por la silla que ocupan y se encaminan apresuradamente a dar la baja y dar la razón al cliente, cuando lo único que busca el mismo es comprensión de sus reclamos y no una baja del producto en muchas ocasiones.

Si estos «turistas de escritorio» que contratan muchas corporaciones se ocuparan de hacer una correcta atención y retención de clientes, les aseguro que no podría superar el 5 % de bajas cualquier estructura de ventas. El problema es que nadie escucha al cliente que se queja, y mucho menos se le aportan soluciones.

Hemos conocido directores también de gran prestigio. Eran personas que sabían reconocer en público y en privado el buen trabajo de sus colaboradores o distribuidores. Eran calmados, incluso bajo presión. Conocían el negocio y aplicaban estrategias de *marketing* para posicionarse en un mercado competitivo. Motivaban la inversión de los distribuidores en el negocio. Contenían al distribuidor y sabían escucharlo, eran gerencias de puertas abiertas. Tomaban buenas decisiones que hacían avanzar a la marca. Invertían en la capacitación de los distribuidores y su personal. Convencían para remar todos en una misma dirección.

Un director de esta clase transmite paz, sabiduría, confianza y conocimiento.

Una buena gestión comercial enfocada en la motivación y hacia el crecimiento de su cadena de distribuidores debe implementar una serie de políticas que expongo a continuación como ejemplo básico.

Se debe trabajar tres aspectos, el motivacional, el organizacional y el de capacitación.

Es igual al de la empresa que funge como distribuidor, son esquemas similares porque, en definitiva, todos somos vendedores y proveedores de un servicio.

Selección de personal: incentivar al distribuidor a una selección inteligente.

Guion de ventas: establecer un mismo discurso para todos los distribuidores a través de un grupo de entrenadores que conozcan la técnica a la perfección y la enseñen didácticamente, con mucha motivación, basados en un guion de ventas que desarrollar frente a los clientes.

Uniformar a los distribuidores: unificar un estándar de uniformes.

Establecer un *ranking* de empresas: dando seguimiento a los objetivos y metas planteados a principios de mes a cada distribuidor, enviando una vez a la semana el *ranking* actualizado para comparar la evolución individual y general y así surja la competencia en las entrañas de la organización.

Organizar una reunión mensual de evaluación: establecer el primer lunes de cada mes un desayuno de trabajo con todos los distribuidores para evaluar el desempeño, entregar premios intangibles, un diploma o trofeo bastarán, a aquellos que lograron las metas acordadas, analizar el *ranking*, dar las nuevas metas del mes entrante, mostrar gráficas, estadísticas, una charla de capacitación, hacer una demostración de un nuevo producto, presentar un nuevo esquema de premiación para los distribuidores más motivados... Todo será básico.

Implementar un desayuno semanal con cada distribuidor para dar seguimiento y donde se tratarán también temas del día a día.

Súper sábados: una vez al mes, reunirán a todos los equipos de ventas de todas las organizaciones en un gran salón en un hotel o club. Se dará una capacitación magistral de los entrenadores. Desde allí saldrán a rastrillar zonas y se abrirá una competencia por ese día entre todos los equipos participantes. A una hora indicada, volverán al lugar de encuentro y se entregarán los premios intangibles y tangibles propuestos.

Agenda de entrenamientos matutinos por personal corporativo de *training*, que serán de corte obligatorio una vez a la semana. Serán solo por la mañana para no quitar tiempo útil de ventas. Se abordarán todo tipo de temas relacionados con el negocio y la técnica de ventas, acompañados de mucha motivación.

Acompañar a zona una vez a la semana a los equipos de ventas para afianzar la técnica. La misión será encomendada al grupo de entrenadores de la casa matriz.

Viajes de presentación semestral: en un hotel de playa o montaña se invitará a los distribuidores a una capacitación extraordinaria, todo incluido, donde se les darán nuevas y avanzadas técnicas de venta. Se convocará a personalidades u oradores de cierto prestigio, se harán ejercicios y prácticas de venta para que ellos sepan de qué hablan sus organizaciones. Por las noches, se disfrutarán de cenas especiales organizadas por el departamento de relaciones públicas. Se trazarán los grandes objetivos para el semestre. Los logros obtenidos se premiarán con distinciones a los distribuidores que así lo ameriten.

Video institucional y de técnica de ventas: se debe implementar uno por distribuidor para que ellos sigan un mismo patrón en sus capacitaciones. Es muy motivador para un postulante saber de la corporación a la que se está sumando. Con el video de técnica de venta hay que poner a disposición el guion de ventas paso a paso para que los futuros vendedores sepan de qué se trata el trabajo a ciencia cierta. Debemos dejar la confección de los mismos a profesionales en el rubro para que el video luzca e impacte.

Si todas las corporaciones comprendieran la importancia de implementar esquemas como los propuestos, y que expusimos también en capítulos anteriores, otros serían los resultados de muchos directores que pasan rápidamente sin dejar estela alguna en las compañías por no poder alcanzar el nivel de organización y resultados solicitados por la alta dirección.

Conclusión

«Sé siempre humilde y conserva la pureza, porque estas son las dos alas que nos elevan hasta Dios y casi nos divinizan».
PADRE SAN PÍO DI PIETRELCINA

Las estadísticas nos dicen que entre un 90 % y un 95 % de los emprendedores fracasa antes del quinto año de haber comenzado.

Por ejemplo, en España se disuelven cada año unas 10 000 sociedades, y así está el mundo, muy pocos saben hacia dónde encaminarse para lograr el éxito económico. Intentan y fracasan. Muchos no vuelven a intentarlo, con una vez basta. Otros siguen ese estilo de vida, de fracaso en fracaso.

Recordemos siempre que cada fracaso es un escalón más en la senda a la victoria final. Ese cúmulo de experiencias nos van moldeando.

Tan solo debemos tomar nota y no cometer los mismos errores. Ahora que dispone de este material, yo creo que no tendrá mayores problemas para encontrar el camino y caminarlo en forma segura, avanzando diariamente, jamás retrocediendo, asumiendo que cada escollo es un peldaño en el ascenso a la cima, una experiencia que nos acompañará siempre, el camino al éxito es en zigzag, jamás es derecho y sin piedras en el camino.

Jamás bajar los brazos es la consigna, rendirnos es sinónimo de cobardía, una opción de los mediocres; significa hundirse en la más oscura depresión, es olvidarse para siempre de los sueños, es negarse a sí mismo la dignidad y el derecho a triunfar. Es el camino que nos llevará a un callejón sin salida donde haremos madriguera y del cual no saldremos fácilmente.

Debemos, a toda costa, optar por el camino del triunfo hasta agotar nuestro aliento luchando por nuestros sueños. Un empresario debe saber que el mundo de las ventas es competitivo, tenaz, un mundo de retos constantes, diarios.

Aquel al que ante la primera caída, problema, traiciones de por medio, cambio de estrategias corporativas, meses de malas ventas o renuncia de personal y otras le da angustia, taquicardia, miedo incontrolable, siente no estar preparado para emprender, entonces, deberá, mediante la lectura asidua de este material y otros, irse llenando de energía positiva por dentro, mental y espiritualmente.

Aquel que no gusta de las ventas no puede ser empresario. En el mundo corporativo, el axioma es «vendo, luego existo». La venta es el origen de la empresa. Sin ventas no existe la empresa, es una utopía que se alimenta del fracaso.

Si es temeroso o negativo por naturaleza, mejor no lo intente si no está dispuesto a un cambio radical. Anótese en yoga o en un gimnasio, haga bicicleta, salga a correr, haga tenis o fútbol o escuche música que lo ponga en una frecuencia positiva.

Cómprese una batería de libros de autores que alimenten su mente y no pare de leer hasta que su espíritu se llene de paz y fortaleza.

¿Se da por vencido facilmente? Desista de esa actitud, no se permita ninguna derrota, una escaramuza no es perder la guerra. La adversidad muchas veces tocará a la puerta y de esa experiencia supuestamente negativa saldrá nuestra inspiración o nos impulsará a tomar caminos diferentes, con otros rumbos, a cambiar nuestra manera de pensar y hasta la forma de vivir.

Qué mejor oportunidad que hoy para comenzar una empresa. Sienta el llamado en su interior de esa voz que lo inspirará a decir basta a una vida de frustración, es tiempo de éxito. Comencemos a generar esos puestos de trabajo desde la creación de batallones de emprendedores honestos, con ganas de acompañar a otros hacia la cima de la felicidad. Se logra siendo plenos en nuestros trabajos y obteniendo los resultados que proyectamos para saciar la sed de nuestros sueños.

Nuestra actitud debe ser humilde una vez conseguido el dinero añorado, pues la soberbia lleva a perder muchas veces lo obtenido y, en otras, perdemos cosas más importantes que llevamos dentro.

Hay quienes no quieren aceptar o reconocer sus errores o las fallas que tuvieron en su ascenso. Otros esconden un pasado de sufrimiento, y todo debido a la soberbia que domina sus pensamientos, guardando un pedazo de resentimiento en la oscuridad de su interior.

Son aquellos que siempre se muestran apurados u ocupados o no querían atender su llamado, a pesar de los años de amistad o parentesco que los unieron; tampoco se acordarán de aquellos buenos tiempos en los cuales compartían buenos momentos y contaban las monedas para pagar el café, son aquellos que cambiaron sus sentimientos por otros más negros, donde abundan el ego, la soberbia y la avaricia. Son aquellos que, aunque naden en millones, no se atreverían a invitarte hoy a un café o, si fueran a cenar, comerían previamente para no tener que pagar la cuenta.

Lo hablo desde la experiencia, pero algunos cambian para mal y otros no. En la cima se desvela la verdad interna de cada persona.

Nunca caigas en esta categoría cuando logres tu primer millón de dólares o euros. Quédate en la buena mesa con los viejos amigos, comparte tu pan con los más necesitados, ayuda a quien te lo pida, dirígete cordialmente a la gente, reconoce tus orígenes; solo así serás autentico de corazón y no te transformarás en un saco de pura vanidad.

Conviértete en caballero de la corte de los buenos y no en aliado del mal, un sinfín de nobles empresarios necesita nuestra sociedad y no ricos vanidosos sin un alma que mostrar en el ocaso de sus tiempos de esta vida bajo el sol.

Cuán lejos de la realidad se ubican aquellos que se mienten a sí mismos y a su entorno para creerse más poderosos. No existe quien no haya mordido el polvo de la derrota en su largo camino al éxito. Hazte la pregunta que se hacía el padre Pío, san Pío, el santo franciscano de Italia, en una de sus reflexiones: «Piensa en dónde estabas cien años atrás y dónde estarás dentro de cien años más».

Una vez en la cima, algunos se reconocen como soberbios y testarudos, los que todo creen saberlo y creen estar en lo correcto, aquel que no admite sus errores por miedo a que descubran su incapacidad para saber escuchar, debido a su estúpida soberbia, que solo se nutre de sus palabras huecas, que a pocos convencen o deleitan; después de un tiempo, no vive una realidad, sino una fantasía en la cual participan una serie de autómatas a su alrededor que afirman servilmente cada alocución de su dueño, al cual detestan.

Solo él está convencido, pero en realidad se está envenenando lentamente con su vida de mentiras que sostiene ante los demás como si fueran un código secreto que lo llevará algún día a una supuesta victoria o pedestal y, en realidad, es alejado cada vez más con cada palabra que pronuncia del sentido y destino real que le debemos dar a una parte de esa fortuna acumulada, el compartir con quienes más lo necesiten.

Misión número uno es desterrar la soberbia. Ante el éxito, apalear el ego. Evitar hablar sobre sus asuntos laborales con supuestos amigos que aparecerán a su alrededor al verlo tan cambiado, en síntesis, evitar las envidias, el mayor freno a nuestras ambiciones y proyectos y para poder mantenernos en la cima.

La mayor parte de la vida consiste en hacer acto de presencia, encontrar el valor, las agallas para seguir su visión, e iniciar una nueva empresa a menudo depende de estar allí en el preciso momento, ese es el primer paso, y allí, inmediatamente, sin mediar duda alguna, debemos encaminarnos a la acción, decisión fundamental para cumplir nuestros sueños; no existirá resultado posible ni se formará la palabra «éxito» en nuestra vida, la misma quedará truncada si no pasamos a la acción.

Una vez que detectamos una oportunidad, debemos cultivar la confianza para seguir nuestros sueños y apostar nuestro dinero, conseguirlo prestado si es necesario o incorporar un capitalista a nuestro esquema, pues el otro paso crucial es la inversión económica pequeña que se requiere para comenzar nuestro emprendimiento junto a la gran inversión de entusiasmo que también se necesita plantar para después cosechar la uva que dará paso al buen vino. Valen más las buenas ideas que todo el dinero de un inversor; por ende, hágase valer si decide compartir su proyecto.

El talento es algo que debemos buscar con una selección inteligente como la que expusimos, pues será el material del cual estará construida nuestra casa, que es la empresa que desarrollemos.

Siempre recordemos no comentar los proyectos hasta su concreción, evitar fundamentalmente el entorno de gente negativa. Intentar no tener miedo a nada, el miedo paraliza y conduce al fracaso, las cosas que más miedo tenemos de que nos sucedan ya nos están pasando y otras jamás pasarán más allá de nuestros pensamientos tortuosos. Ante la tormenta, recordemos que las águilas vuelan más alto mientras los pájaros se esconden.

El mundo está lleno de personas que no han encontrado su lugar en el mismo aún, personas con carreras truncadas, seres abandonados, familias postergadas que se deshacen por cuestiones económicas que las agobian, emprendedores que fracasan por no conocer mentores que ayuden a trazar sus destinos, personas que no han tenido la valentía para experimentar la felicidad que nos prometió Dios en esta tierra también y prefieren sumirse en una depresión constante que nos conduce, en ocasiones, a la droga.

La desesperación no nos da la calma necesaria para sentarse a proyectar. Los sueños, es una cuestión de estado mental, no seremos exitosos en tanto no decidamos serlo.

La perseverancia nos acompañará en este camino sin descanso, como dijimos, tratémosla como a una princesa y no hagamos de ella una pesada carga.

El éxito en los negocios no es un lugar por el cual pasamos alguna vez y todo se ha terminado allí, es una forma de vida constante, continua y para siempre. El mundo está lleno de oportunidades, solo debemos descubrirlas, ahí se encuentran, esperando a algún osado, a alguien que dé el primer paso, que tome la decisión de empezar.

Descartemos de nuestras mentes el «no se puede», y así encontraremos siempre la senda que nos llevará a ese mundo por descubrir.

En síntesis, fija en tu mente la meta en dinero que deseas obtener con tu proyecto y qué servicio o producto pretendes dar a cambio, determina los tiempos para alcanzarlo, traza un plan para llegar, educa a tu subconsciente y ponte en acción. Nada destruye el acero, pero sí su propio óxido; lo mismo sucede con las personas, solo sus mentes pueden destruirlas.

Fe, felicidad y finalidad son los ejes que debemos implementar y llevar junto a nuestros sueños como agua para el desierto que debemos cruzar. Espero que llegue a la decisión correcta en su vida y tome este camino que propuse para que pueda dejar su huella en este mundo y no pasar como sombra sin que nadie note su presencia. Su tiempo es valioso, no lo desperdicie, dele significado a su vida, sea cual sea para usted ese significado; puede flotar como las hojas en el otoño, mecidas por el viento en cualquier dirección y bajo cualquier circunstancia que le toque vivir o puede luchar por sus sueños y convicciones y así escribir la maravillosa historia de su vida.

Lecturas recomendadas que te inspirarán y complementarán este, tu viaje:

- ✓ *Piense y hágase rico*, Napoleón Hill
- ✓ *Hábitos de ricos*, Juan Diego Gómez
- ✓ *Inquebrantables*, Daniel Habif
- ✓ *El poder del ahora*, Eckhart Tolle
- ✓ *Padre rico, padre pobre*, Robert T. Kiyosaki
- ✓ *La espiritualidad del éxito*, Vincent M. Roazzi
- ✓ *El poder total de la mente*, Dr. Donald L. Walson
- ✓ *Manual para triunfadores*, Suryavan Solar
- ✓ *Pide y se te dará*, Esther y Jerry Hicks
- ✓ *Descubre el secreto*, Janey Bray Attwood y Chris Attwood
- ✓ *Crea tu propio destino*, Patrick Snow
- ✓ *Evology*, Jaume Banchs López
- ✓ *El poder*, Rhonda Byrne
- ✓ *La ley de la atracción*, Dr. Camilo Cruz
- ✓ *Descubre tu potencial ilimitado*, Cynthia Kersey
- ✓ *Secretos de la mente millonaria*, Angelica Eberle Wagner
- ✓ *La guía del emprendedor*, Hernán Herrera y Daniel Brown
- ✓ *Usted puede sanar su vida*, Louise L. Hay
- ✓ *Héroe*, Rhonda Byrne
- ✓ *El éxito no llega por casualidad*, Dr. Lair Ribeiro
- ✓ *El pez que no quiso evolucionar*, Paco Muro
- ✓ *El poder está dentro de ti*, Louise L. Hay
- ✓ *Motivar para ganar*, Richard Denny
- ✓ *Cambia tu mente y tu vida cambiará*, Karen Casey
- ✓ *Cambie sus actitudes, cambie su vida*, Robert Jeffress

✓ *Afirmaciones*, Louise L. Hay

✓ *Cómo hacerse rico sin preocupaciones*, Napoleón Hill

✓ *Al éxito en cinco movimientos*, Juan LuisCarratalá

✓ *Retention Management*, Subhash Puri

www.ingramcontent.com/pod-product-compliance
Lightning Source LLC
Chambersburg PA
CBHW070524220526
45467CB00003B/832

* 9 7 9 8 7 1 7 1 2 6 8 6 1 *